फेरीवाला रचनाकार

(एक लेखक की आत्मकथा)

फेरीवाला रचनाकार

(एक लेखक की आत्मकथा)

मनु शर्मा

प्रभात प्रकाशन, दिल्ली
ISO 9001:2008 प्रकाशक

प्रकाशक • **प्रभात प्रकाशन**
4/19 आसफ अली रोड,
नई दिल्ली–110002

संस्करण • 2019
मूल्य • चार सौ रुपए
लेखन सहयोग • संदीप देव
आवरण • माधव जोशी
मुद्रक • आर–टेक ऑफसेट प्रिंटर्स, दिल्ली

PHERIWALA RACHNAKAR

Autobiograpy by Manu Sharma ₹ 400.00
Published by Prabhat Prakashan, 4/19 Asaf Ali Road, New Delhi-2
e-mail: prabhatbooks@gmail.com ISBN 978-93-86300-60-7

यह आत्मकथा क्यों?

मनु शर्मा सिर्फ मेरे जैविक पिता ही नहीं वरन् लेखन और साहित्यिक गतिविधियों में मेरे गुरु भी हैं। उन्होंने न केवल मुझे अक्षरपथ पर चलना सिखाया बल्कि मुझमें साहित्य और लेखन के संस्कार भी पैदा किए। जीवन में मुश्किल-से-मुश्किल परिस्थितियों को गीत बना देना; उस बदतर हालात से संगीत पैदा करना और प्रतिकूल माहौल में रस बरसाना कोई उनसे सीखे। अपने अभाव भरे बचपन से उन्होंने रचना-शक्ति अर्जित की; साहित्य को लोकोन्मुखी बनाया और उन्हीं अनुभवों से साहित्य और यथार्थ तथा समय एवं समाज के बीच एक पुल बनाया। यही उनकी विरासत है।

मनु शर्मा ने आधा दर्जन पौराणिक चरित्रों की आत्मकथाएँ लिखीं। फिर उनकी आत्मकथा क्यों नहीं? जिसका समूचा जीवन अनंत सघर्षों और खट्टी-मीठी कथाओं से भरा पड़ा है। रवींद्रनाथ टैगोर ने कभी कहा था, ''आत्मकथा जीवन का सत्यान्वेषण है। कल्पना के आकाश की कोरी उड़ान नहीं।'' पिताश्री की इस आत्मकथा में भी फिक्शन की कोई गुंजाइश नहीं है। हिंदी में आत्मकथाओं का इतिहास बहुत अच्छा नहीं है। हालाँकि हिंदी में पहली आत्मकथा सन् 1641 में बनारसी दास जैन की 'अर्द्धकथानक' को माना जाता है। वैसे भी आत्मकथाकार अपने संबंध में किसी मिथक की रचना नहीं करता है। कोई स्वप्न-सृष्टि नहीं रचता वरन् अपने बीते जीवन के खट्टे-मीठे, उजले-अँधेरे, साधारण-असाधारण प्रकरणों पर मुड़कर एक नजर डालता है। अतीत को फिर से कुछ क्षणों के लिए स्मृति में जीता है। अपने अतीत तथा वर्तमान के बीच सूत्र ढूँढ़ता है।

फिर 'कृष्ण की आत्मकथा' के रचयिता की अपनी कथा क्या? जिसने देश और काल की मान्यताओं को चुनौती देकर द्रौपदी को नारी के आदर्श रूप

में स्थापित किया, उसकी अपनी स्थापनाएँ क्या? जो आँखों पर काली पट्टी बाँधकर सिर्फ इस वास्ते एक अरसे तक अंधता को जीता रहा कि गांधारी के भोगे, जिए को भीतर तक महसूस कर सके; उसका अपना भोगा और जीया क्या? जो व्यक्ति कभी कर्ण की पीड़ा में घुल गया तो कभी द्रोण के संताप की ऊष्मा में जलता गया। कच और देवयानी के प्रेम को जिसने देव-दानव संस्कृतियों के नीर से बोया-सींचा—उसकी जिंदगी का अपना उर्वर क्या? ऊसर क्या? कुछ ऐसी ही सोच मेरी नजर में इस आत्मकथा की नींव बन गई।

मनु शर्मा की कलम से रची-बसी कालजयी रचनाओं की एक भरपूर दुनिया है। महाभारत के चरित्रों पर लिखी उनकी आत्मकथाओं ने हिंदी में पौराणिक लेखन की परंपरा को एक नया और शीर्ष आयाम दिया। मगर सृजन का यह अनवरत योद्धा अपनी कहानी क्यों नहीं लिखता? ये आत्मकथाएँ उसकी कौन सी मन:स्थिति के किन द्वीपों से होकर गुजरती हैं? यह सवाल भीतर-ही-भीतर मेरी चेतना को झकझोरता जा रहा था। आखिरकार मेरे इस अंतहीन अनुरोध को विजय मिली और पिताजी इस चिर-प्रतीक्षित आत्मकथा के लिए तैयार हुए। उनकी इस आत्मकथा में जीवन के भोगे यथार्थ और साहित्य का फर्क मिट जाता है।

यह आत्मकथा उनके जीवन की जिन कच्ची-पक्की पगडंडियों से होकर गुजरती है, उनमें खाइयाँ अधिक हैं और समतल बेहद कम। एक जीवन जो जन्म से ही दाँव पर लगा रहा। मौत की परछाईं लगातार पहलू बदलती रही। फुटपाथ पर गमछा बेचने से लेकर कॉलेज में चपरासी की नौकरी तक। उनके सामने सबसे बड़ी चुनौती जिंदा रहने की रही। घोर गरीबी। कदम-कदम पर विपरीत परिस्थितियाँ।

पर हर प्रतिकूल परिस्थिति को उन्होंने अपने जीवन के मौके में तब्दील कर दिया। मनु शर्मा की कलम में ये स्थितियाँ जिंदगी भरती गईं। किताबें झाड़ते-पोंछते कब वे लेखक बन गए, उन्हें ही नहीं पता। 'फेरीवाला रचनाकार' सिर्फ उनकी जिंदगी के उतार-चढ़ाव का आईना नहीं। इसकी धारा में उस दौर का साहित्यिक समाज भी प्रवाहित होता है। श्रीकृष्णदेव प्रसाद गौड़ 'बेढब बनारसी' से लेकर चक्रवर्ती राजगोपालाचारी और हजारी प्रसाद द्विवेदी से लेकर कमलापति त्रिपाठी तक उस वक्त का साहित्यिक समाज अपनी समझ और प्रयोगों के जरिए जिन अद्वितीय प्रतिमानों को गढ़ रहा था, वे इस आत्मकथा की राह में हरे-भरे नीड़ से दिखाई देते हैं। यह आजादी की लड़ाई का संक्रमण काल था। गांधी

और सुभाष की समानांतर राहें देशवासियों की विचारधारा में जिस टकराव और छटपटाहट के बीज बो रही थीं, यह आत्मकथा उसका भी निचोड़ है। उस समय की काशी आम जन की चेतना में हो रहे इस विस्फोट की जीती-जागती गवाह थी। इस आत्मकथा का लेखक भी इसी संक्रांति काल का हिस्सा रहा।

मनु शर्मा के लेखन में समाहित पौराणिक चरित्र अपनी प्रासंगिकता की दृष्टि से कालजयी हैं। वे जितने उस युग, उस दौर में प्रासंगिक थे, उतने ही आज भी हैं। वे जिन भी परिस्थितियों से जूझते, संघर्ष करते नजर आते हैं, वे हमारे आज के हालातों से हूबहू मेल खाती हैं। लेखनी का यह चमत्कार क्यों है? कैसे है? इस आत्मकथा में समाया उनका जीवन ही इन सवालों का जवाब है। मनु शर्मा गांधी से कभी मिले नहीं, पर गांधी को देखा-सुना जरूर। गांधी उनकी चेतना में उस मानक की तरह मौजूद रहे, जो बीते वक्त की कसौटी पर खड़ा होकर आज की चुनौतियों का उत्तर देता रहा। गांधीगिरी पर फिल्म बहुत बाद में आई; मगर मनु शर्मा ने 'गांधी लौटे' श्रृंखला के जरिए इस विषय को काफी पहले यानी सन् 1990 में ही रच डाला था। यश, मोह की कामनाओं से दूर वे 'संकट मोचन' उपनाम के जरिए कविताओं का भरा-पूरा संसार रचते रहे। व्यवस्था की जड़ता, तंत्र के शैथिल्य और रूढ़ियों के ऑक्टोपस के विरुद्ध उनका विद्रोह सतत साधना की शक्ल ले चुका था। इंदिरा गांधी की इमरजेंसी के विरुद्ध उनकी कलम के विस्फोट की गूँज संसद् के गलियारों तक सुनाई दी। प्रसिद्ध समाजवादी नेता राजनारायण ने लोकतंत्र पर छाए खतरे को रेखांकित करने की खातिर राज्यसभा में इन्हीं कविताओं का सहारा लिया।

आत्मकथा ईमानदारी माँगती है, जिसे यहाँ बखूबी निभाया गया है। जहाँ-जहाँ इस लेखक में कमजोरियाँ नजर आईं, पूरी ईमानदारी से उसने स्वीकार किया। लेखकीय जीवन के वे राज भी बयाँ हुए हैं, जिन्हें एक उम्र तक कलम की नोक तले दबाकर रखा गया। 'कृष्ण की आत्मकथा' का यह रचनाकार अपनी आत्मकथा में भी उन्हीं योगेश्वर के आशीर्वाद की प्रतिध्वनि सुनता नजर आया है, वरना अपनी आँखों से उस युग की तस्वीर कैसे देख सकता था, जिसे कृष्ण ने भोगा था। उस संत्रास का कैसे अनुभव कर सकता था, जिसे उस युग ने झेला था। उस मथुरा को कैसे समझ पाता, जो भगवान् कृष्ण के अस्तित्व की रक्षा के लिए नट की डोर के तनाव पर सिर्फ एक पैर से चली। उस दुखी ब्रज के प्रेमोन्माद को कैसे महसूस करता, जो कृष्ण के वियोग में विरहाग्नि बिखेर

रही थी। जिंदगी के इस महाभारत में लेखक जयी हुआ या पराजित, इसका उत्तर सिर्फ समय के पास है। मगर यह आत्मकथा इस बात की गवाह है कि यह लड़ाई उन्होंने पूरी शिद्दत, ईमानदारी और पराक्रम से लड़ी। किताब सामने है। फैसला आपको करना है।

मकर संक्रांति, 2017
जी-180, सेक्टर-44
नोएडा

—हेमंत शर्मा

पुनश्चः यह आत्मकथा आप तक न पहुँच पाती, अगर संदीप देव का लेखकीय सहयोग और शोध न होता। बड़े भाई शरद शर्मा की सक्रियता ने उसे अंजाम दिया। संपादन सहयोग के लिए भाई अमित प्रकाश सिंह और अभिषेक उपाध्याय का आभार। ईशानी और पार्थ ने पांडुलिपि पढ़ने में मदद की। प्रभात प्रकाशन के प्रभातजी का आभार जता मैं उनके स्नेह को कम नहीं करना चाहता।

अनुक्रम

मौत के साये में परवरिश

आखिर कहाँ से शुरू करूँ। क्या कहूँ कि नब्बे पार करनेवाला हूँ। स्मृतियाँ अब साथ छोड़ रही हैं। दिल की धड़कन 'पेसमेकर' के भरोसे है और रक्त का प्रवाह दवा के सहारे। जीवन और परिस्थितियों से हमेशा अकेले लड़ता मैं, उम्र के इस दौर में सहायकों पर आश्रित हूँ। दिमाग पर जोर डालता हूँ तो धूल से सने दस्तावेजों की तरह कुछ धुँधली यादें कौंधती हैं। इन्हें झाड़-पोंछकर सिलसिलेवार रखना ही मेरे लिए भगीरथ प्रयत्न होगा।

जरा सोचिए, कितनी बार बिजली आकाश में कड़कती है, पर उसे क्या धरा याद रखती है। वह बिजली, जो हर बार वज्रपात बनकर आती है। पृथ्वी की छाती पर कुछ-न-कुछ लिख जाती है। मेरे मस्तिष्क में स्मृतियों के छोटे-छोटे टापू हैं। दरअसल, मेरे जीवन के ये छोटे-छोटे युद्ध हैं। दिमाग में इनकी धुँधली यादें हैं और मैं नियति से हमेशा लड़ता रहा। निहत्था, निरीह, निस्सहाय। गरीबी और अभावग्रस्त बचपन। मजदूरी और संघर्ष की ऊबड़-खाबड़ पगडंडी पर खिसकती जिंदगी। भोजन के लिए तरसता बचपन। मेरे जीवन के फटे हुए कैनवास पर इसी तरह के मद्धिम रंग आपको दिखलाई पड़ेंगे।

जन्म लेते ही गाँव छूटा। रोजी-रोटी की तलाश में वक्त ने समय से पहले बचपन छुड़वा दिया। बचपन में ही घर चलाने की जिम्मेदारी में कब जवान हुआ, पता नहीं। जिस कॉलेज में चपरासी बना, उसी में अध्यापक हुआ। अध्यापक से रिटायर हुआ तो बचा लेखक। जीवन कभी सपाट नहीं रहा। लड़ते, भिड़ते, गिरते; फिर उठ कर चलते हुए मैंने जिंदगी को करीब से देखा है। समय अब कम है। जिस्म ने संकेत देना शुरू कर दिया है। स्मृतियों को सहेजता हूँ तो चलचित्र बनता है।

भोगनेवाले व्यक्ति और रचनेवाली मनीषा के बीच की दूरी ज्यादा है। इसे मिटाना कष्टमय है, फिर भी कोशिश है।

माँ बदहवास थी। रो-रोकर उनका बुरा हाल था। जिस भय के कारण वर्षों पहले उन्होंने अकबरपुर छोड़ा था, वह बनारस में इतने सालों बाद एक बार फिर उनके सामने आ खड़ा हुआ था। आम तौर पर मजबूत दिखनेवाले बाबूजी भी परेशान थे। उन्हें समझ नहीं आ रहा था कि वे क्या करें। आस-पड़ोस से लेकर नाते-रिश्तेदारों के यहाँ भी वे दौड़ चुके थे, लेकिन झन्नू के बारे में उन्हें कहीं से कोई सूचना नहीं मिली। झन्नू अच्छा-भला दुकान से दोपहर तीन बजे निकला, लेकिन रात गहरा रही थी। वह घर नहीं लौटा। मैंने घर में प्रवेश किया ही था कि विकल-बदहवास माँ मुझे पकड़कर रोने लगी। रोते-रोते वह कह रही थी, "मन्नू तुझे तो बनारस लाकर मैंने बचा लिया, लेकिन क्या पता था यहाँ भी यमराज की काली छाया हमारे पीछे पड़ी है।"

मैंने पूछा, "क्या हुआ माँ, पहले बताओ तो सही।"

"झन्नू दोपहर को घर से सदर बाजार के लिए निकला था। रात घिर आई है, लेकिन वह अभी तक नहीं लौटा है।" सभी जानकारों के घरों के दरवाजे खटखटा चुका हूँ, परंतु कहीं कोई शुभ संकेत नहीं मिला। आज तक तो ऐसा नहीं हुआ कि वह इतनी देर घर से कभी बाहर रहा हो।" यह बाबूजी की भर्राई आवाज थी।

मैंने कहा, "आप घबराइए मत, मैं पता करता हूँ।"

"नहीं, मन्नू, देर रात गहरी हो रही है। तुम बाहर मत जाओ। तुम्हें कुछ हो गया तो...।" माँ की आँखों में बेचैनी और उनके चेहरे का दर्द साफ पढ़ा जा सकता था।

माँ ही परिवार का संबल थी। उन्होंने न केवल हम भाई-बहन को जन्म दिया, बल्कि बड़े होने के साथ-साथ हमारी भूख और तन ढँकने की व्यवस्था भी अपना हाड़-मांस एक कर की। बाबूजी को परिवार की बहुत अधिक फिक्र कभी नहीं रही। इसलिए माँ की आँखों में जब आँसू आते तो लगता, साक्षात गंगा मैया, हमें खुद में समेटने के लिए उमड़-घुमड़ रही हैं।

मेरा छोटा भाई झन्नू आज जब अचानक से कहीं गायब हो गया तो लगा माँ टूट जाएगी। दोपहर में बाबूजी ने झन्नू को हड़हा सराय बरतन लाने भेजा था। बनारस के विश्वेश्वरगंज में हमारी दो-दर की दुकान थी। दोनों दुकान एक ही में मिली हुई थीं। इनमें कपड़े की एक और दूसरी एल्यूमीनियम के बरतनों

की दुकान थी। बरतन की दुकान के लिए सराय से झाल (बहुत बड़ा बोरा) भरकर बरतन लाने की जिम्मेदारी झन्नू की थी। वह अपनी जवाबदेही अच्छी तरह निभाता था और दुकान पर बाबूजी का हाथ भी बँटाता था। उस दिन भी बाबूजी ने झन्नू को 30 रुपए देकर सराय भेजा था। सराय से बरतन लेकर अकसर वह छह बजे तक आ जाता था, लेकिन उस दिन देर होती चली गई। हम सभी सारी रात घर में जगे उसकी राह देखते रहे, लेकिन वह नहीं आया।

माँ का कलेजा धक-धक कर रहा था। उन्हें लगता था कि मौत लगातार उनका पीछा कर रही है। ऐसा नहीं है कि यह केवल उनका वहम या भय था, बल्कि एक समय हमारे परिवार पर मौत का साया इस कदर पड़ चुका था कि हम सभी को अपना पुश्तैनी शहर और मकान छोड़कर शहर-बदर होना पड़ा था।

□

मेरा जन्म 28 अक्तूबर, 1928 को शरद पूर्णिमा के दिन अकबरपुर के शहजादपुर कस्बे में हुआ था। उस वक्त का अकबरपुर और आज का अंबेडकर नगर किसी समय फैजाबाद जिले की एक तहसील थी। अकबरपुर से टोंस नदी पार करने के बाद था शहजादपुर कस्बा। शहजादपुर में मुख्य रूप से जुलाहों, राजभरों और दलितों की आबादी थी, लेकिन यहाँ थोड़े घर ब्राह्मणों और खत्रियों के भी थे। उन्हीं ब्राह्मणों में से एक घर मेरे दादा पंडित बालगोविंद उपाध्याय का था। पंडित बालगोविंद उपाध्याय के चार बेटे थे। बड़े बेटे का नाम विश्वनाथ उपाध्याय, दूसरे का नाम रघुनाथ प्रसाद, तीसरे का नाम सरयू प्रसाद उपाध्याय और सबसे छोटे बेटे का नाम बटुक प्रसाद उपाध्याय था।

मेरे पिता रघुनाथ प्रसाद शर्मा थे, जिन्होंने आर्य समाजी होने के कारण अपना उपनाम उपाध्याय से बदलकर शर्मा कर लिया था। वे अकबरपुर में आर्य समाज के संस्थापकों में थे। मेरे जन्म के समय परिवार में किसी भी तरह की खुशी नहीं मनाई गई। मेरे जन्म लेते ही सभी भयातुर हो उठे थे। सबको यह पक्का विश्वास था कि आज नहीं तो कल यह भी काल का ग्रास बन जाएगा।

मेरी माँ बिट्टन देवी बहुत साहसी महिला थीं। लेकिन मेरे जन्म के समय उनके साहस पर बुरी तरह से भय हावी हो गया था। बेटे के जन्म पर खुश होने की जगह वे इतनी डर गईं कि कई दिन तक सहमी-सहमी सी मेरी मौत की आहट सुनती रहीं।

दरअसल मैं उनका पहला नहीं, बल्कि पाँचवाँ बेटा था, लेकिन हर बेटे के जन्म के साथ ही यमराज भी आ धमकता और उनकी आँखों के सामने ही

उनके लाल पर झपट्टा मारकर अट्टहास करता चला जाता। प्रसव पीड़ा से गुजरी अर्धचेतन पड़ी माँ की आँखों से आँसू बहते रहते और यमराज उनके सामने से उनके बच्चों को उठा ले जाता। असहाय माँ कुछ नहीं कर पातीं। अपने चार बेटों को खोने के गम ने उन्हें तोड़कर रख दिया था। इसलिए जब जन्म के कई दिनों बाद भी मैं नहीं मरा तो उन्होंने हौसला कर यमराज को ही धोखा देने का निश्चय किया।

धोखा वह भी यमराज को! मेरी निश्छल और साहसी माँ ने यही सोचा कि यमराज ने इस घर को ठीक से देख लिया है। यहाँ के हर कोने से वह परिचित हो चुका है, इसलिए उसकी क्रूर नजरों से बहुत दूर निकल जाना ही बच्चे को नया जीवन दे सकता है। जन्म लेते ही खपरैल वाले कच्चे मकान से हटाकर माँ ने मुझे गाँव की ही एक महिला को गोद दे दिया, ताकि यमराज की नजर मुझ पर से हट जाए। इस 'टोटके' का असर दिखा। मैं अपने अन्य भाइयों की तरह यमराज की आँखों में तत्काल आने से बच गया।

लेकिन यमराज के साथ यह लुका-छिपी कितने दिनों तक चलती! अचानक माँ ने दूसरा निर्णय लिया। मेरे जन्म के 29 वें दिन वे मुझे गोद में लिए! अकबरपुर से कोई 135 कि.मी दूर काशी के लिए निकल पड़ीं। भगवान् राम की सांस्कृतिक विरासत रही सरयू नदी का तट छोड़कर शिव के त्रिशूल पर बसी और उनकी ही जटा से निकली गंगा के तट पर बसी काशी में बसने का निर्णय एक झटके में माँ ने ले लिया। माँ जानती थीं कि मौत के देवता यमराज से भी बड़े देवता काशी के औघड़ रूद्र-शिव हैं। रुद्र-शिव ही काशी के प्रधान देवता और रक्षक हैं। शिव औघड़ ही नहीं, बड़े दानी भी हैं, तभी तो औघड़दानी कहलाते हैं। वे देवों के देव महादेव हैं, जिन्होंने अपने मृत बेटे गणेश के कटे मस्तक को जोड़कर उन्हें जीवित कर दिया था। भले ही गणेश के कटे मस्तक की जगह गज के बच्चे का मस्तक उन्हें जोड़ना पड़ा, लेकिन एक माँ के क्रंदन ने ही उन्हें व्याकुल कर दिया, जिसके कारण उन्होंने अपने ही अस्त्र के प्रभाव को तत्क्षण विफल कर दिया। वे रुद्र शिव ही इस माँ के विलाप को सुनेंगे और 'मृत्यु की भूमि' काशी में मेरे नवजात को जीवन दान देंगे।

माँ सचमुच व्याकुल थी, उसी व्याकुलता में उन्होंने काशी में अपने मायके के लिए प्रस्थान किया, ताकि उस महाश्मशान में उनके नवजात को जीवन मिल जाए।

माँ ने मन-ही-मन शिव स्मरण किया और मेरा नाम मन्नू (मनु) रख दिया। माँ ने जब घरवालों को बताया कि 'सृष्टि के विनाश के लिए जब महाप्रलय

आया तो शिव की कृपा से केवल मनु महाराज ही जीवित बचे थे, अब शिव की दया से यह 'मन्नू' भी बचेगा।' "लेकिन मैंने जन्म से पूर्व ही अपने आराध्य राम भक्त हनुमान को सुमिर कर आनेवाले बच्चे का नाम हनुमान प्रसाद रखने का निर्णय ले लिया था, ताकि हनुमानजी, इस पाँचवें बच्चे की रक्षा गर्भ से ही करते रहें। हनुमानजी ने मेरी सुनी और यह बच्चा बच गया, इसलिए इसका नाम हनुमान प्रसाद ही रखा जाएगा।" यह कहा, मेरे बाबा बालगोविंद उपाध्याय ने।

मेरे बड़े चाचा विश्वनाथ उपाध्याय के यहाँ कोई बच्चा नहीं है। मेरे बाबा हनुमानजी के बहुत बड़े भक्त थे और उन्हें विश्वास था कि हनुमानजी के नाम पर यदि बच्चे का नाम उन्होंने रख दिया तो बच्चा अवश्य जीवित बचेगा। हनुमानजी ने उनकी प्रार्थना सुन ली। इसी भय में पगा रहा मेरा नामकरण संस्कार।

बाबा ने कहा, "चलो अच्छा है इसके दो नाम हो गए। एक, चार भाइयों की मौत, से इस घर में आए प्रलय से इसके बच जाने की गवाही देगा और दूसरा, इस पर हमेशा हनुमानजी की कृपा बनाए रखेगा।" माँ कहती थी, "बाबा ने की तब बताया था कि काशी के राजवंश में आदि पूर्वज मनु हुए थे। मनु महाराज की ही सातवीं पीढ़ी में 'काश' नामक राजा हुए, जिसके कारण इस नगर का नाम 'काशी' पड़ा।" मेरी माँ तो नहीं जानती थीं यह इतिहास, लेकिन महाप्रलय में बचे महाराज मनु की कहानी से वे अच्छी तरह वाकिफ थी। मेरी माँ ने 29 दिन के अपने 'मनु' की जिंदगी भी शिव को सौंपने के लिए उनके नगर काशी की शरण ली थी, जहाँ वे अपने आखिरी वक्त तक रहीं और मैं भी काशी का आजीवन होकर रह गया। काशी अब मुझसे नहीं छूटती। अपने हर जन्मदिन पर मुझे लगता है कि मैं मणिकर्णिका घाट की एक सीढ़ी और उतर गया। अब तो शरीर काशी में मणिकर्णिका घाट पर ही छूटेगा।

□

बनारस के मध्यमेश्वर स्थित मकान में दूसरी रात गुजर रही थी, लेकिन झन्नू का कुछ पता नहीं था। पूरे बनारस में दिनभर झन्नू की खोज करने के बाद भी हमें निराशा ही हाथ लगी थी। शाम जब बाबूजी और मैं घर पहुँचे तो हिम्मत नहीं हुई कि माँ की कातर नजरों से अपनी नजरें मिला सकें। मेरे दो अन्य भाई टन्नू और नन्हू माँ के इर्द-गिर्द बैठे थे। सभी के होंठों पर पड़ी पपड़ी बता रही थी कि आज किसी ने कुछ भी खाया-पीया नहीं है। इस सामूहिक उपवास और नींद से बोझिल आँखों के कारण मेरे दोनों छोटे भाई टन्नू व नन्हू निढाल हो चुके थे। उन्हें देखकर दुःख में धँसती जा रही मेरी चेतना को माँ

की तेज आवाज ने झकझोरा, ''टन्नू! घर की सभी खिड़कियों और दरवाजे को बंद कर दो, नहीं तो यमराज आ जाएगा।'' माँ का आदेश सुनते ही टन्नू एकदम से आँख मलता हुआ खिड़की-दरवाजे को बंद करने के लिए उठ खड़ा हुआ। माँ की इस मनोदशा को देखकर हम सभी सहम उठे।

मुझे याद आया, मैं जब थोड़ा बड़ा हुआ तो मुझे सभी की नजरों से बचाने के लिए माँ अकसर खिड़की-दरवाजे बंद कर दिया करती थी। मैं हँसते हुए कहता, ''माँ, मुझे कोई नहीं ले जाएगा। तुम इतना डरती क्यों हो?'' माँ मेरे होंठों पर अपना हाथ रखते हुए कहती, ''डरती नहीं, तो आज भी उसी 'अभिशप्त टीले' पर ही रहती।''

''अभिशप्त टीला?'' मैंने आश्चर्य से पूछा था।

''हाँ, मन्नू, तेरा गाँव शहजादपुर केवल मेरे परिवार के लिए ही नहीं, बल्कि कई और लोगों के लिए भी 'अभिशप्त टीला' था। केवल तेरे चार बड़े भाइयों को ही नहीं, उस 'अभिशप्त टीले' ने न जाने कितने घरों के बच्चों को निगल लिया था। तेरे बड़े चाचा भी उस ड्योढ़ी पर वंशविहीन रह गए थे।''

माँ ने ही बताया था, शाहजादपुर के जिस मकान में मेरा जन्म हुआ था। वह खपरैल का कच्चा मकान था। हर साल टोंस नदी में जब भी बाढ़ आती, तो उस मकान के एक हिस्से को लील जाया करती थी। मैं जिस कमरे में पैदा हुआ था, वह लाखौरी ईंटों का बना पक्का कमरा था। मेरे पैदा होने से पहले इस कमरे को पक्का कराया गया था, ताकि बुरी नज़र या हवा से 'प्रसूता' और उसके बच्चे को बचाया जा सके। जब मेरा जन्म हुआ तो, उस कमरे की सभी खिड़कियाँ, रोशनदान, ताखे, रोशनी आने के सभी छोटे-बड़े छिद्र बंद कर दिए गए थे, जिससे कमरे में बुरी हवा प्रवेश न कर जाए। दूसरों के लिए जो बुरी हवा थी, वह माँ के लिए सीधे-सीधे मौत का देवता यमराज था, जिसने मुझसे पहले जनमे उनके चार बच्चों को निगल लिया था।

अपने उन चार नवजात बच्चों की मौत को याद करते हुए माँ अकसर उदास हो जाती थी। यह बात अलग है कि बाद में भी उनके चार बेटे हुए।

मैं कहता, ''माँ! यमराज ने चार बेटे ले लिये तो बाद में महादेव ने फिर से चार बेटों का वरदान भी तो फलीभूत किया।''

माँ कहती, ''और बहन को क्यों भूल जाता है तू?''

हाँ, उस 'अभिशप्त टीले' पर केवल मेरा ही जन्म हुआ था। मेरे तीन अन्य भाई देवी प्रसाद शर्मा उर्फ 'झन्नू', रामप्रसाद शर्मा उर्फ 'नन्नू', अमरनाथ प्रसाद

शर्मा उर्फ 'टन्नू' और बहन इंदिरा उर्फ 'कुडू' का जन्म काशी में हुआ था। थोड़ा बड़ा हुआ तो पता चला कि मेरा वह गाँव शहजादपुर केवल मेरे परिवार के लिए ही 'अभिशप्त टीला' नहीं था। मशहूर समाजवादी नेता डॉ. राममनोहर लोहिया और कई अन्य परिवारों के लिए भी यह 'अभिशप्त टीला' ही था। माँ बताती थी कि हमारे घर के पास ही डॉ. राममनोहर लोहिया के पिता हीरालाल लोहिया का आवास था। हीरालाल पेशे से अध्यापक थे। जब राममनोहर लोहिया का जन्म हुआ तो यमराज की नजर से बचाने के लिए उन्हें लेकर उनके पिता हीरालाल अपने परिवार सहित कलकत्ता (अब कोलकाता) चले गए थे। एक समय पूरे शहजादपुर में यह जनश्रुति प्रचलित हो गई थी कि यह एक 'अभिशप्त टीला' है, जहाँ पैदा होनेवाले किसी बच्चे का बचना मुश्किल है।

जन्म के बाद, छह दिन का ही मैं था कि शहजादपुर में महामारी फैल गई। मुझे भी चेचक हो गई। इसके बाद तो माँ को पक्का यकीन हो गया कि यमराज मेरे बच्चे को छीनकर ही रहेगा। बहुत बाद तक मेरे चेहरे पर पड़े दागों से मेरी पहचान चेचकवाले बच्चे के रूप में ही होती थी। इसी से अंदाजा लगाया जा सकता है कि चेचक का वह प्रकोप कितना प्रचंड था, जिसने गाँव के ढेरों बच्चों को निगल लिया था।

देश के गाँवों में आज भी इलाज की व्यवस्था नहीं है। आप सन् 1928 की स्थिति की केवल कल्पना ही कर सकते हैं। इलाज की व्यवस्था नहीं होने के कारण देखते-देखते चेचक, हैजा, प्लेग आदि महामारी का रूप ले लेती थी और गाँव के गाँव निगल जाया करती थी। अज्ञानी समाज इसे ही 'अभिशप्त टीला', 'बुरी हवा', 'यमराज का प्रकोप' आदि मानकर अपना दुःख भुलाने की कोशिश करता था।

□

हाईस्कूल पास मेरा भाई झन्नू 30 रुपए लेकर घर से जो निकला तो फिर कई दिनों तक नहीं लौटा। यह अंधविश्वास नहीं, बल्कि ऐसी हकीकत थी, जिसने हमारे पूरे परिवार को डर के साए में लपेटे रखा था। अपने चार बेटों की मौत से जिस भय की शुरुआत हुई थी, झन्नू के गायब होने के बाद अचानक माँ के हृदय में फिर वही डर उत्पन्न हो गया था।

"मन्नू, कहीं लकड़सुंघवा तो झन्नू को पकड़कर नहीं ले गया?" अचानक माँ ने मुझसे पूछा।

"नहीं माँ, झन्नू बड़ा है। लकड़सुंघवा (लकड़बग्घा) तो छोटे बच्चे को

ले जाता है। बड़े लड़कों को थोड़े ही वह उठा सकता है।'' मैंने अपना ज्ञान बघारने की कोशिश की।

''तेरे लिए बड़ा होगा, मेरे लिए तो छोटा ही है झन्नू।'' माँ एकदम से तड़प उठी।

मैं खामोश हो गया। घर में अन्य लोग भी खामोश थे। पाँचवाँ दिन बीतता जा रहा था और झन्नू का कहीं पता नहीं चल रहा था। उसे कोई उठाकर ले गया या वह स्वयं कहीं चला गया, कुछ भी पता नहीं चल पा रहा था। हड़हा सराय में मैं उस बरतनवाले के यहाँ भी गया था, जिसके यहाँ से थोक दर पर हमारी दुकान के लिए बरतन आते थे, लेकिन उसने बताया कि उस दिन झन्नू बरतन लेने आया ही नहीं था। इस सूचना के बाद तरह-तरह की आशंका से मेरा भी मन घिरा, लेकिन माँ को ढाढ़स बँधाने के लिए ऊपर-ऊपर मैं सामान्य होने का ढोंग करता रहता था।

□

लकड़सुंघवा, शब्द ने मुझे अतीत में ढकेल दिया। यह घटना सन् 1939 की है। उस समय मैं 10-11 साल का था और कबीरचौरा मिडिल स्कूल में पढ़ता था। यह घटना मुझे इसलिए याद है क्योंकि उस वर्ष से द्वितीय विश्व युद्ध के एक से एक भयानक समाचार जनमानस को झकझोरने लगे थे। हिटलर के सम्मुख पोलैंड ने आठ दिनों में घुटने टेक दिए तो फ्रांस हिटलर के मुकाबले में महीने भर भी नहीं टिक पाया। हिटलर के नाम से हम बच्चे भी अच्छी तरह से वाकिफ हो गए थे। बच्चों में चर्चा होती थी कि हिटलर हमारे देश पर भी बम गिराएगा और अंग्रेजों को भगा देगा। उधर राष्ट्रीय क्षितिज पर भी एक असंभव सी घटना घटी।

स्कूल में छुट्टी हो गई थी। संध्या अपना आँचल लगभग समेट चुकी थी। तिरंगा लिये नौजवानों का जुलूस चला आ रहा था। भीड़ के आगे-आगे कैनवास पर बना हुआ सुभाषचंद्र बोस का आदमकद चित्र था। लोग 'सुभाष बाबू जिंदाबाद' के नारे लगा रहे थे। मैं भी धीरे-धीरे भीड़ के समक्ष चला गया। एक ने पकड़कर मुझे गले लगा लिया और कहा, ''जानते हो सुभाष बाबू जीत गए और गांधी हार गए!''

'गांधी हार गए'—इस शब्द से मुझ पर हथौड़े की तरह चोट हुई। बड़ी देर तक तो मैं समझ नहीं सका कि गांधी किससे हारे? क्यों हारे? अंग्रेजों से उनके हारने का सवाल ही नहीं था। फिर लोग खुश क्यों हो रहे थे? वह भी ऐसे लोग, जिनकी नस में कूट-कूटकर राष्ट्रीयता भरी है! मेरी असमंजस

की स्थिति को जुलूस में शामिल एक नौजवान ने भाँप लिया। उसने बताया, ''गांधीजी कांग्रेस का अध्यक्ष सुभाष बाबू को दोबारा नहीं बनाना चाहते थे। वे किन्हीं सीतारामैया के पक्ष में थे। पर सुभाष बाबू ने अध्यक्ष पद का चुनाव जीत लिया। गांधीजी ने सीतारामैया की हार को अपनी हार मान ली।'' घटना सैंकड़ों मील दूर त्रिपुरी में घटी थी, किंतु उसकी लहर ने बनारस को भी डुबो लिया था। जवानों के खून में उबाल आ गया था। बूढ़ों और प्रौढ़ों के लिए यह घटना मात्र चिंतन के धरातल पर थी।

इस नए माहौल से परिचित होता मैं आगे बढ़ा जा रहा था कि 'किंग एडवर्ड अस्पताल' के सामने भीड़ दिखाई दी। उन दिनों बनारस के 'शिवप्रसाद गुप्त अस्पताल' का यही नाम था। 'सुभाष बाबू जिंदाबाद' का नारा लगाता जुलूस थोड़ी देर के लिए रुक गया। मेरी प्रवृत्ति में कौतूहल था। जहाँ कुछ हुआ कि विशेष जानकारी पाने के लिए मैं उत्सुक हो जाता था। मैं तत्काल उस भीड़ में घुसा। किसी ने कहा, ''किसी लकड़सुंघवा को लोगों ने पीट-पीटकर मार डाला है।''

लकड़सुंघवा मेरी जिज्ञासा का केंद्रबिंदु हो गया। मैंने सुना बहुत था कि कुछ लोग साधु के वेश में आते हैं। वे एक विशेष प्रकार की टेढ़ी-मेढ़ी लकड़ी सुँघाकर बच्चों को वश में कर लेते हैं और बहकाकर ले जाते हैं। परंतु मैंने कभी लकड़सुंघवा देखा नहीं था। कैसा होता है लकड़सुंघवा? मेरा कौतूहल जोर मार रहा था। भीड़ में ठीक से मैं लकड़सुंघवा देख नहीं पाया, क्योंकि तभी एक मोटर आई, उसमें से एक गोरा साहब उतरा। उसके साथ कुछ सिपाही भी थे। वह रोब-दाब के साथ भीड़ में घुसता चला गया। लोगों ने बताया कि ये मजिस्ट्रेट साहब हैं। वह गोरा साहब लकड़सुंघवा को लेकर चला गया। लकड़सुंघवा को देखने की मेरी जिज्ञासा धरी-की-धरी रह गई। लकड़सुंघवा मरा नहीं था। वह घायल था। उसे इलाज के लिए पहले अस्पताल ले जाया गया।

आखिर मैं भी तो छोटा सा स्कूली लड़का था, जिसे जब चाहे लकड़सुंघवा पकड़ सकता था। यह खयाल मन में आते ही, सरपट घर की ओर मैं भागा। उस उम्र में भय की ऐसी अनुभूति मुझे पहली बार ही हुई थी। इसी कारण यह घटना मेरे मन-मस्तिष्क के घेरे में आज तक मौजूद है। उस वक्त माँ ने हँसते हुए मेरे भय को दूर करने की कोशिश की थी, लेकिन आज वही माँ खुद उस लकड़सुंघवा से डरी हुई है कि कहीं उसने उनके दूसरे बेटे झन्नू को तो नहीं उठा लिया!

□

15 दिन होने को आए, लेकिन झन्नू अभी तक न तो घर आया और न

ही उसके आने की कोई सूचना ही मिली। माँ खाना बनाने 'भारतेंदु भवन' में जाने लगी थी। बाबूजी तो यायावर की तरह जीवन जीते थे। हालाँकि वे भी झन्नू को खोजने के नाम पर बनारस से कहीं दूर निकल गए। हम तीन भाई सामान्य होने की कोशिश में थे कि अचानक झन्नू का पत्र एक दिन मिला। घर पहुँचा तो देखा, पत्र लेकर माँ बैठी है। उसने धीरे से पत्र मेरी ओर बढ़ा दिया। पत्र में लिखा था, "मैं जा रहा हूँ, लेकिन कहाँ जा रहा हूँ मुझे मालूम नहीं है।" मैंने सोचा इस पत्र को पढ़ने के बाद माँ के मन में बैठा झन्नू की मौत का भय कम होगा, लेकिन उनका भय और बढ़ गया। झन्नू के जिंदा होने की सूचना आ गई थी। लेकिन माँ का कहना था कि जब उसे खुद ही पता नहीं है कि वह कहाँ जा रहा है तो उसकी जिंदगी का क्या ठिकाना? आज वह है भी या नहीं। क्या मालूम!

भय के कारण मेरी माँ का पूजा-पाठ और बढ़ गया। उन्होंने काशी के रक्षक बाबा विश्वनाथ से लेकर बनारस के सभी मंदिरों में बैठे भगवान के यहाँ जा-जाकर हर वह मनौती माँगी, जिनसे उन्हें लगता था कि ईश्वर खुश हो जाएँगे और उनके बेटे को उनके पास वापस भेज देंगे। माँ चार साल तक ठीक वैसी ही स्थिति में रही। जैसी मेरे जन्म के बाद मेरी जिंदगी बचाने की जद्दोजहद में वे रही थीं। चार साल बाद झन्नू घर लौटा। उसने बताया कि वह मुंबई चला गया है और अब वहीं रहेगा। वहाँ वह हिंदी सिनेमा के मशहूर फिल्मिस्तान स्टूडियो में कैमरा असिसटेंट हो गया था। फिल्मिस्तान स्टूडियो ने ही उसे प्रशिक्षण दिया और बाद में नौकरी भी।

□

अपने जिस पहले बेटे की जिंदगी बचाने के लिए माँ ने अकबरपुर छोड़ अपने मायके बनारस बसने का निर्णय लिया था, वह फेरी लगाकर गमछा और रुमाल बेचते हुए पहले चपरासी, फिर शिक्षक और आखिर में लेखक के रूप में पहचाना गया। माँ ने जिस दूसरे बेटे की मौत के भय में कई रातें जगकर गुजारीं। वह हिंदी फिल्मों के बड़े बैनरों में काम करनेवाला बड़ा कैमरामैन बना। जिस घर में किसी वक्त खाने के लिए दो वक्त की रोटी नहीं थी, उसी घर में माँ के भय से उपजी 'मनौती' को बाबा विश्वनाथ ने इस तरह स्वीकार किया कि माँ अपने जीवन के आखिरी वक्त तक उनकी आराधना में ही जुटी रहीं। एक समय ऐसा भी आया जब मेरी सनातनी माँ 12 घंटे तक पूजा-पाठ

करती थीं। मेरे आर्य समाजी पिताजी जब-तब भजन गा-गाकर उनका मजाक उड़ाते। माँ भजन के जरिए ही उनका जवाब देने के साथ-साथ बाबा विश्वनाथ से कहतीं कि वह उन्हें थोड़ी सद्‌बुद्धि भी दे दें…।

☐

मेरे पिताजी पं. रघुनाथ प्रसाद शर्मा कट्टर आर्य समाजी थे। धार्मिक अनुष्ठान और क्रिया-कर्म को वे केवल पाखंड मानते थे। कबीर की तरह वे लुकाठी हाथ में लिये पूरा जीवन अपना घर फूँकते रहे और वहीं खड़े रहकर तमाशा भी देखते रहे। कबीर से प्रभावित मेरे पिताजी को कभी यह भरोसा नहीं था कि काशी में मरने पर मोक्ष मिल सकता है। माँ अपने काम में मगन तुलसीदास की 'हनुमान चालीसा' की चौपाई गाती, "अंत काल रघुवरपुर जायी… ।" पिताजी तत्काल टोक देते, "अंतकाल अकबरपुर जायी।" माँ ने जिस मौत के भय से छुटकारा पाने के लिए अकबरपुर का त्याग किया था। पिताजी मौत को गले लगाने अपने अंत समय में अकबरपुर ही पहुँच गए थे।

पिताजी में मुझे कबीर का फक्कड़पन झलकता था। कबीर ऐसी ही बातें कहते और उसे चरितार्थ करते थे,

क्या काशी क्या ऊसर मगहर, जो पै राम बस मोर।
जो कबिरा काशी मरे, रामहि मोन निहोर।

कबीर ने जब काशी में मौत को मोक्ष से जोड़ने का पाखंड देखा तो उन्होंने कहा, जब काशी में मरने से ही मोक्ष मिल जाता है तो राम का निहोरा क्यों करना? अपनी लुकाठी हाथ में लिये कबीर मगहर चले गए। वहीं अपना तन त्यागा। आज भी मगहर में कबीर की समाधि है। मेरे पिताजी भी कबीर के रास्ते पर चलते हुए अपने आखिरी समय में काशी छोड़कर पैतृक घर अकबरपुर चले गए।

उन्होंने जहाँ से अपने जीवन की यात्रा शुरू की थी, वहीं अपने जीवन की यात्रा समाप्त की। वे कहते, 'यदि अकबरपुर अभिशप्त टीला है तो यह टीला ही मेरा मोक्ष है।' सनातनी माँ उन्हें 'तुलसीदास' समझाती रही, लेकिन आखिरी समय तक उन्हें केवल 'कबीर' ही समझ में आया। लोग कहते हैं, 'तुम्हारे कृतित्व में तुलसीदास का सगुण और कबीर का निर्गुण दोनों एक साथ झलकता है, मैं कहता हूँ' 'शायद लिखते वक्त माँ और पिताजी दोनों एक साथ मेरे अंदर शास्त्रार्थ करने पहुँच जाते हैं।' उन्होंने अपनी आखिरी साँस अकबरपुर में ही

ली। उनकी मौत स्वाभाविक ही हुई। मैं और मेरी माँ अंत समय उनके पास नहीं थे। आज भी यह दर्द सताता रहता है कि कबीर जैसी जिंदगी जीनेवाले अपने फक्कड़ पिता के आखिरी समय में काश, उनके साथ मैं होता¨। नियति को कौन समझ पाया है, जो मैं जब-तब उसे समझने की धृष्टता करता रहता हूँ!

□

नाचत निशिवासर बीत्यो

नवंबर-दिसंबर 1928 में शहजादपुर में चेचक ने महामारी का रूप ले लिया था। जन्म के छठवें दिन मुझे भी चेचक निकल आई थी। शरीर का कोई अंग ऐसा न था, जिसमें चेचक न निकली हो। यह विभिषिका इतनी भीषण थी कि माँ का दूध पीने के कारण माँ के स्तन में भी चेचक निकल आई थी। माँ एकदम व्याकुल हो गईं। अभी उनका मन्नू एक महीने का भी नहीं हुआ था और महामारी विकराल रूप लेती जा रही थी। अपने चार बेटों की मौत के कारण उन्होंने मान लिया था कि यह ड्योढ़ी ही 'अभिशप्त टीला' है। वे किसी तरह वहाँ से मुक्त होना चाहती थीं।

महीने के नहान से पहले सउरी से बाहर निकलना असंभव था। इसके लिए मुहूर्त दिखाई गई। एक मुहूर्त 29 दिन पर पड़ी जो बहुत अच्छी नहीं थी। दूसरी मुहूर्त 40 दिन पर पड़ी, लेकिन माँ इतने दिन वहाँ रुकने के लिए तैयार नहीं थीं। माँ ने निर्णय लिया कि 29 वें दिनवाली मुहूर्त को ही शहजादपुर छोड़ दिया जाए। घर के अधिकांश सदस्य इसके लिए तैयार नहीं थे, लेकिन मेरी माँ की जिद के आगे किसी की नहीं चली। मैं उस घर का अकेला बचा शिशु था। मेरे पिता के बड़े भाई विश्वनाथ उपाध्याय के यहाँ भी कोई बच्चा नहीं था, इसलिए इसे बचाना माँ के साथ-साथ घरवालों के लिए भी जरूरी हो गया था। एक महीने के बच्चे को लेकर वहाँ से निकल जाने की मेरी माँ बिट्टन देवी की जिद के आगे हर किसी को झुकना ही था और यही हुआ।

चेचक से कराहता मन्नू उन्हें पल-पल मौत की ओर बढ़ता दिख रहा था। माँ ने अपने नवजात को गोद में उठाया और अकेले ही अकबरपुर से बनारस के लिए निकल पड़ीं। उस समय पिताजी रघुनाथ प्रसाद शर्मा घर पर नहीं थे। वे

आर्यसमाज व हिंदू महासभा की राजनीति एवं हिंदी और स्वराज आंदोलन में इस कदर सक्रिय थे कि उनका कहीं स्थायी ठौर ही नहीं रहता था। हिंदी आंदोलन में वे करीब सात साल तक लाहौर के जेल में बंद भी रहे थे। उन्होंने कभी न परिवार चलाने की जिम्मेदारी उठाई, न अपने पूर्व के चार बच्चों की तरह नवजात मन्नू की मौत का ही उन्हें भय था और न पत्नी बिट्टन देवी का सहारा बनने का उनके मन में कोई खयाल ही कभी आया।

मेरी माँ जब फैजाबाद स्टेशन पहुँची तो वहाँ थोड़ी देर में एक सवारी गाड़ी बनारस जाने के लिए आई। माँ गाड़ी के एक डिब्बे में सवार हुई। लेकिन यह क्या, चेचकवाले बच्चे को देखकर किसी ने उन्हें अपने पास बैठने ही नहीं दिया! चेचक का भय लोगों में इस कदर व्याप्त था कि लोगों ने उन्हें डिब्बे से उतार दिया। लाचार माँ, दूसरे डिब्बे में गई, लेकिन वहाँ भी उन्हें चढ़ने नहीं दिया गया। वे अपने नवजात बच्चे को लेकर रेलगाड़ी के एक डिब्बे से उतरती। दूसरे डिब्बे में चढ़ती और डिब्बों के बीच चक्कर काटती रही, लेकिन किसी डिब्बे में उन्हें और उनके बच्चे के लिए जगह नहीं थी।

माँ लाचार और मायूस हो गई थी। गोद में पड़े बच्चे को कराहता देख उनकी आँखों से लगातार आँसू बह रहे थे। माँ की यह दशा देखकर एक मुसलिम को दया आ गई और उसने अपनी सीट छोड़कर माँ को बैठने के लिए दे दी। लेकिन उस डिब्बे के लोगों को यह भी मंजूर नहीं था। लोगों ने कहा, ''हम इन्हें गाड़ी में बैठने नहीं देंगे। इनके बच्चे की वजह से इतने सारे लोगों को चेचक हो, यह हमें मंजूर नहीं।'' माँ उस डिब्बे से भी उतरने के लिए उठी तो वह मुसलिम भी अपना सामान उठाकर उनके साथ चल पड़ा। उसने लोगों से कहा, ''यदि अल्लाह ने मौत की तारीख नियत कर रखी है तो उसे कोई टाल नहीं सकता, लेकिन इसके लिए एक अकेली माँ और उसके बच्चे को तकलीफ देना, खुदा इसे कभी मंजूर नहीं करेगा।'' उसकी बात सुनकर लोगों ने शर्मिंदगी से चुप्पी जरूर साध ली, इसके बावजूद किसी को यह मंजूर नहीं था कि चेचकवाला बच्चा और उसकी माँ उनके डिब्बे में मौजूद रहे।

माँ के साथ-साथ वह मुसलमान सज्जन भी गाड़ी से उतर गए। उसने माँ को अपना नाम सलीम बताया। उसने बताया, ''मैं भी बनारस जा रहा हूँ, लेकिन आपके साथ गाड़ी में जो हुआ, उसके बाद मेरी यात्रा का मकसद बदल गया है। अब पहले मैं आपको आपके घर पहुँचाऊँगा, उसके बाद ही अपने घर जाऊँगा।'' रुँधे गले से माँ ने कहा, ''आप मेरी वजह से परेशान न हों।''

"इसमें परेशानी की क्या बात है ? मुझे भी बनारस ही जाना है। इस गाड़ी से नहीं तो दूसरी गाड़ी से चला जाऊँगा। कम-से-कम यह सोच-सोचकर दिल भारी तो नहीं होगा कि उस बच्चे और उसकी माँ का क्या हुआ ?" सलीम ने कहा।

जब मैं थोड़ा बड़ा हुआ तो खाना खिलाते वक्त माँ मुझे अकसर कहानियाँ सुनाती थी। उन कहानियों में उस सलीम की कहानी भी कई बार आई, जिसने अकेली-असहाय नवजात शिशु को लेकर रेलवे स्टेशन पर भटक रही एक माँ की मदद इनसानियत के नाते की थी। माँ ने बताया था कि बाद में आई दूसरी सवारी गाड़ी में भी लोगों ने पहली वाली ही घटना दोहराई और चेचकवाले बच्चे और उसकी माँ को गाड़ी में बैठने नहीं दिया गया। बाद में सलीम ने स्टेशन मास्टर से मदद माँगी। स्टेशन मास्टर ने अपनी लाचारी दरशाते हुए बताया कि लोगों के विरोध के बाद सवारी गाड़ी में इन्हें बैठाना मुश्किल है। हाँ, उसने इतना जरूर किया कि बनारस जानेवाली मालगाड़ी में तीनों के बैठकर जाने की व्यवस्था कर दी। मालगाड़ी में किसी के विरोध का सवाल ही नहीं था, क्योंकि उसमें रोड़ी लदी थी, इनसान नहीं। इनसान एक लाचार और बेबस माँ को अपने साथ बैठने से मना कर सकता था, रोड़ी नहीं। माँ बताती, उस सलीम के बधने से पानी पीती हुई वे मुझे लेकर अपने मायके काशी पहुँची थी।

उसी काशी में सन् 1936 में जब हिंदू-मुसलमान के बीच सांप्रदायिक दंगा हुआ तो माँ ने मुझसे कहा था, "दंगे में जो लोग हिंदू-मुसलमान हो जाते हैं, आम दिनों में वही सामान्य इनसान बने रहते हैं। यदि सलीम भी खुद को मुसलमान और मुझे हिंदू समझता तो शायद आज तू इस दुनिया में नहीं होता।"

मैं तब कुछ नहीं समझ पाया था। मैंने माँ से पूछा था, "माँ क्या हिंदू और मुसलमान के भगवान् अलग-अलग हैं ?" मेरी निरक्षर माँ ने कहा था, "नहीं। भगवान् अलग-अलग नहीं हैं, बस उस भगवान् ने जिन्हें बनाया है, उस इनसान की सोच अलग-अलग है।"

दरअसल उस वक्त मैं मुश्किल से करीब सात साल का था, जब मेरी आँखों के सामने बनारस में पहली बार दंगा भड़का था। मुझे थोड़ी-थोड़ी याद उन दंगों की है। माँ कई बार कहानी सुनाती थी, जिसके कारण दंगे की यादें ताजा हो जाती थीं। दंगे की शुरुआत एक ऐसी घटना से हुई, जिसे सच्चाई के आधार पर परख पाना बेहद मुश्किल है। हिंदुओं ने कहा कि मुसलमानों ने विश्वनाथजी के मंदिर में गाय की हड्डी फेंकी है। मुसलमानों का आरोप था कि ज्ञानवापी मसजिद में हिंदुओं ने सूअर की हड्डी फेंकी। अब हड्डियों को पहचानना मुश्किल था कि

कौन गऊ की हड्डी है और कौन सूअर की···या फिर वो गऊ व सूअर की हड्डी है भी या नहीं।

हर ओर 'अल्ला हो अकबर' और 'हर-हर महादेव' के नारे लग रहे थे। लोगों के घर फूँके जा रहे थे। हमारा घर हिंदू मोहल्ले में था, जहाँ मुसलमान शायद ही पहुँच पाते, लेकिन इसके बावजूद हमें अपना घर छोड़कर पड़ोस के घर में शरण लेनी पड़ी थी। ''कहने को दंगा हिंदू-मुसलमान के बीच होता है, जबकि वास्तविकता यह है कि दंगाइयों का कोई धर्म-ईमान नहीं होता है। सच यह है कि जन्म से पहले इनसान ईश्वर के पास रहता है और मौत के बाद फिर उन्हीं के पास पहुँच जाता है। लेकिन जन्म और मौत के बीच में जब वह जिंदगी का जामा पहनता है तो उस वक्त ईश्वर से पूरी तरह से दूर हो जाता है। तब वह ईश्वर की कृतियों में भी सुधार आरंभ कर देता है। ईश्वर ने धरती बनाई, इनसान ने उसमें सुधारकर मंदिर और मसजिद बना दिए। ईश्वर ने दिन बनाए और इनसान ने उसमें सुधारकर होली और मुहर्रम बना दिए। ईश्वर ने आदमी को बनाया और आदमी स्वयं ईश्वर को बनाने लगा। मजहबी लिबास पहनाकर उसे भगवान् और अल्लाह के रूप मे अलग-अलग कर दिया।'' माँ बेहद गुस्से और अफसोस में यह कह रही थी।

आज भी मुझे याद है। मेरे मोहल्ले में कुछ लोगों ने एक मुसलमान अधेड़ को चारपाई से बाँधकर जला डाला था। हम बच्चे कई दिनों तक उस घटना के बाद से दहशत में रहे। सभी के घर के दरवाजे बंद ही रहते। कर्फ्यू लगा हुआ था। शाम होते ही सन्नाटा पसर जाता था। लोग घरों में बिजली का बल्ब नहीं जलाते थे और पूरी-पूरी रात जगकर गुजारते थे। उस मुसलिम व्यक्ति का नाम तो मुझे याद नहीं आ रहा, लेकिन जिस भी हिंदू के घर बच्चा होता था, शादी होती थी या कोई धार्मिक तीज-त्योहार होता था तो उसी के घर से बजाने के लिए ढोलक लाया जाता था। वह किसी से उसका किराया भी नहीं लेता था। उस मोहल्ले में कौन ऐसा था, जिसने उसकी ढोलक न बजाई हो, लेकिन दंगा भड़कते ही सभी उसका अहसान भूल गए और वह एकाएक इनसान से मुसलमान हो गया! किसी ने उसकी हत्या करने से पहले जरा भी यह नहीं सोचा कि उसके बिना मोहल्ला कितना अधूरा हो जाएगा।

मैं तो बहुत छोटा था, लेकिन माँ बहुत दु:खी थी। पूरे दिन वह बेहद गुमसुम थी। उस दिन वह काम पर 'भारतेंदु भवन' भी नहीं गई थी। उसकी आँखों में आँसू थे। उसने शाम में जाकर कहीं थोड़ा मुँह खोला और कहा, ''हिंदू-तुरुक

(कभी-कभी वह मुसलमान को तुरुक कहती थी, जो तुर्क का अपभ्रंश है) आपस में रोटी-बेटी का रिश्ता न रखें और रखना भी नहीं चाहिए, क्योंकि दोनों के घर की परंपरा और संस्कार अलग होते हैं, जिसमें तालमेल बैठाना मुश्किल होगा। लेकिन यह कहाँ का न्याय है कि दोनों एक-दूसरे का गला काटते फिरें?'' मुझे याद है, बनारस में जब भी दंगा भड़का। माँ की आँखों के सामने सलीम की छवि उभर आती थी। मेरी माँ हमेशा पूजा-पाठ करनेवाली सनातनी महिला थी, लेकिन उसके लिए इनसानियत का धर्म सबसे बड़ा धर्म था। यह इनसानियत ही थी, जिसके कारण उसके 29 दिन के बेटे की जान बची थी।

इस दंगे का असर हमारे बाल मन पर ऐसा पड़ा था कि हम हिंदू-मुसलमान की टोली बनाकर खेलते और कई बार आपस में झगड़ भी पड़ते थे। चूँकि मेरा मोहल्ला हिंदुओं का मोहल्ला था, इसलिए हिंदू की टोली में आने के लिए बच्चों में हुड़दंग रहता था। कोई मुसलमान की टोली का सदस्य नहीं होना चाहता था। सभी को लगता था कि मुसलमान ही पहले दंगा शुरू करता है। एक दिन मेरे एक मुसलमान दोस्त ने हमें इस तरह टोली बाँटकर खेलते देख लिया। वह उम्र में मुझसे बड़ा था। उसने हमें बुलाया और कहा, ''तुम लोग यह क्या कर रहे हो।'' मैंने कहा, ''हम हिंदू-मुसलमान खेल रहे हैं।''

''यह गलत है,''—उसने कहा।

''क्यों,'' मैंने पूछा।

उसने कहा, ''लड़कों में दंगा नहीं होता। दंगा बड़ों में होता है, क्योंकि बड़े लोग एक-दूसरे को मार सकते हैं।'' यह बात हमारी समझ में आ गई और फिर हमने हिंदू-मुसलमान का खेल खेलना बंद कर दिया।

खैर, वह स्थिति एक दिन पूरी तरह से सँभल गई। आखिर दंगा बंद हुआ। दंगे के बाद मेरे मोहल्ले के मुसलमान धीरे-धीरे मुसलमान मोहल्ले में चले गए थे। यही हाल हिंदुओं का भी था। मुसलमान मोहल्ले में जो हिंदू रहते थे, वो वहाँ लौटने को राजी नहीं थे। जो लोग किराए के मकान में रहते थे, उनमें से अधिकांश ने अपना मोहल्ला ही बदल लिया था। हमारे मोहल्ले में कई सारे हिंदू कोयला बाजार इलाके से आए थे, जहाँ उनका पुश्तैनी मकान था। उनके घरों पर मुसलमानों ने हमला किया था। कोयला बाजार में जिस चाय की दुकान पर मुसलिम लड़के अड़ी लगाते थे, उन्हीं लड़कों ने उस चायवाले की दिनदहाड़े हत्या कर दी थी। उसका परिवार कहानी सुनाते-सुनाते रो पड़ता था। दोनों समुदाय के लोग बेहद डरे-डरे और सहमे-सहमे से थे। दोनों समुदाय में असुरक्षा बोध

था। उन्हें लगने लगा था कि उनकी सुरक्षा अपनों के बीच ही हो सकती है। सन् 1936 का बनारस का दंगा, मेरी आँखों के सामने घटा था। दंगा मैंने पहली बार देखा था, इसलिए इसकी धुँधली-धुँधली याद बहुत दिनों तक मेरे जेहन में कैद रही थी। बनारस में आगे भी दंगे हुए। देश के बँटवारे के समय भी दंगा भड़का था, लेकिन मेरी आँखों के सामने हुए इस पहले दंगे के कारण बहुत दिनों तक नींद में ही चिल्लाने लगता, फिर माँ मुझे छाती से चिपटाकर सुलाती।

□

मेरी माँ बिट्टन देवी सरस्वती की साक्षात् मूर्ति थीं। पतली, लंबी, गोरी-चिट्टी और लंबी उठी नाक उन्हें बेहद आकर्षक बनाती थी। उनका मायका बनारस में ही था, जहाँ चेचक से पीड़ित अपने 29 दिन के बेटे को गोद से चिपकाए वे पहुँची थीं। मेरी माँ और मेरा पहला ठिकाना मेरा ननिहाल बना और तब से लेकर आज तक मैं काशी का ही होकर रह गया।

मेरा ननिहाल घासी टोला में था। उस समय घासी टोला में मुश्किल से 20 परिवारों के मकान था। आज जहाँ मैदागिन में अग्रवाल कन्या इंटर कॉलेज है, वहाँ कभी मेरे नाना का घर होता था। मैदागिन दरअसल मंदाकिनी का अपभ्रंश है। बुलानाला तथा दारानगर के मध्य में स्थित बड़े चौराहे को ही मैदागिन के नाम से पुकारा जाता है। प्रचलित है कि मैदागिन नामक यह स्थान पूर्व काल में एक सरोवर था, जो मंदाकिनी तीर्थ के नाम से विख्यात था। इस सरोवर को मंदाकिनी नदी के प्रतीक के रूप में मान्यता प्राप्त थी। धीरे-धीरे यह तीर्थ लुप्त हो गया और रह गया सिर्फ अपभ्रंश होकर मैदागिन के रूप में इसका नाम। विश्वेश्वरगंज की बड़ी गल्ला मंडी से लेकर टाउनहॉल तक इसके पास ही स्थित हैं। स्वतंत्रता की लड़ाई में इसी टाउनहॉल में महात्मा गांधी से लेकर सुभाषचंद्र बोस तक की ऐतिहासिक सभाएँ हुई हैं।

□

हाँ तो मेरे नाना पंडित गणेशदत्त शास्त्री पंडित थे। नाना को उनके नाम से बहुत कम लोग जानते थे। उनके एक हाथ में छह उँगलियाँ थीं, वे इलाके में 'छांगुल महाराज' के नाम से मशहूर थे। संस्कृत पठन-पाठन और लेखन पर उनका समान अधिकार था। मेरे नाना के पिता का नाम पंडित प्रयागदत्त था। वे भारतेंदु हरिश्चंद्रजी के चाकर अभिभावक थे। ब्राह्मण होने के कारण मेरे नाना 'भारतेंदु भवन' में पूजा करते थे। मेरी नानी वहीं खाना बनाती थीं। मेरी माँ को भी

गुजर-बसर करने के लिए भारतेंदु हरिश्चंद्रजी के परिवार में ही पहला ठौर मिला। मेरे पिताजी उन्हीं के यहाँ मोटर ड्राइवर हो गए।

मेरे नाना की लेखनी से आधुनिक हिंदी के पिता भारतेंदु हरिश्चंद्र बहुत प्रभावित थे। सच कहूँ तो मेरे नाना ही वह प्रथम व्यक्ति थे, जिनके कारण पढ़ने-लिखने में मेरी रूचि पैदा हुई। मेरे पिताजी और मेरी माँ, दोनों ही पढ़े-लिखे नहीं थे। पिताजी केवल हस्ताक्षर करना जानते थे और माँ लिखना भी नहीं जानती थीं। लिखना न जानने के बावजूद मेरी माँ ने पढ़ा बहुत। जब तक जीवित रहीं। तब तक पौराणिक संदर्भों में मेरा निर्देशन करती थीं।

□

मेरे नाना पंडित गणेशदत्त की लेखनी से प्रभावित होकर भारतेंदु हरिश्चंद्रजी ने पुरस्कारस्वरूप उन्हें लिखनेवाली अपनी डेस्क दी थी, जिसे बाद में मेरे नाना ने मुझे सौंप दिया। इस तरह भारतेंदु हरिश्चंद्र के साहित्य की विरासत सरकते हुए मेरे नाना के जरिए मेरे पास पहुँच गई। बहुत साल तक मैं इसी डेस्क पर साहित्य साधना करता रहा। बाद में वह डेस्क काफी टूटी-फूटी हालात में पहुँच गई थी, लेकिन आधुनिक हिंदी के जन्मदाता के उस डेस्क को मैंने बहुत दिनों तक सहेजकर रखा था।

गदर से सात वर्ष पहले काशी की इसी धरती ने हिंदी साहित्य के क्षितिज पर एक इंदु को चढ़ाया, जिसने अपनी प्रतिभा के बल पर 'भारतेंदु' नाम से प्रसिद्धि पाई। 34 वर्ष के संक्षिप्त जीवन में उनकी रचनाधर्मिता ने साहित्य की किसी विधा को अछूता नहीं छोड़ा। यदि उनका रचनाकाल 20 वर्षों का माना जाए ('विद्या सुंदर' का प्रकाशन 1868 में हुआ था, निस्संदेह इसके पहले से ही उन्होंने लिखना शुरू कर दिया होगा।) तो इतने कम समय में काव्य, नाटक, निबंध, आख्यायिकाएँ, लोकगीत और लोकसाहित्य आदि की मौलिक और अनूदित लगभग दो-सौ पुस्तकों की रचना की। एक टूटते हुए तारे की तरह चमक से उन्होंने हिंदी संसार को आलोकित किया। इस पूर्णेदु के जीवन का विस्तार रात्रि के द्वितीय प्रहर को भी न छू सका। फिर भी नवजागरण का प्रतीक बना और आधुनिक हिंदी जागरण का जन्मदाता कहलाया।

किसी समय भारतेंदु मंडल हिंदी क्षेत्र की साहित्यिक गतिविधि का न्यूक्लियस था और अगले कई वर्षों तक काशी साहित्य की राजधानी बनी रही। हिंदी जागरण के इसी जन्मदाता भारतेंदुजी के परिवार ने पहले मेरे नाना के पिता को, फिर मेरे नाना और नानी को और बाद में मेरी माँ और पिताजी को सहारा

दिया। 'भारतेंदु भवन' में रहनेवाले भारतेंदुजी के परिवार से मेरा ननिहाल एक तरह से गर्भनाल की तरह जुड़ा था। मैं भी 'भारतेंदु भवन' की आत्मीयता में ही पला-बढ़ा। निर्धनता और सांस्कृतिक संपन्नता की छाया में मेरी जिंदगी की शुरुआत हुई और फिर संघर्ष मेरे जीवन का सबसे प्रिय साथी बन गया।

□

मेरी माँ को 'भारतेंदु भवन' से मजदूरी के रूप में प्रतिदिन चार पराँठे और महीने के आखिर में कुछ पैसे मिलते थे। भूख पर विजय पाने की उनकी और उनके परिवार का संघर्ष यहीं से शुरू हुआ। बनारस में ही मेरे अन्य तीन भाई—देवी प्रसाद शर्मा (झन्नू), राम प्रसाद शर्मा (नन्हू), अमरनाथ प्रसाद शर्मा (टन्नू) और बहन इंदिरा (कुड्डू) का जन्म हुआ। हम सभी भाई-बहनों की उम्र में करीब-करीब चार साल का अंतर है। मेरा सबसे छोटा भाई टन्नू मुझसे करीब 14 साल छोटा है। मेरा जन्म 28 अक्तूबर, 1928 में तो मेरे सबसे छोटे भाई का जन्म सन् 1942 में हुआ है। हम सभी भाई-बहन का जन्म गुलाम भारत में हुआ, इसलिए आजादी की लड़ाई को बहुत नजदीक से देखने का मुझे अवसर मिला, जिसका प्रकटीकरण मेरे तीन उपन्यास—'घरौंदा', 'समय साक्षी है' और 'विभाजित सवेरा' में हुआ है।

मायके का संबल मिलते ही, धीरे-धीरे माँ ने अपनी गृहस्थी बसानी शुरू की। बाबूजी कभी आते और फिर महीनों के लिए गायब हो जाते थे। बनारस में पहले अपना, मेरा और बाद में हुए अपने सभी बच्चों का पेट पालने की पूरी जिम्मेदारी मेरी माँ ने ही उठाई। मैं सुबह सोया ही रहता था, जब माँ उठकर घर से दूर कुएँ से पानी लाती, घर की कच्ची जमीन नारियल के सींकदार झाड़ू से साफ करती, फिर गोबर से उसे लीपती और उसके बाद वह बरतन मलने के लिए बैठ जाती थी। उसके बाद वह नहा-धोकर पूजा पर बैठ जाती थी। वह बेहद धार्मिक महिला थीं। पूजा में उन्हें काफी समय लगता था। एकाग्रचित्त होकर वह जप करती थीं। अपने जप के समय बाहरी दुनिया से वे पूरी तरह से कट जाती थीं।

इस बीच मैं उठ जाता था। सोकर उठते ही माँ मेरा हाथ-मुँह धोती और मुझे गुड़ के साथ बासी रोटियाँ खाने के लिए देती थी। माँ फिर अपने काम पर 'भारतेंदु भवन' के लिए निकल जातीं। 'भारतेंदु भवन' के लिए निकलने के समय उनके पास फूल की टोकरी होती थी, जिसमें धूप, दीप, अगरबत्ती आदि होती थी। राह में पड़नेवाले मंदिरों में पूजा-अर्चना करती हुई वह भवन पहुँचती थीं। सुबह की गई माँ बारह-एक बजे दोपहर को घर लौटती थीं। उनके आते ही मैं कूदकर उनसे

लिपट जाता था, ठीक उसी तरह जैसे छाया दोपहर में वस्तु से लिपट जाती है।

वह मुझे प्यार से चूम लेतीं और मैं उनके हाथ से बाँस की डोलची ले लेता था। उस डोलची में चार पराँठे और थोड़ी सी तरकारी होती थी। हम दोनों की दोपहर इसी पर कट जाती थी। जाड़े में पाँच बजे और गरमी में साढ़े पाँच बजे वह फिर रात का खाना बनाने के लिए 'भारतेंदु भवन' चली जाती थीं। माँ को प्रतिदिन 'भारतेंदु भवन' से चार पराँठे दिन में और चार पराँठे रात में खाने के लिए मिलते थे। उन चार पराँठों को खाकर पूरे परिवार का गुजारा होता था।

भवन में खाना पकाने के लिए माँ के जाने के बाद मेरा बचपन पड़ोसियों के घर पर खेलने और वर्तनी सीखने में बीतता था। मुझे आज भी याद है। किसी तीज-त्योहार का मुझे और मेरे छोटे भाइयों को कितना इंतजार रहता था, ताकि उस दिन पूड़ी-मिठाई खाने को मिले। तीज-त्योहार वाले दिन 'भारतेंदु भवन' से पूड़ी और मिठाई लेकर माँ ज्यों ही आती हुई दिखती, मैं लपककर उनकी डोलची ले लेता था। उसमें रखी पोटली नट-खट बंदरों की तरह उलट-पुलटकर खोलता और पूड़ी-मिठाई पर टूट पड़ता था, बिना यह सोचे कि माँ भी भूखी है। हम भाइयों के हिस्से थोड़ी सी पूड़ी और मिठाई ही आ पाती थी। मिठाई मुझे बहुत पसंद थी। मिठाई के एक टुकड़े से जीभ कभी तृप्त नहीं होती थी। कई बार दिवास्वप्न शुरू हो जाता था काश मुझे कोई रसगुल्ले और गुलाबजामुन की नाद में बिठा देता! ठीक ढंग के भोजन के लिए हमारा बचपन तरसता था और वही 'ख्याली पुलाव' बनकर प्रकट होता था।

हमें एक टुकड़ा मिठाई खाते देखकर माँ की आँखों से झर-झर आँसू गिरते थे। जब मैं पूछता कि ' माँ क्यों रो रही हो?' तो वह कहती, 'आँखों में कुछ चला गया है।' उनकी आँखों में 'कुछ' का चला जाना, तब तक बना रहा, जब तक वह अपना पेट काटकर बच्चों का पेट पालती रही।

□

मेरे पिता रघुनाथ प्रसाद शर्मा अपने परिवार के पहले मिडिल क्लास पास व्यक्ति थे, लेकिन राजनीति और आंदोलन में सक्रिय रहने के कारण उन्होंने अपना अधिकांश जीवन यायावरी में ही गुजारा था। मेरे यायावर पिताजी ने परिवार चलाने में माँ की अकेली जद्दोजहद देखकर थोड़े समय के लिए ही, पर अपना ठौर जमाने की सोची। 'भारतेंदु भवन' में कुछ समय ड्राइवरी करने के उपरांत मेरे पिता ने अकबरपुर के एक व्यवसायी कैलाश बिहारी मेहरोत्रा के यहाँ नौकरी की। कैलाश बिहारी मेहरोत्रा बड़े कारोबारी थी। लेकिन पिताजी का मन इस नौकरी में

नहीं रमा और उन्होंने परिवार चलाने के लिए वाराणसी के विश्वेश्वरगंज में दो-दर की दुकान खोल ली। दो-दर की दुकान अर्थात् एक ही दुकान में दो दुकान! एक दुकान एल्यूमीनियम के बरतनों की थी और दूसरी कपड़े की। उस समय मैदागिन से लेकर राजघाट स्टेशन तक कपड़े की यही एकमात्र दुकान थी और सबसे बड़ी बात यह थी कि यहाँ कंट्रोल के कपड़े की बिक्री भी होती थी। राशन कार्ड लाने पर ही पिताजी किसी को कपड़ा दिया करते थे। जिसके पास राशन कार्ड नहीं होता था, उसे कपड़े की बिक्री नहीं की जाती थी। शादी-ब्याह में लोग कार्ड लाते थे और कहते थे, 'पंडित जी, कपड़ा-बरतन उधार दे दीजिए और कार्ड पर चढ़ा दीजिए।' और पिताजी लोगों को कपड़ा-बरतन उधार दे दिया करते थे। लेकिन यह कपड़ा-बरतन उधार बेचने का काम कब तक चलता, धीरे-धीरे यह दुकान उधारी के कारण दम तोड़ती चली गईं।

बाबूजी अपनी आदतों से बाज आनेवाले तो थे नहीं, इसलिए माँ ने सलाह दी कि इस कपड़े की दुकान में आप एक दरजी भी रख लीजिए। ताकि सिलाई से भी कुछ पैसे की आमदनी हो सके। बाबूजी को यह सुझाव जँचा और उन्होंने उसी दुकान में 'शर्मा टेलर' नाम से सिलाई की एक दुकान भी खोल ली। उस दरजी की दुकान में पहले एक मुसलमान टेलर मास्टर चीनी मियाँ कुछ समय के लिए आते और कपड़ा सिलकर चले जाते थे। पिताजी कपड़ा काट देते थे और चीनी मियाँ कपड़ा सिल दिया करते थे। धीरे-धीरे मैं चीनी मियाँ का शागिर्द बन गया और उनसे मैंने सिलाई का प्रशिक्षण भी प्राप्त कर लिया।

एक दिन अचानक मेरे नाना की मृत्यु हो गई। साल तो मुझे ठीक से याद नहीं आ रहा है, लेकिन हम सभी पाँच भाई-बहन उस समय छोटे ही थे। हमारा परिवार फिर सड़क पर आ गया था। मैं उस वक्त कबीरचौरा के सरकारी मिडिल स्कूल में पढ़ता था। तब मेरी उम्र कोई 11-12 साल रही होगी। अब माँ का हाथ बँटाने के लिए मैं भी एक-दो पैसे जोड़ने के लिए काम करने लगा। दिन में स्कूल से पढ़कर आता और रात में ब्लाउज, चोली, झुल्ला, पेटीकोट आदि की सिलाई करता था। ताकि परिवार चलाने में थोड़ी मेरी ओर से भी मदद हो जाए। धीरे-धीरे हम सभी भाई छुटपन से ही सिलाई सीखते चले गए। और इससे हम बाबूजी और माँ का अपनी-अपनी तरफ से हाथ बँटाते रहे।

स्वतंत्रता की लड़ाई के समय गांधी आश्रम का झंडा भी हमारी दुकान पर सिलाई के लिए आता था, जिसे माँ ही सिलती थीं। हम बच्चों के लिए झंडा सिलने की मनाही थी। माँ का कहना था कि ''यह हमारी स्वतंत्रता का झंडा है,

तुम लोग इसमें पैर लगा दोगे, उसे यहाँ-वहाँ फेंक दोगे तो इसका अपमान होगा। गांधीजी इस झंडे को अंग्रेजों के समक्ष नहीं झुकने देने की लड़ाई लड़ रहे हैं।''

□

मुझे अपने पूरे परिवार के संघर्ष के दिन तब से याद हैं, जब मैंने जीवन को समझना शुरू भी नहीं किया था। मैं अपने भाइयों में सबसे बड़ा था, इसलिए 11-12 साल की उम्र से ही कंधे पर गमछा और कपड़ा लेकर आसपास के मोहल्ले में फेरी लगाने के लिए मैं निकल जाया करता था। मुझे आज भी याद है, उस समय केला सिल्क का एक रुमाल आता था। एक रुमाल के बिकने पर एक पैसे की आमदनी हो जाती थी। कपड़े की फेरी लगाने के बाद मैं विश्वेश्वरगंज की सब्जी मंडी के बाहर चादर बिछाकर गमछा और रूमाल बेचा करता था। पास ही आर्यसमाज मंदिर था, जिसका विशाल हॉल भूतल पर ही था। इसके आगे ही चबूतरा था। बहुत दिनों तक इस चबूतरे पर 'हर माल मिलेगा एक आना' वाली दुकान और कभी-कभी मूँगफली की भी फेरी लगाई। एक वैद्यजी के यहाँ दवा भी कूटता रहा। वहाँ से भी कुछ मिल जाता था। एक-दो पैसे कमाने की मेरी यह जद्दोजहद विश्वेश्वरगंज सब्जी मंडी से मछोदरी के बीच प्रतिदिन चलती रहती थी। इससे पूरे परिवार के पेट की भूख शांति में एक-दो पैसे का हवन मेरी ओर से भी हो जाता और मैं खुश हो जाता था।

गमछा बेचने की कहानी की मेरी शुरुआत बेहद दिलचस्प है। चूँकि सड़क पर बैठकर रोजगार करने का वह मेरा पहला तजुरबा था, इसलिए उसकी याद अब जिंदगी के साथ ही जाएगी। मऊ, जलालपुर के एक व्यापारी थे रामू साव। वो मेरे पिताजी के मित्र थे। एक दिन उन्होंने मुझे उदास देखा तो पूछा, ''उदास क्यों हो, किसी ने कुछ कहा है? क्या।''

मैंने कहा, ''नहीं किसी ने कुछ कहा तो नहीं है। लेकिन माँ अकेली काम करती रहती है और मैं उनकी कोई मदद नहीं कर पाता हूँ। बड़ी ग्लानि होती है।'' वे बोले, ''बस, इतनी सी बात।'' रामू साव मुझे अपने यहाँ ले गए। उन्होंने कहा, ''तुम मेरे यहाँ से गमछे लेकर या तो घूम-घूमकर या फिर किसी एक जगह पर बैठकर बेचो। जो बिकेगा, उसका मुनाफा तुम खुद अपने पास रख लेना और खरीद दाम मुझे लौटा देना।'' मुझे यह बात सुनकर बहुत हिचक हुई।

''गमछा बेचोगे, लोग क्या कहेंगे?'' यह सवाल मुझे मथने लगा। मुझे असमंजस में देखकर रामू साव ने मेरी हिचक को भाँप लिया ओर बोले, ''अभी तुममें हिचक है, पर चोरी करने तो नहीं जा रहे हो! और फिर यह समझो कि कोई

भी काम छोटा नहीं होता, छोटा होता है आदमी। दुनिया में आज ऐसे बहुत से बड़े आदमी हैं, जिन्होंने ऐसे ही छोटे कामों से अपना जीवन शुरू किया था।'' उन्होंने समाज के कुछ बड़े-बड़े आदमियों की जीवनी मुझे सुनाकर मेरी झिझक तोड़नी चाही, लेकिन झिझक नहीं टूटी। मुझे खामोश देखकर, उन्होंने कहा, ''तुम एक काम करो। विश्वेश्वरगंज की सब्जी मंडी के सामने देहातीमल की दुकान के बाहर गमछे के चौकी लगाकर चुपचाप बैठ जाओ, कुछ-न-कुछ तो बिक ही जाएगा।'' मैंने कहा, ''अच्छा, माँ से मशविरा कर लूँ, फिर आपको बताता हूँ।''

मन-ही-मन यह सोचते हुए वहाँ से लौट आया कि कोई गमछा बेचते देखेगा तो क्या कहेगा! फिर मन में खयाल आया, सही बात है, चोरी तो कर नहीं रहा तो फिर झिझक कैसी? खाट पर लेटे-लेटे मन में यह ऊहापोह चल ही रहा था कि दरवाजे पर दस्तक हुई। सिर उठाकर देखा तो सामने माँ मिली। अभी उनके आने का समय नहीं हुआ था, लेकिन वह जल्दी आ गई थीं।

मैंने कहा, ''आज जल्दी आ गई माँ, क्या बात है?''

माँ ने कहा कि 'बुखार है।' और वह बिस्तर पर निढाल हो गई। मैंने उनका सिर दबाना शुरू किया। उनके सिर में बहुत दर्द था। धीरे-धीरे सिर दबाते हुए मैंने माँ से पूछा, ''माँ एक बात पूछूँ, गुस्सा तो नहीं करोगी।'' 'पूछो'—माँ ने कहा।

''माँ, तुम दिनभर भवन में काम करती हो। भाई सब अभी छोटे-छोटे हैं। पिताजी दुकान सँभालते हैं, लेकिन तब भी इतनी आमदनी नहीं होती कि घर चल सके। सोचता हूँ, सिलाई के अलावा दिन में मैं कुछ और कर लूँ,''। ''क्या करेगा'' माँ ने पूछा।

मैंने दिन में रामू साव के मिलने और उनसे मिले प्रस्ताव की जानकारी माँ को दे दी। माँ ने कहा, ''गमछा बेचते तुझे लज्जा नहीं आएगी?''

''लज्जा कैसी माँ? मैं कोई चोरी थोड़े कर रहा हूँ। और न किसी से भीख माँगने जा रहा हूँ। अपने काम में लज्जा कैसी? थोड़ी हिचकिचाहट है, वह धीरे-धीरे दूर हो जाएगी।''

माँ ने कहा, ''साव है तो भला आदमी। जब तुम्हारे पिताजी बीमार पड़े थे तो उसी ने पैसे से मदद की थी। इसमें उसका कोई स्वार्थ भी नहीं दिखता। है तो व्यापार ही। यदि तुम्हें सही लगता है तो करो।''

मुझे आज भी याद है। मेरे इस व्यापारिक जीवन का आरंभ माघी पूर्णिमा से हुआ था। यह दिन रामू साव ने व्यापार और ज्योतिष के हिसाब से उचित बताया था। ज्योतिष के हिसाब से वह दिन शुभ था और गंगास्नान करने के लिए

आनेवालों की भीड़ भी उस दिन अच्छी थी। रामू साव ने कहा था, "तुम्हारी पहनी बोहनी अच्छी रहेगी।"

रामू साव ने मेरे साथ अपनी दुकान के एक नौकर की ड्यूटी लगाई, जो लगातार करीब 15 दिन तक मेरे साथ रहकर गमछा बेचता रहा और मुझे गमछा बेचने का प्रशिक्षण भी देता रहा। विश्वेश्वरगंज की सब्जी मंडी के सामनेवाली पटरी पर गमछे की मेरी दुकान लगी। उस दुकान को लगाने के लिए पुलिसवालों को पैसे देने से लेकर ग्राहक को पटाने तक का काम साव के उस नौकर ने किया। उसने मुझसे कहा, "देखो यह नहान का मेला है। झुंड के झुंड ग्राहक आएँगे। उनमें चोर-उचक्के भी हो सकते हैं। तुम केवल गमछे पर ध्यान रखना, बाकी सब मैं देख लूँगा।" लेकिन पहले दिन ही मैं यह काम सफलतापूर्वक नहीं कर सका, दो गमछे चोरी हो गए, जिसका पैसा साव ने काट लिया। इसके बावजूद पहले दिन मुझे पाँच रुपए का मुनाफा हुआ, जिसमें से दो रुपए मैंने साव के नौकर को दे दिए। मैं उसे तीन रुपए देना चाहता था, लेकिन साव ने मना कर दिया। उस नौकर को साव के यहाँ से उस वक्त सात रुपए महीना तनख्वाह मिलती थी। इसलिए दो रुपए हाथ में पड़ते ही वह खुश होकर चला गया। यह वह दौर था, जब पैसे की बहुत कीमत थी। एक रुपए का 10 सेर गेहूँ और 16 सेर गुड़ आता था।

घर आकर तीन रुपए जब मैंने माँ के हाथ में रखे तो वह बहुत खुश हुई। बुखार के कारण वह घर पर ही थी। वह जल्दी-जल्दी उठी और घर में बने छोटे से मंदिर के सामने पहुँचकर अपने 'ठाकुरजी' के सामने 'अंजुरी' उड़ेल दी और साक्षात दंडवत् करते हुए बोली, "प्रभु! यह मेरे बेटे की पहली कमाई है।"

धीरे-धीरे मैं गमछे की दुकान पर केला सिल्क का रुमाल भी रखने लगा। सिर पर गमछा रखकर उसे बेचने लगा। मूँगफली की फेरी भी लगाई। एक बार गमछा बेचते हुए गाय से पटखनी खाकर अपनी टाँग भी तुड़वाई। हड्डी तो नहीं टूटी थी, लेकिन कई दिनों तक बिस्तर पर पड़ा-पड़ा कराहता रहा। हड्डी बिठानेवाले पहलवान ने हड्डी बिठाई थी, फिर भी हड्डी को बैठने में 15 दिन से ऊपर लग गए थे। कई दिन ऐसे भी बीते, जब एक भी रुपए की आमदनी नहीं होती थी, लेकिन मन में असंतोष नहीं पनपता था। इस तरह मेरा बचपन एक-एक पैसे जुटाने की जद्दोजहद में गुजरा।

□

आपको जानकर शायद आश्चर्य हो कि मैंने अपना पूरा बचपन दूसरों की उतरन पहनकर गुजारा। मुझे याद भी नहीं कि बचपन में हमारे लिए एक भी नया

कपड़ा कभी खरीदा गया। तीज-त्योहार में भी हम भाई-बहन 'भारतेंदु भवन' के बच्चों के शरीर का उतरा हुआ कपड़ा ही पहनते थे। लेकिन कभी किसी को पता नहीं चला कि हम लोग किसी अन्य की छोड़ी शर्ट-पैंट पहन रहे हैं। माँ उन कपड़ों को साफ कर चमका देती थी, टूटे हुए बटन टाँक देती थी, उधड़ी हुई सिलाई को ठीक कर देती थी, फटे हुए हिस्से को रफूकर ढँक देती थी। उन कपड़ों में इस्त्री करती थी। पुरानी शर्ट-पैंट को नया-सा बनाकर वह मुझे खुद ही तैयार करती और मुझे 'टिप-टॉप' बनाकर स्कूल भेजती थी।

मुझे याद है कि एक बार स्कूल के शिक्षक ने मुझसे पूछ लिया था कि तुम बड़े रईस परिवार से लगते हो! रोज-रोज नए कपड़े पहनकर स्कूल आते हो। सच कहूँ, मन-ही-मन मुझे अपनी माँ पर गर्व हुआ और मैं अंदर-ही-अंदर खूब हँसा था, लेकिन ऊपर ही ऊपर गंभीर बनकर मैं चुपचाप उनकी बात सुनता रहा था। घर आकर जब माँ को बताया तो पहले तो वह खूब हँसी, लेकिन जब हँसी थमी तो उन्होंने कहा, "याद रखना मन्नू, कभी किसी से अपना दुःख मत कहना। सुख बाँटा जाता है। दुःख को केवल पीया जाता है।" माँ का वह कथन आज भी मुझे याद है।

माँ जब भी मुझे कहीं बाहर ले जाती थी तो पेटी से तह किया हुआ कुरता-पायजामा निकालकर पहनने के लिए देती थी। यह एक ही कुरता-पायजामा था, जिसे हर बड़े अवसर पर मैं पहनता था। वैसे यह नया नहीं था, यह भी 'भारतेंदु भवन' के बच्चों की ही उतरन थी, लेकिन इसकी हालत अन्य कपड़ों से कहीं अच्छी थी, इसलिए इस कपड़े को विशेष अवसर पर ही पहनने के लिए दिया जाता था।

□

ऐसा नहीं कि हमारे दादा का परिवार शुरू से ही दरिद्रता का साधक रहा। मूल रूप से पश्चिमी उत्तर प्रदेश के आगरा और राजस्थान सीमा से हमारा परिवार अकबरपुर के शहजादपुर में आकर बसा था। मेरे दादा बालगोविंद उपाध्याय के पिता गणेश उपाध्याय और उनके पिता महादेव उपाध्याय का नाम राजस्व अभिलेखों में मिलता है। किसी जमाने में शहजादपुर स्थित हमारे घर के बाहर आम और नींबू के बगीचे होते थे। बगीचे में कुआँ और हैंडपंप भी थे। लेकिन शहजादपुर की अधिकांश जमीन ऊसर और नदी का खादर थी, जिसके कारण पालन-पोषण के लायक जमीन होते हुए भी कृषि अच्छी नहीं हो पाती थी। गाँव

की ज्यादातर आबादी के पास खेत तो थे, लेकिन पैदावार अच्छी नहीं होने के कारण लोग चाकरी पर आश्रित होते चले गए। उधर गाँव में लगातार होती बच्चों की मौत से गाँव भी खाली होता चला गया। हमारे परिवार की तरह कई परिवार सड़कों पर आ गए।

मेरा ननिहाल काशी में था। वहाँ की स्थिति बहुत अच्छी नहीं तो बहुत बुरी भी नहीं थी। नाना जब तक जीवित रहे, ज्यादा कष्ट नहीं था, लेकिन नाना की मौत होते ही, सड़क और फुटपाथ फिर हमारे साथी हो गए। एक-एक पैसा जुटाने के लिए दिनभर रूमाल, गमछा और मूँगफली बेचने के लिए जिस फुटपाथ का आसरा था, उसी फुटपाथ ने मेरे जीवन को नई दिशा भी दी।

फुटपाथ पर जिंदगी—नियति मुझे फुटपाथ पर परखती रही और मैं उसकी हर कसौटी पर खरा उतरने की कोशिश करता रहा। चारों ओर से टटोलते-टटोलते नियति ने फुटपाथ पर ही मेरा चयन कर लिया एक ऐसे गुरु की मारफत, जिन्होंने उँगली पकड़कर धूल भरे जीवन से मुझे बाहर खींच लिया।

□

लोकजन में शिक्षा का उजास

मेरी माँ पूरे कार्तिक मास गंगा नहाती थी। छुटपन में मैंने एक बार पूछा "माँ तुम जाड़े में प्रतिदिन गंगा स्नान के लिए क्यों जाती हो?"

माँ ने कहा, "क्योंकि यह स्नान तुम्हारे जन्म के दिन से आरंभ होता है।"

मेरा जन्म शरद पूर्णिमा को हुआ था, जिस दिन से कार्तिक स्नान की शुरुआत होती है। मैं काफी जद्दोजहद के बाद जिंदा बचा था तो माँ ने मेरे जन्मदिन को अपने जीवन का उत्सव बना लिया। यों भी शरद पूर्णिमा गंगाभक्तों स्नानियों का उत्सव होता है। उस दिन गंगा नहानेवालों की जबरदस्त भीड़ काशी के घाटों पर होती है। मेरी माँ का उत्सव, आनंद में बदल जाता था, क्योंकि उस दिन उसका सबसे प्यारा बेटा पैदा हुआ था। वह बेटा तो सबसे अधिक प्यारा होगा ही, जिसके जन्म के पूर्व एक-एक कर चार भाई काल कवलित हो चुके हों और जिसे बचाने के लिए माँ ने अपनी ससुराल छोड़, मायके में ही बसने का निश्चय किया हो!

मुझे आज भी याद है। मेरी उम्र तब छह या सात साल की रही होगी। गंगा स्नान से लौटते समय माँ पंचगंगा घाट की ऊँची-ऊँची सीढ़ियाँ मुझे उँगली पकड़कर चढ़ाती थी। छह सीढ़ी चढ़ते-चढ़ते मैं थक जाता था, फिर वह गोद में उठा लेती थी। एक दिन मैं बड़ा उत्साहित हुआ और छह के बाद सातवीं सीढ़ी भी चढ़ गया। उस दिन मेरी माँ बहुत प्रसन्न हुई थीं।

माँ बताती थी, जन्म के बाद जब वह मुझे काशी लेकर आई तो गंगा पूजन के लिए पहली बार इसी पंचगंगा घाट पर ले गई थी। कर्ण छेदन और मुंडन के बाद मुझे गंगा आराधना के लिए यहीं लाया गया था। उपनयन और विवाह के बाद मेरी गंगा पुजइया, इसी पंचगंगा तट पर हुई थी। स्कूल में नाम लिखवाने से

पूर्व भी इसी गंगा घाट पर गंगा पूजन माँ ने कराया था। मेरे स्कूल में जाने की नींव तो उसी दिन पड़ गई थी, जब मैं पंचगंगा घाट पर छह की जगह सातवीं सीढ़ी चढ़ा था। माँ ने सबसे कहा था, ''आज मेरा बेटा एक सीढ़ी और चढ़ गया।'' और फिर मुझे स्कूल भेजे जाने की तैयारी शुरू हो गई।

□

मेरा दाखिला अन्नपूर्णागंज प्राथमिक विद्यालय में करवाया गया। दारानगर से मृत्युंजय महादेव मंदिर तक एक सड़क जाती है। इस रास्ते पर ही अन्नपूर्णागंज प्राथमिक विद्यालय था। माँ ने मेरा नाम मन्नू (मनु) रखा था, लेकिन यह नाम मेरा 'पुकारू नाम' बन गया। स्कूल में बाबा बालगोविंद उपाध्याय का दिया गया नाम 'हनुमान प्रसाद शर्मा' लिखवाया गया।

तो अन्नपूर्णागंज स्कूल में मेरा औपचारिक नाम हनुमान प्रसाद शर्मा लिखवाया गया, लेकिन घर में मैं अपनी माँ का वही मन्नू था, जो प्रलय समान संकट में भी बच गया था। इस स्कूल की याद मेरे दिल में एक डर के रूप में थी। सन् 1936 के दंगे में अन्नपूर्णागंज प्राथमिक विद्यालय में शरणार्थी कैंप लगा था, जिसमें मुसलिम इलाके से अपनी जान बचाकर भागे हिंदुओं को शरण मिली थी। करीब तीन साल पहले हुए इस दंगे और इसमें जान बचाकर भागे लोगों की बदहाली की छाप मेरे दिमाग पर ताजा थी, इसलिए इस स्कूल में जाने से मैं डरता था। बल्कि यह कहना ज्यादा उचित होगा कि जब मेरा नाम इस स्कूल में लिखवाने की बात माँ ने की तो मैं एकदम से डर गया था। लेकिन माँ ने समझाया कि दंगा तो बहुत पहले ही खत्म हो चुका है अब वहाँ कोई शरणार्थी कैंप नहीं है। इस इलाके में मेरी उम्र के सभी बच्चे वहाँ पढ़ रहे हैं। पहले दिन माँ ही मुझे स्कूल छोड़ने गई थी। कूदते-फाँदते शोर मचाते बच्चों को देखकर एक झटके से मेरे दिमाग से शरणार्थी कैंप की याद निकल गई थी और मैं खुशी-खुशी उस स्कूल में तब तक पढ़ने जाता रहा, जब तक मुझे कबीरचौरा के मिडिल स्कूल में पढ़ने के लिए नहीं भेजा गया।

मेरा पहला विद्यालय उसी दारानगर में था, जहाँ औरंगजेब के बड़े भाई दाराशिकोह को उपनिषद् का ज्ञान वहाँ के पंडितों और विद्वानों ने दिया था। शाहजहाँ के बेटे और औरंगजेब के बड़े भाई दाराशिकोह के नाम पर ही इस जगह का नाम दारानगर पड़ा। दाराशिकोह ने उपनिषदों का फारसी में अनुवाद कराया था। इसके लिए काशी के 150 पंडितों और विद्वानों की सहायता ली गई थी। डॉ. मोतीचंद्र ने अपनी किताब 'काशी का इतिहास' में इसका जिक्र

किया है कि दाराशिकोह ने खुद लिखा है कि ''मैंने 1666 में बनारस के बहुत से पंडित और संन्यासी इकट्ठे किए और उनकी मदद से उपनिषदों का फारसी में अनुवाद किया।'' आर.नेविल ने 'बनारसः एक गजेटियर' में इसका उल्लेख भी किया है कि बनारस का दारानगर मोहल्ला दाराशिकोह के नाम पर ही बसाया गया है। जहाँ दाराशिकोह को उपनिषदों का ज्ञान हुआ, वहीं मेरे अक्षर-ज्ञान की शुरुआत हुई।

अन्नपूर्णागंज स्कूल में चौथी कक्षा तक मेरी शिक्षा-दीक्षा चली। उस वक्त मेरी उम्र करीब नौ साल रही होगी। इसी बीच मेरे नाना का देहांत हो गया और हमारा पूरा परिवार घासी टोला से उजड़ कर दारानगर के ही मध्यमेश्वर में रहने आ गया।

□

मध्यमेश्वर में हमारा एक कमरे का वह मकान बेहद बुरी अवस्था में था। हमारे पास पैसे तो थे नहीं कि अच्छा मकान किराए पर लेते। नाना भी नहीं थे, जो हमारी मदद करते। ऐसे में उजड़ी खपरैल के टूटे और जर्जर मकान का मेरी माँ ने चुनाव किया था। इस मकान में रहने के लिए कोई तैयार नहीं था और मकान मालिक उसे ठीक कराना नहीं चाहता था। उसका कहना था कि जिसे रहना होगा, वह खुद ही ठीक करा लेगा। वह इस मकान पर एक भी पैसा खर्चने को तैयार नहीं था। बेहद कम किराए में वह मकान हमारे परिवार को मिल गया। हमें टूटी-फूटी छत नसीब हो गई। इस मकान के पास ही एक पुराना पर्णविहीन जर्जर पेड़ भी था, जो आँधी आने पर कभी भी गिर सकता था। इस डर से इस मकान के आसपास से कोई नहीं गुजरता था, लेकिन यही हमारे लिए वरदान था, क्योंकि इसी कारण यह मकान बेहद सस्ते में किराए पर मिला था।

बरसात के दिनों में विरल खपरैल से टपकते पानी में जाग-जागकर हमारी रात बीतती थी। कबीरचौरा के स्कूल में पढ़ाई के बाद मैं एन.सी.सी कैंप में भाग लेता था। उसी एन.सी.सी. कैंप में मुझे लंबा बरसाती कोट मिला था। बरसात के दिनों में स्कूल में 'रेनी डे' हो जाता था। जब भी सुबह बरसात होती थी तो वह हम बच्चों के लिए वरदान बनकर आ जाती थी। हमें स्कूल नहीं जाना पड़ता था। बिना घोषणा के ही यह तय होता कि स्कूल में छुट्टी हो जाएगी। हर बार ऐसा ही होता था।

एन.सी.सी. कैंप में मिला बरसाती कोट उस उजड़े खपरैल मकान में टपकते

पानी से बचाने के काम आता था। मैं खुद को उसी में लपेटकर किसी तरह थोड़ा-बहुत सो लेता था, लेकिन माँ की जागती आँखों में ही पूरी रात कटती थी। मेरी बगल में ही माँ दूसरे छोटे भाइयों को लेकर सोती थी। हम सभी का शरीर बारिश के पानी से भीगता रहता था। माँ थोड़ी-थोड़ी देर में उठती-बैठती-लेटती और टपकते पानी के नीचे कोई-न-कोई बरतन लगाती किसी तरह रात गुजारती थी। हम सभी भाई-बहन एक-दूसरे से चिपके एक कमरे के उस मकान के अंदर रखी एकमात्र चौकी पर दुबके रहते थे। सुबह होते-होते हमारा वह कमरा झील बन जाता था। हमारी चौकी पानी से घिरा कोई टापू जैसी दिखती थी। हमारी किताब-कॉपी को टपकते पानी से बचाने के लिए माँ उन्हें आटे के कनस्तर पर रख देती थीं। किताब-कॉपी पर पानी न टपके, इसलिए दो-दो बोरों से उसे ढक देती थी। हमें हिदायत थी कि कोई भी बच्चा कॉपी-किताब खुद नहीं उतारेगा, अन्यथा किताब-कॉपी तो पानी में जाएगी ही, बेर-कुबेर आनेवाले मेहमानों के भोजन के लिए कनस्तर में जो आटा रखा है, वह भी पानी में जाएगा। आज भी घर के अंदर पानी से घिरा बचपन याद आता है तो सोचने के लिए बैठ जाता हूँ कि मेरी माँ ने कितना-कुछ सहकर हम बच्चों को बड़ा किया है!

□

धनाभाव में मेरी पढ़ाई सही समय पर शुरू नहीं हो सकी। शायद इसीलिए मैं उस समय अपनी कक्षा में सबसे बड़ी उम्र का लड़का था।

कबीरचौरा मिडिल स्कूल मेरे जीवन का 'टर्निंग प्वाइंट' हुआ। इसी स्कूल में पढ़ने के दौरान एक-एक पैसा कमाने के लिए दिन में रूमाल, गमछा, मूँगफली—जो भी मिला, उसकी कभी फेरी लगाकर, कभी सिर पर रखकर, तो उसे कभी फुटपाथ पर दुकान लगाकर बेचा। रात में महिलाओं का झुल्ला और पेटीकोट सिलता था। मुझे याद है, पिताजी ने 210 रुपए में सिलाई की मशीन खरीदी थी, वह भी पाँच रुपए महीने की किश्त पर। घर के सारे लोग कपड़े की सिलाई करते। कह सकते हैं, मैं और मेरे परिवार ने गजब की गरीबी को बड़े आनंद से भोगा, उसे जिया, लेकिन असंतोष को कभी हावी नहीं होने दिया।

उन दिनों माध्यमिक विद्यालय में आठवीं कक्षा तक पढ़ाई होती थी। मेरी माँ पढ़ी-लिखी नहीं थीं। मेरे नानाजी ने उन्हें केवल अक्षर ज्ञान कराया था, जिसके बाद वह 'रामचरित मानस' पढ़ने लगी थीं। 'रामचरित मानस' पढ़ते-पढ़ते वह हिंदी की पुस्तकें भी पढ़ने लगी थीं। जब भी उन्हें खाली समय मिलता, मेरे

पास चली आतीं और कहतीं, 'मन्नू क्या पढ़ रहा है, जरा देखूँ तो! फिर वह मेरी हिंदी की किताब उठाकर पढ़ने की कोशिश करने लगतीं। धीरे-धीरे उन्होंने फरटि से पढ़ना सीख लिया, लिखने के नाम पर भले ही उन्हें केवल अपना नाम लिखना आता था। उनके आखिरी समय तक यह राज बेहद कम लोग जान पाए कि वे बड़ी मुश्किल से केवल अपना नाम लिख पाती थीं।

□

यह 1940-41 का वर्ष था। द्वितीय विश्व युद्ध जोरों पर था। लड़ाई हो रही थी यूरोप में पर इसमें भारतीय राजनीतिक क्षितिज भी आरक्त था। हवाएँ गरम थीं और वातावरण आतंकित था। जनमानस आंदोलित और जिज्ञासा से भरा हुआ था। रामधन सरदार के दूध की दुकान दारानगर की ठीक त्रिमुहानी पर थी और सामने थी जीऊत हलवाई की दुकान। रामधन की दुकान पर अखबार आता था, लेकिन किसी को पढ़ना नहीं आता था। प्रतिदिन की मेरी ड्यूटी थी कि मैं सभी को 'आज' अखबार पढ़कर सुनाऊँ। सभी शाम को मेरे स्कूल से लौटने का इंतजार करते, ताकि मैं जोर-जोर से अखबार बाँच सकूँ। लोग खबर सुनने के लिए मुझे चारों ओर से घेरकर खड़े हो जाते थे। अखबार जोर-जोर से पढ़ने के लिए रामधन दूध का भरा गिलास मुझे थमाकर और जीऊत साव बुंदिया देकर मेरी भूख मिटाते थे। मेरे पेट की भूख मिट जाती थी और उन सभी की खबरों की भूख।

मुझे आज भी याद है, उन दिनों घरों में बिजली नहीं होती थी। बिजली की पहुँच केवल मुख्य सड़क तक ही होती थी। गलियों में लालटेनें जलती थीं, जिसे जलाने के लिए नगर निगम का लैंप जलानेवाला व्यक्ति आता था, जिसे आम बोलचाल में लोग 'पीपा' कहते थे। सूरज डूबते ही वह बाएँ कंधे पर बाँस की सीढ़ी और दाहिने हाथ में मिट्टी तेल का टिन लेकर आता था। हर लैंपपोस्ट पर वह सीढ़ी लगाता, दीए में तेल जाँचता कि कितना है। आवश्यक हुआ तो उसमें तेल डालता और उसे जला देता। मेरे अखबार बाँचने को सुनने के लिए वह भी शाम होने से पहले ही रामधन सरदार की दुकान पर पहुँच जाता था। जब मैं अखबार की सभी खबरें पढ़कर सुना देता तो वह लालटेन जलाने के अपने काम पर लग जाता था।

रामधन सरदार, जीऊत साव, 'पीपा' आदि की सबसे बड़ी बेचैनी सुभाषचंद्र बोस से जुड़ी खबरें सुनने में होती थी। महात्मा गांधी की जब कोई खबर पढ़ने लगता तो 'पीपा' कहता, "भइया, गांधीजी की कोई बात मेरी समझ में ही नहीं आती।"

तब रामधन कह उठता, ''यही तो बात है, गांधीजी को बहुत से लोग समझ ही नहीं पाते।'' उस समय केवल रामधन की दुकान पर ही नहीं, हर नुक्कड़, चौराहे, कंपनी बाग, टाउनहॉल का मैदान, मंदिर-मसजिद, गंगा के घाट—जहाँ भी लोग इकट्ठे होते, गांधी और सुभाष को लेकर बहस छिड़ जाती।

द्वितीय विश्व युद्ध की आग सबको झुलसा रही थी। अधिक उम्र के लोग कहते, ''गांधीजी का विश्वास हृदय-परिवर्तन में है। वह अंग्रेजों को अपना शत्रु नहीं मानते हैं, बल्कि उनका हृदय-परिवर्तन करना चाहते हैं।'' नौजवान इसका विरोध करते हुए कहते, ''इसीलिए तो हम गांधी को अपना नेता नहीं मानते हैं। हमारे नेता तो सुभाष बाबू हैं, जो समझ में आनेवाली सीधी लड़ाई की बात करते हैं।''

रामधन की दुकान पर 'आज' अखबार बाँचने की बात छोड़ दें तो मैं भी जगह-जगह चलनेवाली इन बहसों का मूक श्रोता ही होता था। मेरा मन विरोध और घेराव करनेवालों के साथ रहता था। मैं नहीं कह सकता कि उस वक्त मेरी इस रुचि में मेरी उम्र का हाथ अधिक था या मेरी बुद्धि का!

गांधी-सुभाष और द्वितीय विश्व युद्ध के विवाद से हमारा स्कूल भी अछूता नहीं था। स्कूल में प्रार्थना के बाद हम बच्चों को कई बार प्रार्थना स्थल पर ही बैठने का निर्देश दिया जाता था। जब भी ऐसा निर्देश होता था, हम समझ जाते कि अब हेडमास्टरजी का भाषण होगा। एक दिन उनके हाथ में एक पत्रिका थी, जिसमें युद्ध की तसवीरें थी। वह पत्रिका हाथ में लेकर कहने लगे, ''यह तुम लोग भीषण तबाही का मंजर देख रहे हो, इसके लिए केवल तीन देश जिम्मेदार हैं—जर्मनी, इटली और रूस। ये देश बेगुनाहों को मार रहे हैं, हजारों को अपाहिज बना रहे हैं और सुभाषचंद्र बोस इनकी मदद कर रहे हैं। वे देशद्रोही हैं। यह लड़ाई भले ही हमारे देश से दूर हो रही है, लेकिन जर्मनी ने हमारे सम्राट (ब्रिटिश राजा) और ब्रिटिश हुकूमत पर हमला किया है। इसलिए हम इसे अपने ऊपर हमला मानते हैं। तुम लोगों का यह कर्तव्य है कि तुम लोग इस लड़ाई में अपने राजा (ब्रिटिश राजा) की मदद के लिए चंदा दो। स्कूल में 'युद्ध कोष' की स्थापना की गई है, उसमें अपने जलपान के पैसे से चंदा दो। हमारा राजा महान है। ईश्वर करे वह अधिक दिनों तक जीवित रहे... लांग लिव द किंग।''

हेडमास्टर साहब अकसर 'लांग लिव द किंग' कह प्रवचन झाड़कर चले आते और शिक्षक मन मसोसकर रह जाते। बाद में कुछ शिक्षक शैतान बच्चों को उकसाते थे। उनमें हेडमास्टर साहब के विरोध की शक्ति नहीं थी तो वे

चाहते थे कि बच्चे उनका विरोध करें। ऐसे मास्टर हमें चंद्रशेखर आजाद की कहानियाँ सुनाते और बताते कि वे इसी बनारस के थे। उन्हें बचपन में कोड़े मारे गए, लेकिन वे कभी नहीं झुके और अंग्रेजों को अपना नाम 'आजाद' बताया। वे पूरी जिंदगी आजाद रहे और आजाद रहकर ही मौत को गले लगाया। अंग्रेज उन्हें कभी पकड़ नहीं सके।

शिक्षकों द्वारा रोज फूँक मारने पर एक दिन हमारे अंदर की चिनगारी भभक उठी। कुछ लड़कों ने विद्रोह कर दिया। हम हेडमास्टर साहब के पास पहुँचे और कहा, "अंग्रेजों का राजा हमारा राजा नहीं है। आइंदा आप कभी 'लांग लिव द किंग' न कहें, हम इसे नहीं मानेंगे। हम सुभाषचंद्र बोस को देशद्रोही कहना भी स्वीकार नहीं करेंगे। हम सबकी वे प्रेरणा हैं।"

हेडमास्टर उठे। दरवाजा बंद कर दिया और हमारे पास आकर फुसफुसाते हुए बोले, "मैं एक सरकारी मुलाजिम हूँ। सार्वजनिक रूप से मैं वही कह रहा हूँ, जो मुझसे कहने के लिए यह सरकार (ब्रिटिश) कह रही है। मैं भी एक सुराजी हूँ, लेकिन मुझमें तुम लोगों की तरह विरोध करने की हिम्मत नहीं है।" हम उनकी मजबूरी समझते हुए वहाँ से चले आए। बाद में शिक्षकों को जब इसका पता चला तो वे बहुत खुश हुए। अब तो स्कूल में खुलेआम शिक्षक गोरी पलटन की कैद से सुभाषचंद्र बोस के भागने की चर्चा करने लगे। ब्रिटिश सरकार के लिए उस वक्त सुभाषचंद्र बोस सबसे बड़े दुश्मनों में से एक बन गए थे, लेकिन लोगों के लिए वे हीरो बन चुके थे।

गांधी-सुभाष के बीच विवाद की चर्चा से इतर एक वर्ग वह भी था जो उस समय पंडित कमलापति त्रिपाठी के संपादकीय का दीवाना था। कमलापति त्रिपाठीजी 'आज' अखबार के संपादक थे। मुझसे सभी कहते थे, "मन्नू, पंडितजी का संपादकीय जरा धीरे-धीरे, लेकिन जोर से पढ़ो।" मैं उन लोगों को पंडितजी का संपादकीय जोर-जोर से पढ़कर सुनाता। उन टिप्पणियों के विचार-भाव-भाषा, जहाँ एक ओर मुझे पढ़ने की प्रेरणा देते थे, वहीं श्रोताओं की भी अच्छी संख्या आकृष्ट कर लेते थे। भीड़ लग जाती थी। सुनने के बाद भीड़ आशीर्वाद देती और पंडितजी की लेखनी से भाषा और साहित्य का संस्कार मिलता। रामधन के दूध और जीऊत साव की बूंदिया से शरीर पुष्ट हो रहा था और जनता के आशीर्वाद और पंडित कमलापति त्रिपाठी की भाषा व साहित्य से आत्मा धन्य।

दरअसल मेरे नाना के बाद दूसरा बीज वहाँ पड़ा, जो आगे चलकर मेरे

लेखन में पुष्पित-पल्लवित होता रहा। यदि मैं खुद को पंडित कमलापति त्रिपाठी का एकलव्य जैसा शिष्य मानूँ तो किसी को क्या एतराज हो सकता है? हाँ, एकलव्य ने अपने गुरु को अँगूठा दिया था, पर मुझमें न कभी यह साहस रहा और न क्षमता। यद्यपि मैं प्रत्यक्ष रूप से पंडितजी से कभी नहीं मिला, हालाँकि बाद में वे उत्तरप्रदेश के मुख्यमंत्री से लेकर केंद्रीय रेल मंत्री भी बने। कांग्रेस पार्टी के कार्यकारी अध्यक्ष भी बने।

□

एक दिन माँ मेरे साथ बैठकर किताब पढ़ रहीं थी कि एकाएक दरवाजे पर दस्तक हुई। माँ ने सिर उठाकर देखा तो मेरे पिताजी के मित्र शंभुनाथ वर्मा खड़े थे। शंभुनाथ वर्मा डीएवी कॉलेज में हेड क्लर्क थे। मुहल्ले में लोग उन्हें बड़े बाबू कहते थे। शंभुनाथ वर्मा ने कहा, ''यहाँ से गुजर रहा था तो सोचा आप लोगों का हाल-चाल लेता चलूँ।'' उन्होंने मकान की दयनीय हालत देखी तो कहा, ''आप कैसे अपने पूरे परिवार के साथ इस मकान में रह लेती हैं! ईश्वर न करे, कोई अनहोनी हो जाए तो? मेरे मकान का निचला हिस्सा हमेशा खाली ही रहता है, आप अपने पूरे परिवार के साथ वहाँ आकर रहें।'' माँ ने उनका आभार जताया और कहा, ''जी मैं आपको कल बताती हूँ।'' हाँ, याद आया उस वक्त बरसात का ही महीना था और पिताजी के मित्र होने के नाते शंभुनाथ वर्मा को वहाँ से गुजरते हुए यह भय हो गया था कि कहीं मकान गिर न जाए। उस वक्त पिताजी आर्य समाज आंदोलन के सिलसिले में बाहर थे। शायद पंजाब गए हुए थे, लेकिन इतना याद है कि वे काफी समय से बनारस में नहीं थे।

माँ ने बताया, ''एक समय तुम्हारे पिताजी और शंभुनाथ वर्मा घंटों बातें करते रहते थे। दोनों की अच्छी मित्रता थी। दोनों साथ में शतरंज खेलते और खूब ठहाके लगाकर हँसा करते थे। शायद मित्र के परिवार को संकट में देखकर वे आज अचानक इधर चले आए थे।'' शंभुनाथ वर्मा भी उसी मोहल्ले मध्यमेश्वर में रहते थे।

अगले रोज माँ 'भारतेंदु भवन' से जब आईं तो बेहद खुश थी। उसकी खुशी उसके चेहरे पर साफ झलक रही थी। मैं भी स्कूल से आने के बाद कंधे पर गमछा लादकर चला गया था। शाम करीब छह बजे मैं भी स्कूल से लौटा था। मैंने पूछा, ''क्या बात है माँ, आज बहुत खुश लग रही हो?''

''खुशी की तो बात है ही''—माँ ने कहा।

"बताओगी नहीं"—मैंने बड़ी जिज्ञासा से पूछा।

"बताऊँगी क्यों नहीं, पहले हाथ मुँह तो धो ले और मुझे भी कपड़े बदल लेने दे।" माँ यह कहती हुई, कपड़े बदलने चली गई। इतनी देर में मैंने भी हाथ-मुँह धो लिया।

माँ ने कहा, "भवन से छूटकर सीधी शंभुनाथ वर्माजी के यहाँ गई थी। उनके मकान का निचला हिस्सा खाली है, वही देखकर आ रही हूँ। वैसे तो उस कमरे में सामान भरा है, लेकिन सफाई कर उसे रहने लायक बड़े आराम से बनाया जा सकता है।"

उन्होंने आगे कहा, "शंभुनाथ बाबू ने कहा कि कमरा तो है ही, आपका मन्नू मेरी बैठक में कभी भी आकर पढ़ाई कर सकता है। उसकी पढ़ाई के लिए शांत वातावरण तो चाहिए ही, जो उसे अभी नहीं मिल रहा है। यहाँ आरामकुरसी भी है। पढ़ते-पढ़ते वह थोड़ा आराम भी कर सकता है और मजे से जितनी देर चाहे पढ़ते रह सकता है। अब वह बड़ा हो रहा है। घर की परेशानियों का असर उसकी पढ़ाई पर नहीं पड़ना चाहिए।"

"मैं यह सोचकर काफी खुश हो गई कि तू शंभुनाथजी के मकान में बहुत अच्छी तरह पढ़ सकता है। वे कॉलेज में काम भी करते हैं, तेरी पढ़ाई में और मदद हो जाएगी।" माँ बोली।

"वह सब तो ठीक है माँ, लेकिन वह किराया कितना लेंगे? अभी इतना कम किराया है, वही देने के लिए जैसे-तैसे पैसे जुटता है। यदि ज्यादा किराया लेंगे तो हम कहाँ से देंगे?" मैंने छूटते ही अपनी चिंता जाहिर की।

"हाँ मैंने किराए के बारे में पूछा था।" माँ बोली, "तब उन्होंने कहा कि आपसे किराया कौन माँगता है? अरे, जब तक रहना हो रहिएगा, जब जाना हो तो चली जाइएगा।"

"तब तो ठीक है माँ। हमें उसी घर में चलना चाहिए।" किराया नहीं लेंगे, यह सुनकर मेरी खुशी का ठिकाना नहीं रहा—"इस घर का क्या भरोसा। सिर पर ही एकदम जर्जर पेड़ खड़ा है। एक जोरदार बारिश हुई कि "अरअरा कर गिरा।"

नए मकान में जाने के नाम पर हमारे सभी छोटे भाई बेहद खुश थे। हम सभी कुछ ही दिनों में शंभुनाथ वर्मा के मकान में रहने के लिए चले गए। अकसर मैं उनकी बैठक में ही पढ़ने चला जाता और वह मेरे पास मेरी पढ़ाई को देखने चले आते। बाद में पिताजी जब बनारस आए तो उन्हें उस पुराने घर

पर हम नहीं मिले। लोगों से पता चला कि हम लोग शंभुनाथ वर्मा के घर में रहने चले गए हैं।

मध्यमेश्वर काशी का सबसे मध्य भाग है। यहाँ मृत्युंजय महादेव का मंदिर है, जिसके प्रति लोगों में अपार श्रद्धा है। मान्यता है कि यहाँ जो माँगा जाता है, मृत्युंजय महादेव वह पूरा कर देते हैं। एक तरह से शंभुनाथ वर्मा द्वारा मकान का किराया नहीं लेने की घटना भी हमारे परिवार पर मृत्युंजय महादेव का आशीर्वाद बनकर ही आई थी। पिताजी ने सबसे पहले शंभुनाथ वर्मा का दिल से आभार व्यक्त किया। बिना कहे उनकी गैरहाजिरी में उन्होंने उनके परिवार का जो खयाल किया था। आज के युग में ऐसे लोग कम ही मिलते हैं।

□

माध्यमिक परीक्षा का समय निकट आ रहा था। हमारे पास परीक्षा शुल्क भरने के लिए पैसे नहीं थे। मुझे याद है कि परीक्षा शुल्क भरने की आखिरी तारीख नजदीक आ रही थी। माँ ने मेरे गमछा आदि बेचने पर परीक्षा तक रोक लगा दी थी। मैं घबराहट में था कि परीक्षा का फॉर्म भी भर पाऊँगा कि नहीं। अचानक एक दुकान से महिलाओं का झुल्ला सीने का बड़ा ऑर्डर आ गया और मेरा परिवार उसे पूरा करने में रात-दिन जुट गया। मुझे याद है कि फॉर्म भरने की आखिरी तिथि से एक रात पहले तक मैं कैसे पूरी रात झुल्ला सिल रहा था, ताकि सुबह दुकानवाले का ऑर्डर पूरा कर उससे पैसे ले सकूँ। दुकानवाले ने पैसा दे दिया और मैं सरपट स्कूल की ओर भागा कि कहीं फॉर्म भरने की आखिरी तारीख चूक न जाए। खैर, फार्म भरा जा रहा था। मैंने भी फॉर्म भर दिया।

माँ ने मुझे सभी कामों से मुक्त कर ही दिया था। रात-दिन मैं पढ़ाई करने लगा—ताकि किसी तरह कम-से-कम मिडिल तो पास कर लूँ। पढ़ाई का वह समय मेरे दिमाग पर ऐसा छपा कि बाद में जब मैंने अखबार में 'संकटमोचन' नाम से कार्टून कविता लिखना शुरू किया तो वह ऐसे व्यक्त हुई—

'घर में मिट्टी का तेल नहीं है।
पढ़ना भी अब खेल नहीं है।
पर इम्तिहान है, खूब पढ़ो,
मन को समझाकर पढ़ो।
लालटेन बुझाकर पढ़ो।'

परीक्षा की तिथि नजदीक आती जा रही थी और मेरी धड़कन तेज होती जा रही थी। आखिर परीक्षा की तिथि आ ही गई। मैंने किसी तरह हनुमानजी

को याद कर अपने सभी पेपर ठीक से दिए। उम्मीद थी कि अच्छे नंबर नहीं आए तो भी पास तो हो ही जाऊँगा।

परीक्षा का परिणाम जिस दिन आनेवाला था, उससे एक रात पहले मुझे नींद नहीं आई थी। माँ कहती रही कि सो जा, लेकिन मैं ही जानता हूँ कि उस रात सोना मेरे लिए माउंट एवरेस्ट पर्वत चढ़ने के समान हो गया था। सुबह होते ही मैं झटपट तैयार हुआ और नॉवेल्टी सिनेमा के पास पहुँच गया। नॉवल्टी सिनेमा के पास किताबों की दुकान थी। सारा शहर परीक्षा का परिणाम देखने वहीं जाता था। परीक्षा परिणाम अखबार में आता था, जिसे दुकानवाला अपने यहाँ बोर्ड पर लगा देता था और झुंड के झुंड परीक्षार्थी रिजल्ट देखने के लिए धक्का-मुक्की करते हुए आखिर रिजल्ट देख ही लेते थे।

मैंने बोर्ड पर लगे रिजल्ट को नीचे से देखना शुरू किया। प्रथम या द्वितीय श्रेणी में उत्तीर्ण होने की आशा तो थी ही नहीं। हाँ, पास होने का विश्वास था, इसलिए नीचे से ही परिणाम देखना शुरू किया, ताकि शीघ्र से शीघ्र मैं अपने नाम को खोज सकूँ। नीचे से लेकर तृतीय श्रेणी तक का सारा परिणाम छान मारा, लेकिन मुझे मेरा क्रमांक कहीं नहीं मिला। ऊपर द्वितीय और प्रथम श्रेणी का परिणाम देखने की हिम्मत नहीं थी। बोर्ड पर चिपके परीक्षा परिणाम में अपना नाम न पाकर मैं निराश और दुःखी था। आँखों में आँसू आ गए और भारी कदमों से मैं घर की ओर चल पड़ा। मुझे निराश करने के लिए इतना काफी था कि मैं उत्तीर्ण नहीं हुआ हूँ। सिर झुकाए किसी तरह घर पहुँचा। माँ घर पर नहीं थी।

मैंने भारी मन से गमछा का चौंका उठाया और विश्वेश्वरगंज में गमछे की पटरी लगाने चला गया। अब शायद मेरे नसीब में पूरी उम्र गमछा ही बेचना ही लिखा था। मेरे अंदर का आत्मविश्वास खो चुका था। लगा, पूरी दुनिया अंधकार से भरी है। एक व्यक्ति ने कहा, "तुम यहाँ क्या कर रहे हो?" सिर उठाया तो देखा कि यह शंभुनाथ वर्मा थे, जिनके मकान में मैं रहता था। मैं कोई उत्तर देता, उससे पहले ही वह बोल पड़े, "आज तो तुम्हारा परीक्षा परिणाम आनेवाला था। उसे देखने की जगह तुम यहाँ पटरी लगाने पहुँच गए। समझता हूँ, परीक्षा के दिन पटरी नहीं लगाई तो नुकसान होगा, लेकिन कल से पटरी लगा लेते। चलो, परिणाम देखने चलो।"

मैंने सिर झुकाए-झुकाए ही जवाब दिया, "चाचाजी, मैं फेल हो गया हूँ।" "क्या?"—शंभुनाथजी ने ऐसे पूछा, जैसे उन्हें विश्वास ही नहीं हुआ हो।

'तुमने ठीक से परिणाम देखा था। मुझे तो विश्वास ही नहीं हो रहा है कि

तुम फेल हो सकते हो। मैंने तुम्हें पढ़ते हुए देखा है, बल्कि कुछ चीजें तो खुद पढ़ाई भी हैं। नहीं, तुम अनुत्तीर्ण नहीं हो सकते। चलो मेरे साथ घर चलो।'' शंभुनाथ वर्माजी ने इतने अधिकार से कहा कि मैं गमछा समेटकर उनके पीछे चल पड़ा। उनके हाथ में परीक्षा परिणामवाला अखबार था। शायद उनके किसी रिश्तेदार ने भी परीक्षा दी थी, जिसका परिणाम देखने के लिए उन्होंने अखबार लिया था। डीएवी कॉलेज में हेड क्लर्क होने के कारण ऐसे अवसरों पर उनकी भूमिका बहुत बढ़ जाती थी।

घर पहुँचकर शंभुनाथ वर्माजी कुरसी पर बैठते ही अखबार खोलकर बैठ गए। उन्होंने न पानी पीया और न कपड़े ही बदले। कुरसी पर बैठते ही कहा, ''जरा कागज के एक टुकड़े पर अपना रोल नं. लिखकर लाओ।'' मैंने अपना रोल नंबर उन्हें एक कागज पर लिखकर दे दिया। मुश्किल से दस मिनट हुए होंगे कि उन्होंने कहा, ''तुम मूर्ख हो। यहाँ तुम्हारा रोल नं. प्रथम श्रेणी में है और तुम्हें दिखा ही नहीं। मैं जानता था, तुम फेल नहीं हो सकते, लेकिन पता नहीं तुम्हारा ध्यान कहाँ था।''

मुझे तो भरोसा ही नहीं हुआ। मैंने कहा, ''चाचाजी ठीक से देखिए, कहीं दूसरे का क्रमांक होगा।'' ''अब तुम मुझे परिणाम देखना भी सिखाओगे? अरे इतने वर्षों से न जाने कितनों का परिणाम देखकर बता चुका हूँ। तुम प्रथम श्रेणी में उत्तीर्ण हो चुके हो, जाओ माँ को जाकर बता दो।''

मैं उनसे क्या कहता कि मैंने नीचे से परिणाम देखना शुरू किया था और आधे रास्ते पहुँचते-पहुँचते मेरी हिम्मत जवाब दे गई थी। ऊपर के परिणाम देखने की हिम्मत जुटा ही नहीं पाया था। मैं अपनी माँ को यह सूचना देने के लिए दौड़ पड़ा। यह खबर सुनकर माँ बहुत प्रसन्न हुई। उसने वहीं से न जाने कितने मंदिरों में लड्डू का चढ़ावा बोल दिया। 'मुहल्लेवालो ने माँ को खुशी से चहकते हुए देखा तो पूछा, ''अरे बिट्टन आज इतना खुश क्यों हो?''

''बन्ना मेरा मिडिल पास हुआ है, बिगुल का बाजा बजा रहा है।'' मेरी माँ ने खुश होते हुए कहा। बिगुल का बाजा उस दिन बड़ा बाजा होता था। माँ अपने बेटे के मिडिल पास होने से इतनी खुश थी कि लगा सचमुच वह कहीं बिगुल का बाजा ही न बजवा दे।''

□

मैं उच्च श्रेणी से मिडिल स्कूल पास हो गया था। मेरे सपनों का विस्तार हुआ। मेरी महत्त्वाकांक्षा को नए पंख लगे, लेकिन घर में फाका था, इसलिए

महत्त्वाकांक्षा पैदा हुई और तत्काल समाप्त भी हो गई। मैं हाईस्कूल में प्रवेश नहीं ले सकता था। घर में न इतने पैसे थे और न इतनी सामर्थ्य कि मेरे पंखों को विस्तार मिल पाता। सामर्थ्यहीन की महत्त्वाकांक्षा अपाहिज ही नहीं, पूर्णतः अशक्य होती है। सारे प्रयत्नों के बावजूद उसके हाथ में अपने टूटे सपनों को जोड़ना–घटाना ही रह जाता है। कई दिनों तक पड़ा–पड़ा मैं यही सोचता रहा और फिर से गमछा बेचने के लिए विश्वेश्वरगंज में पटरी लगाकर बैठ गया।

उन दिनों डी.ए.वी. इंटर कॉलेज के प्रधानाध्यापक मशहूर व्यंग्यकार श्रीकृष्ण देव प्रसाद गौड़ 'बेढब बनारसी' थे। वे रोज विश्वेश्वरगंज के उसी रास्ते साइकिल से 'भार्गव भूषण' प्रेस जाया करते थे, जहाँ मैं गमछा बेचने के लिए पटरी लगाता था। वहाँ से उन दिनों 'संसार' नामक पत्र निकलता था। बेढबजी 'संसार दैनिक' के साहित्यिक परिशिष्ट के संपादक भी थे। मिडिल का परिणाम आ चुका था। उन्होंने मुछे गमछा बेचते देखा, थोड़ा रुके और फिर बिना कुछ बोले चले गए।

अपने कॉलेज पहुँचकर उन्होंने बड़े बाबू शंभुनाथ वर्मा को बुलाया और मेरा पता लगाने को कहा। उन्होंने कहा कि "विश्वेश्वरगंज में एक लड़का गमछा–रुमाल बेचता है, उसकी जानकारी जुटाकर आप मेरे पास उसे ले आइए।"

शंभुनाथ वर्मा ने कहा, "अरे वह तो हनुमान प्रसाद है। मेरे घर में ही उसका पूरा परिवार रहता है।"

'वाह! तब तो उसे आप मेरे पास कल ही ले आइए।'

अगले दिन शंभुनाथ वर्मा ने मुझसे कहा कि "आज तुम्हें अपने कारोबार पर नहीं जाना है। आज तुम मेरे साथ मेरे कॉलेज चलोगे।"

इससे पहले कि मैं कुछ पूछता, उन्होंने कहा, "तुम्हें प्रिंसिपल साहब ने बुलाया है।"

प्रिंसिपल साहब के कमरे में पहुँचते ही मैं ठिठक गया। श्रीकृष्ण देव प्रसाद गौड़ 'बेढब बनारसी' जी को देखते ही, मेरी स्मृति फ्लैश बैक में चली गई। संयोग कहिए कि इससे पूर्व दो बार वह मुझे पुरस्कृत कर चुके थे। मिडिल स्कूल में सुभाषित प्रतियोगिता होती थी। अध्यापक ने मेरी तैयारी कराई थी। बेढबजी उसमें जज थे। उन्होंने मुझे सुना। प्रथम पुरस्कार दिया। बात आई–गई खत्म हो गई।

दूसरा मौका तब आया, जब 26 जनवरी, 1948 को शिक्षा विभाग की ओर से 'साक्षरता दिवस' मनाया जा रहा था। सरकार कितनी होशियार थी कि

जहाँ देश स्वतंत्रता दिवस मना रहा था, वहीं उसने हम स्कूली बच्चों के लिए 'साक्षरता दिवस' का कार्यक्रम दे दिया। इससे उसे दो लाभ थे। एक ओर उसने दिखाया कि हम पूरे देश को साक्षर बनाना चाहते हैं और दूसरी ओर स्वतंत्रता दिवस में हम बच्चों को शामिल होने का अवसर नहीं दिया। ग्यारह बजते-बजते हर स्कूल से हम बच्चों का जुलूस निकला—नारे लगाते हुए, गाते हुए- "कमर कसकर डटे, अब हम निरक्षरता भगा देंगे।"

कबीरचौरा मिडिल स्कूल के मेरे अध्यापक मुझे मानते बहुत थे। मैं पढ़ने में भी अच्छा था और सभी बच्चों के बीच सबसे अधिक साफ-सुथरा मैं ही रहता था। मेरा कंठ भी मधुर था। मुझे कई पुरस्कार मिल चुके थे। उस दिन जुलूस में सबसे आगे गाता हुआ जा रहा था—"कमर कसकर डटे अब हम निरक्षरता भगा देंगे।" बाद में मेरे ही स्वर में स्वर मिलाकर पीछे के लड़के हमारी गाई पंक्ति की आवृत्ति करते थे। आस-पास की गलियों में घूमकर दोपहर तक हम अपने स्कूल में आ गए थे। फिर मध्यांतर की छुट्टी हुई।

हमें याद है, उस दिन हमारे अध्यापक ने मेरी खूब तारीफ की थी। बहुत सारे अमरूद खाने को दिए थे। मैं फूला नहीं समाया था, खुद पर और विशेषकर अपने स्वर पर। मेरे गले की मिठास के कारण बाद में मुझे अकसर मंच संचाल के रूप में लोग आगे करते रहे थे।

संध्या तीन बजे स्कूल के लड़के पंक्ति बनाकर चुंगी कचहरी की ओर चले। उन दिनों चुंगी कचहरी वहीं थी, जहाँ आज सेल्स टैक्स कार्यालय है। आगे-आगे गाते हुए मेरे साथ दो और लड़के थे तथा पीछे मेरी आवृत्ति करते हुए स्कूल के सारे लड़के। प्रतियोगिता नागरी नाटक मंडली में हो रही थी। उस समय मंडली बनी नहीं थी, टीन शेड में थी। थोड़ी ही देर बाद वहाँ कार्यक्रम आरंभ हुआ। पहले झंडा गान हुआ—वंदेमातरम् नहीं, स्काउट का झंडा गान। फिर स्वागत गान। फिर किसी ने अंग्रेजी में भाषण दिया, जिनकी खूब हूटिंग हुई कि हिंदी में बोलिए, लेकिन महोदय को अंग्रेजी ही झाड़ना था, सो अंग्रेजी झाड़ते चले गए। अब बच्चों के कार्यक्रम का समय आया। कुछ लड़कों ने अपने गीत और कविताएँ सुनाईं।

इसके बाद अपने स्कूल की ओर से मैं मंच पर गया। मुझे वही गीत सुनाना था, जिसे मैं दिनभर गा रहा था। हालाँकि इससे पूर्व कभी इतने बड़े जनसमुदाय के समक्ष मैंने गाया नहीं था। मंच पर चढ़ते ही मेरे पैर काँपने लगे। मैंने चारों

ओर दृष्टि घुमाई—'बाप रे बाप, इतने लोग!' गला सूखने लगा। माइक पकड़ते ही मेरी हालत खराब हो गई। मैंने भगवान् का नाम लेकर गाना शुरू किया। डर के मारे जीवन की अविस्मरणीय भूल मैं उस प्रतियोगिता में कर गया।

पहली पंक्ति के गाते ही लोग तालियाँ पीटकर हँस पड़े। मुझे लगा, मैं अच्छा गा रहा हूँ। मेरा हौसला बुलंद हुआ। मैं और भी खुलकर ऊँचे स्वर में गाने लगा और तालियाँ बजीं, लोग हँसने लगे। मैं गाता चला जा रहा था। एक समय ऐसा आया कि सारा जनसमूह हँसने लगा, पर मुझे उनकी हँसी पर सोचने का अवकाश नहीं था। मैं गाता ही रहा। मेरी दृष्टि अचानक उधर घूमी, जिधर अध्यापक खड़े थे। उनमें भी अधिकांश हँस रहे थे। हँस ही नहीं रहे थे, वरन् लोट-पोट हुए जा रहे थे। अब मुझे शंका हुई—बात क्या है? मेरा भी स्वर लड़खड़ाने लगा। तब तक मेरे अध्यापक दिखाई पड़े। वे किटकिटा रहे थे, दाँत पीस रहे थे और कुछ संकेत कर रहे थे। किंतु मैं समझ नहीं पाया। अपना गीत किसी तरह समाप्त कर मंच से भाग चला।

नेपथ्य में पहुँचते ही मेरे अध्यापक ने मेरी पिटाई शुरू की। मैं यह भी नहीं जान पाया कि मैं क्यों मार खा रहा हूँ! वे मुझे मारे जा रहे थे, लगातार-बेहिसाब। जब मारते-मारते वह थक गए तो मैं छूटा। मेरे कपड़े फट गए। मेरा चेहरा लाल, आँसुओं से भरा था। मैं रो रहा था। मेरे दोस्त तब मेरे पास आए और उन्होंने मेरी गलती की ओर ध्यान आकृष्ट किया। गीत की पंक्ति थी—"कमर कसकर डटे अब हम निरक्षरता भगा देंगे।" मैं इतनी भीड़ देखकर घबरा गया था और गीत की पंक्ति में हर बार 'निरक्षता' की जगह 'साक्षरता' बोलता चला गया था—'कमर कसकर डटे अब हम साक्षरता भगा देंगे।'

इस प्रतियोगिता में भी निर्णायक श्रीकृष्ण देव प्रसाद गौड़ 'बेढब बनारसी' जी ही थे। उन्होंने अपना निर्णय सुनाते हुए कहा—"जिस बच्चे को प्रथम होना चाहिए था, वह अपनी टेक्निकल भूल के कारण नहीं हो पाया। नियमानुसार मैं दो ही पुरस्कार देने का अधिकारी हूँ। अगर प्रबंध समिति अनुमति दें तो मैं कंसोलेशन पुरस्कार की भी घोषणा कर दूँ।" समिति ने उन्हें तृतीय पुरस्कार प्रदान करने की अनुमति दे दी। लिहाजा मैं तृतीय पुरस्कार के लिए मंच पर बुलाया गया। मैं उसी फटी कमीज में लड़खड़ाता हुआ, आँसू भरे लाल चेहरे के साथ पुरस्कार लेने उपस्थित हुआ। मुझे देखकर बेढबजी को बड़ा दुःख हुआ। मुझसे कहा, "इसे प्रथम पुरस्कार ही समझो। ऐसी भूलें हो जाया करती हैं।" ये वे

स्थितियाँ थीं, जिसने मुझे बेढबजी के बहुत निकट पहुँचा दिया। मेरा सौभाग्य था कि उनकी स्मृति में भी मैं था।

□

पुरानी स्मृतियों का झंझावात तब टूटा, जब बेढबजी ने कहा, "बैठो।"

बेढबजी ने मेरे सिर पर हाथ रखा और कहा, "तुम आगे पढ़ना नहीं चाहते?"

"पढ़ना तो चाहता हूँ, लेकिन घर की हालत ऐसी नहीं है कि आगे पढ़ाई कर सकूँ।" मैंने कहा।

"तुम जो करते हो, करते रहो, लेकिन मैं चाहता हूँ कि तुम आगे पढ़ो। मेरे कॉलेज में तुम रेगुलर में नाम लिखवा लो। कक्षाएँ जितनी अटेंड कर सको, करो। मेरा विश्वास है कि तुम पास होगे।"

डी.ए.वी. कॉलेज के प्रधानाचार्य श्रीकृष्ण देव प्रसाद गौड़ 'बेढब बनारसी' के बारे में मशहूर था कि वे गरीब विद्यार्थियों की मदद किया करते थे। बेढबजी की कृपा से मैंने हाईस्कूल में प्रवेश लिया। हाईस्कूल में मैंने भूगोल विषय लिया, ताकि अच्छे नंबरों से पास हो सकूँ। बेढबजी ने मुझमें जो विश्वास जगाया था, मैं उस पर खरा उतरा और फर्स्ट डिवीजन में पास हो गया।

देखा जाए तो नियमित रूप से मैंने मिडिल तक ही पढ़ाई की थी। हाईस्कूल की कक्षा मैं नियमित रूप से अटेंड नहीं कर सका। मेरी हाजिरी इतनी कम थी कि यदि बेढबजी की कृपा नहीं होती तो मैं परीक्षा में बैठ ही नहीं सकता था। शिक्षा के दौरान हमेशा पेट का सवाल आड़े आता रहा।

मैंने संगीत सीखने की भी कोशिश की थी, लेकिन परिस्थितियाँ विपरीत रहने के कारण कड़ा रियाज नहीं कर पाया। इसलिए उसे बीच में ही छोड़ना पड़ा। इंटरमीडियट की परीक्षा भी मैंने प्राइवेट दी। इंटरमीडियट में अर्थशास्त्र, नागरिक शास्त्र और मनोविज्ञान विषय लिये। यहाँ भी गणित सीधा था—वही विषय लो, जिसमें नंबर अच्छे आएँ।

प्राइवेट ही काशी हिंदू विश्वविद्यालय से स्नातक किया और फिर वहीं से दो विषय—हिंदी साहित्य और राजनीतिशास्त्र में एम.ए किया। इसके आगे पढ़ाई नहीं की। केवल लिखाई की। इस लिखाई में न जाने कब मनु शर्मा से डॉ. मनु शर्मा बन गया। पी-एच.डी. नहीं की थी पर अकसर लोग मुझे डॉक्टर मनु शर्मा ही लिख रहे। बाद में गोरखपुर विश्वविद्यालय ने 22 मार्च, 1996 को डी.लिट् की मानद उपाधि प्रदान की।

बेढबजी ने कहा था, ''हाईस्कूल तुम पास कर चुके हो, अब आगे पढ़ने और तुम्हारे बढ़ने का रास्ता खुल गया है।'' बेढबजी ने कई लोगों की तरह धूल भरे जीवन से मुझे भी उँगली पकड़कर चलना सिखाया। उन्होंने मेरे जीवन में आगे पढ़ने और बढ़ने का रास्ता भी खोला। वे मेरे जीवन के पहले कृष्ण थे, जिनकी कृपा मेरे जीवन पर बरसी थी। दो अन्य कृष्ण के बारे में आगे।

□

गुरु ने सुझाई राह

मेरे गुरु ने धरती से मिट्टी उठाकर मूर्ति गढ़ने का काम किया था। गमछे की दुकान से उठाकर उन्होंने मुझे नई ऊँचाई प्रदान की। दुनिया में शायद ही किसी गुरु ने अपने शिष्य को इस तरह उँगली पकड़कर चलना सिखाया हो, जैसे मेरे गुरु कृष्णदेव प्रसाद गौड़ उर्फ बेढब बनारसी ने मुझे चलना सिखाया। मुझे अक्षरपथ पर चलानेवाले बेढब बनारसी हिंदी में हास्य और व्यंग्य के माने हुए पुरोधा थे।

बेढबजी की कृपा से जब मैंने इंटर पास कर लिया तो उन्होंने कहा, ''अब तुम्हारे आगे पढ़ने का रास्ता खुल गया है। अब गमछा बेचना बंद करो। लिखना-पढ़ना शुरू करो। तुम्हारे भीतर अनंत संभावनाएँ हैं। यह मैंने उसी दिन देख लिया था, जब कबीरचौरा मिडिल स्कूल की सुभाषित प्रतियोगिता में तुम्हें पहली बार सुना था। मैं जानता हूँ आजीविका के बिना शिक्षा नहीं चल सकती, इसलिए मैं तुम्हें अपने कॉलेज में चपरासी बना देता हूँ।''

मैं चुप था, नियति मेरा रास्ता तैयार कर रही थी। सोचने-समझने की मेरी शक्ति काम नहीं कर रही थी। मुझे बिन माँगे मोती मिल रहा था। गमछा बेचने से तो कहीं अच्छा था, चपरासी की नौकरी, कम-से-कम कॉलेज परिसर में तो रहूँगा—अधिक नहीं पढ़ पाया, तो भी कुछ सीख लूँगा।

मुझे सोच में पड़ा देखकर बेढबजी ने कहा, ''क्या सोच रहे हो। तुम्हें अपनी प्रतिभा के साथ न्याय करना है। हो सकता है, तुम अपनी प्रतिभा से अभी वाकिफ नहीं हो, लेकिन मेरी नजर ने तुम्हारी प्रतिभा को बहुत पहले ही परख लिया है। मैं तुम्हें कॉलेज में अध्यापक तो नहीं बना सकता, क्योंकि यह निर्णय लेने का अधिकार प्रबंध समिति को है, परंतु मैं तुम्हें चपरासी बना देता हूँ, ताकि

तुम प्राइवेट परीक्षा देते हुए आगे बढ़ो और एक दिन अध्यापन के स्तर को भी प्राप्त कर सको।''

मैंने कहा, ''जी। मैंने आपकी उँगली थामी है। अब आप जिस मार्ग पर ले जाना चाहें, ले चलें।'' वास्तव में शिष्य वही है, जो स्वयं को अपने गुरु को सौंप दे। मैंने भी खुद को बेढबजी के हवाले कर दिया। मेरे जीवन का यह निर्णायक मोड़ था। गुलाम भारत में डी.ए.वी. कॉलेज में मैं चपरासी बन गया।

मैं चपरासी के पद पर ज्वाइन करने के लिए अगले दिन स्कूल पहुँचा। मेरी ज्वाइनिंग हो गई। मेरी पहली तनख्वाह 40 रुपए प्रतिमाह तय हुई। इसके अलावा 10 रुपए अतिरिक्त महँगाई भत्ता के रूप में मिलना तय हुआ। जब मैं ज्वाइनिंग का फॉर्म भर चुका तो बड़े बाबू शंभुनाथ वर्मा ने कहा, ''तुम्हें बेढबजी बुला रहे हैं।'' मैं फॉर्म भरकर सीधे बेढबजी के पास पहुँचा।

बेढबजी ने कहा, ''ज्वाइनिंग हो गई।'' मैंने कहा, ''हाँ''।

''यह लो, तुम्हारे लिए एक नई चाभी है। यहाँ के पुस्तकालय की यह चाभी है। कागजों में तुम चपरासी जरूर हो, लेकिन काम तुम्हें पुस्तकालय में करना है, ताकि तुम खूब पढ़ सको। कभी कोई नहीं जान पाएगा कि तुम इस स्कूल में चपरासी हो। तुम्हारी पहचान एक पुस्तकालयकर्मी के रूप में रहेगी।'' उस वक्त कॉलेज में कोई लाइब्रेरियन नहीं था, इसलिए शिक्षकों व विद्यार्थियों को मुझे नवनियुक्त लाइब्रेरियन समझने में कोई परेशानी भी नहीं हुई।

मैं अवाक् था। धन्य है यह भारतभूमि, जहाँ गुरु-शिष्य परंपरा का विकास हुआ। ऐसे ही गुरुओं ने राम, कृष्ण, अर्जुन, चंद्रगुप्त, शिवाजी, कबीर—जैसे महानायकों का चुनाव किया था। यह गुरु की तीक्ष्ण दृष्टि ही थी, जिसने एक छोटे से मामूली बालक में भारत के भावी सम्राट् को देख लिया था। यह गुरु ही थे, जिसने 'महाभारत' के युद्ध में किंकर्त्तव्यविमूढ़ शिष्य को 'गीता' जैसा ज्ञान दिया था। मुझे भी आज ऐसा ही गुरु मिला था, जो अपने नाम से नहीं, अपने कर्म से भी मेरे लिए कृष्ण साबित हुए। मेरे अंधकारमय जीवन में प्रकाश भरा और मुझे अक्षरपथ पर चलना सिखाया।

मैं अब स्कूल में 'बुक लिफ्टर' के रूप में जाना जाने लगा। स्कूल में हर वर्ष होनेवाले सामूहिक फोटो सेशन में मुझे नहीं जाने की छूट मिली, क्योंकि कागजी रूप से मुझे चपरासियों की पंक्ति में ही खड़ा होना पड़ता और मेरे गुरु चाहते थे कि मेरी उत्तरोत्तर उन्नति हो। मैं कभी किसी संकोच में न पड़ूँ।

गुरु ने मुझे ऐसा मौका दिया था, जिसके कारण पुस्तकों की भीड़ में मैं घुसता

चला गया। ज्ञान के सागर में गोता लगाता चला गया और खुद का आत्मविश्वास पाता चला गया। एक दिन बेढबजी मुझे अपने साथ अपने घर ले गए। वहाँ किसी विषय पर लिखने को कहा। मैंने कुछ समय में ही उन्हें लिखकर दे दिया। अगले दिन उन्होंने कहा, ''मैंने तुममें ऐसे ही प्रतिभा नहीं देखी थी। तुम उस प्रतिभा पर खरे भी उतर रहे हो। मैंने देखना चाहा था कि पुस्तकालय का कोई लाभ तुमने लिया कि नहीं! तुम्हारी लेखन प्रतिभा को देखकर लग रहा है कि पुस्तकालय की पुस्तकों को तुमने दोस्त बनाना शुरू कर दिया है।''

बेढबजी ने मुझे अपने लेखन के शोधकार्य से भी जोड़ लिया और अपने घर के पुस्तकालय की चाभी भी मुझे दे दी। उन्होंने चाभी थमाते हुए कहा, ''अब इन पुस्तकों को भी तुम सहेजो और इनमें छिपे ज्ञान को पी जाओ।''

एक दफा बेढबजी किसी विश्वविद्यालय के पाठ्यक्रम के लिए हिंदी साहित्य का संक्षिप्त इतिहास लिख रहे थे। रीतिकाल तक उन्होंने लिख लिया था। पुस्तक भेजने की अंतिम तिथि तीन दिन बाद ही पड़ती थी। यदि रातभर में आधुनिक काल नहीं लिखा गया तो पुस्तक का छपना, बाईंडिंग होना और समय के भीतर पुस्तक का ठीक स्थान पर पहुँचना संभव नहीं होगा। बेढबजी ने मुझे बुलाया और कहा, ''मैं आधुनिक युग की समीक्षा तो लिख दूँगा, तुम उन कवियों के प्रतिनिधि उद्धरण अलग-अलग पृष्ठों पर लिख डालो और सुबह छह बजे तक मुझे दे दो। मैं दो-दो पंक्तियों की समीक्षा के नीचे नंबर देकर पांडुलिपि में उन्हें बैठा दूँगा।''

नीति यह तय हुई कि शुक्लजी के इतिहास में जिनकी चर्चा है, बस उतने ही लोगों पर लिखा जाएगा। यह बात रात आठ बजे की थी और मुझे सुबह छह बजे तक इसे पूरा कर देना था। मुश्किल से रात के दस घंटे मेरे पास थे। काम था, शुक्लजी के इतिहास के साहित्यकारों की सूची बनाना। उनका प्रतिनिधि उदाहरण खोजना तथा उनका संग्रह करना। मैं रात साढ़े आठ बजे तालियों (चाभी) का गुच्छा लेकर कॉलेज के पुस्तकालय में पहुँचा। परिसर में रहनेवाले चपरासी मुझे देखकर अचंभे में पड़ गए। मैंने परिस्थिति बताई। पुस्तकालय खुलवाया और घंटे भर में ही सूची के अनुसार सभी रचनाकारों का प्रतिनिधि संग्रह इकट्ठा किया।

पुस्तकों का अच्छा-खासा बोझ चपरासी पूरन (अब दिवंगत) के सिर पर रखकर पुस्तकालय से बाहर निकला। मैं अपना 'करम ठोकता' और पूरन मेरी विवशता को कोसता चल पड़ा। फाटक के बाहर सड़क पर आते ही मुझे धवल वस्त्रधारी दाढ़ी-मूँछोंवाले एक सज्जन दिखाई दिए। वृद्धता की दहलीज पर पैर बढ़ाए रखनेवाला यह व्यक्ति उतना आकर्षक नहीं था, जितना वह अपने व्यवहार

में अद्‌भुत लगा—"लगता है तुम परेशान हो।" उसने मेरे भीतर झाँकते हुए कहा।

मैं उसे देखता रह गया।

"मेरी एक बात मानो⋯ तुम्हारी सारी परेशानी समाप्त हो जाएगी। जब कोई काम तुम्हें मिले तो तुम उसे प्रभु का ही दिया काम समझो, तब प्रभु ही उसे करने की शक्ति तुम्हें देगा"—सचमुच ऐसा ही हुआ। समय से पहले ही बेढबजी का काम हो गया। फिर वह व्यक्ति कभी दिखाई नहीं दिया, पर उसकी आवाज अब भी मुझे सुनाई पड़ती है। 'कैसे होगा, क्या लिखूँगा' की व्यग्रता पैदा होते ही यह आवाज एक ढाढ़स देती है और परिस्थति की जटिलता से उबार लेती है। जीवन में मिले हर काम को मैं प्रभु का दिया काम मानकर ही करता और समय से पूर्व ईश्वर खुद उसे पूरा करता चला गया।

□

काशी हास्य-व्यंग्य के देवता के त्रिशूल पर विराजमान है। स्वयं गंगा की धारा के कलकल में यहाँ हास्य निनादित होता है। यहाँ के व्यंग्य में त्रिशूल की नोक से कम चुभन नहीं है। सामाजिक कुरीतियों तथा धार्मिक पाखंडों पर गहरी चोट करनेवाला हिंदी का प्रथम व्यंग्यकार कबीर यहीं हुआ। यह काशी की मस्ती और व्यंग्य-विनोद प्रकृति का ही प्रभाव था कि तुलसी जैसे नितांत गंभीर व्यक्ति को भी 'विंध्य के वासी उदासी' दिखाई देने लगे।

हास्य की धारा व्यवस्थित रूप से भारतेंदु युग से दिखाई पड़ती है। उनकी व्यंग्यपूर्ण रचनाओं ने अंग्रेजी शासन पर बड़े तीव्र कुप्रहाराघात किए थे। उनके समय में ही 'काशिका' में लिखनेवाले तेग अली की रचनाएँ उत्कृष्ट काव्यात्मक सौंदर्य के साथ अपनी व्यंग्यात्मक अभिव्यक्ति के लिए प्रसिद्ध हैं। द्विवेदी युग में व्यंग्य का बाजार ढीला-ढाला रहा, फलत: बनारसी हास्य में भी शिथिलता आई। किंतु इसके बाद बेढब बनारसी और अन्नपूर्णानंद के रूप में दो अप्रतिम प्रतिभाएँ वाराणसी में दिखाई दीं। बेढबजी ने 'लेफ्टंट पिगसन की डायरी' जैसा अप्रतिम हास्य उपन्यास लिखा। बेढबजी ने कहानी, एकांकी, कविताएँ, पत्र, निबंध, संस्मरण आदि अनेक विधाओं में हास्य-व्यंग्य की उत्कृष्ट रचनाएँ कीं और खूब ख्याति अर्जित की। हिंदी साहित्य व काशी को यह उनकी अद्‌भुत देन थी। मेरी तो खैर, उन्होंने रचना ही की है।

बेढबजी का जन्म 29 अक्तूबर, 1895 में काशी में ही हुआ था। जिस डी.ए.वी.कॉलेज में उन्होंने मुझे नौकरी दी थी, वहीं 1917 से 1939 तक उन्होंने अध्यापन कार्य किया और बाद में सन् 1958 तक वे इस कॉलेज के प्रिंसिपल रहे।

प्रिंसिपल रहने के दौरान एक भी गरीब विद्यार्थी उनके दरवाजे से खाली नहीं गया। जिसके पास फीस भरने की क्षमता नहीं होती थी, उसकी पढ़ाई का खर्च वह स्वयं उठाते थे या फिर उसकी फीस माफ करवा देते थे। विद्यार्थियों के बीच वे 'मास्टर साहब' के नाम से प्रचलित थे। उनकी गरिमा अतुलनीय थी। मैं आपके समक्ष एक उदाहरण हूँ, जिसे फुटपाथ से उठाकर उन्होंने आसमान की ओर उछाल दिया था।

अनेक वर्ष तक उत्तरप्रदेश की पाठ्य पुस्तक समिति के वे सम्मानित सदस्य थे। मेरे लेखन में इसका बड़ा योगदान था। प्रकाशक जानते थे कि बेढबजी की मुझ पर असीम कृपा है, इसलिए वे मुझसे पुस्तक लिखवाते थे, ताकि पाठ्य पुस्तक समिति उन पुस्तकों को खरीद ले।

प्रदेश पाठ्य पुस्तक समिति का सम्मानित सदस्य होने के अलावा बेढबजी उत्तर प्रदेश माध्यमिक शिक्षक संघ और काशी हिंदू विश्वविद्यालय की सीनेट के सदस्य भी रह चुके थे। सन् 1951 से लेकर 1953 तक वह प्रदेश शिक्षा विभाग की 'नरेंद्रदेव समिति' के सक्रिय सदस्य रहे। सन् 1955 में केंद्र सरकार द्वारा गठित 'पाठ्य पुस्तक रचना वर्कशॉप' में हिस्सा लेकर उन्होंने सभी का मार्गदर्शन किया। शिक्षा के संबंध में 'कक्षा शिक्षण के सिद्धांत' व 'इतिहास : एक अध्ययन' उनकी उल्लेखीय पुस्तकें हैं।

शिक्षा के क्षेत्र में अतुलनीय योगदान देने के साथ ही बेढबजी ने हिंदी साहित्य को समृद्ध बनाने के लिए बहुत अधिक काम किया। 'काशी नागरी प्रचारिणी सभा' में वर्षों प्रधानमंत्री रहने के साथ ही 'अखिल भारतीय हिंदी साहित्य सम्मेलन' के सहित्य मंत्री के रूप में साहित्य की उन्नति के लिए उन्होंने लगातार कार्य किया। 'उत्तर प्रदेश हिंदी साहित्य सम्मेलन' एवं 'अखिल भारतीय हिंदी साहित्य सम्मेलन' के अधिवेशनों की अध्यक्षता कर उन्होंने हिंदी साहित्य को आगे बढ़ाने के लिए दिशा-निर्देश दिए। इसके अलावा प्रयाग की 'हिंदुस्तानी एकेडमी' व काशी की 'प्रसाद परिषद्' के जरिए साहित्य जागरण के क्षेत्र में गौड़जी का योगदान सर्वविदित है। बनारस की 'कारमाइकेल लाइब्रेरी' की प्रबंध समिति में भी वे रहे।

'कामायनी' जैसी कालजयी महाकाव्य की रचना करनेवाले और छायावाद युग के प्रवर्तक जयशंकर प्रसादजी और बेढबजी अभिन्न मित्र थे। बेढबजी छायावाद के संस्थापक आलोचकों में प्रमुख थे। बेढबजी के कारण ही मैं जयशंकर प्रसाद व प्रेमचंदजी को निकटता से देख सका। जब काशी में हास्य व व्यंग्य साहित्य लुप्तप्राय था, तो बेढबजी ने उस परंपरा को नवजीवन प्रदान कर रहे थे।

बेढबजी भले ही व्यंग्य साहित्यकार के रूप में पहचाने जाते थे, लेकिन साहित्य की कोई भी विधा ऐसी नहीं थी, जिसमें अधिकारपूर्वक उन्होंने कलम नहीं चलाई हो। 'हुक्का-पानी' एवं 'उपहार' नामक पुस्तकों में उनके निबंध संकलित हैं। 'बेढब की बहक', 'बेढब की बानी' और 'नया जमाना' में उनकी हास्य व व्यंग्य की कविताएँ हैं। 'बनारसी इक्का', 'मसूरी वाली', 'टनाटन', 'गांधीजी का भूत', 'धन्यवाद', 'महत्व के गुमनाम पत्र' और 'जब मैं मर गया था', 'बेढब के एकांकी'—जैसी रचनाएँ बेढबजी को बेजोड़ और दूसरे साहित्यकारों से अलग खड़ा करती हैं। मैं बता ही चुका हूँ कि 'हिंदी साहित्य का इतिहास' उन्होंने किस तत्परता से पूरा किया था। इसके अलावा 'हिंदी साहित्य की रूपरेखा' के जरिए भी उन्होंने हिंदी साहित्य को समृद्ध बनाया था।

बहुत कम लोगों को पता होगा कि बेढबजी केवल हिंदी साहित्य के ही सर्जक नहीं थे, बल्कि उर्दू के भी जानकार थे। उन्होंने हिंदी-उर्दू के बीच की दूरी को पाटने के लिए उत्कृष्ट साहित्य सृजन का काम किया, जिसका परिणाम 'गालिब की कविता' और 'रूहे सुखन' नामक पुस्तकें हैं। उन्होंने उर्दू काव्य को हिंदी में प्रस्तुत कर भाषा के बीच बढ़ते विभेद को हमेशा के लिए समाप्त करने का प्रयास किया था। 'प्रसाद परिषद' के आदेश पर 'गालिब की कविता' निकालने का भागीरथ प्रयास बेढबजी ने ही किया।

गालिब उर्दू के सर्वश्रेष्ठ रचनाकार हैं। उनकी शायरी हिंदी और उर्दू की सीमाएँ तोड़ती है। 'नागरी प्रचारिणी सभा' द्वारा प्रकाशित 'गालिब की कविता' में गौड़जी ने न केवल गालिब की कविताओं की सरल हिंदी टीका प्रस्तुत की, बल्कि गालिब के पूरे सहित्य पर भी प्रकाश डाला है।

बेढबजी का भाषा पर एकाधिकार था और वे नए-नए प्रयोग करते रहते थे। उन्होंने 'गालिब की कविता' में उर्दू के कई पुल्लिंग शब्दों का प्रयोग स्त्रीलिंग के रूप में किया है। आलोचकों ने इसका बहुत विरोध किया, लेकिन बेढबजी का कहना था कि "मैंने हिंदी की प्रकृति के अनुसार लिंग का निरुपण जानबूझकर किया है।" उनका मानना था कि हिंदी की ध्वनियाँ उर्दू से भिन्न हैं, इसलिए उसका उच्चारण भी अलग ही होगा।

उर्दू में बेढबजी की दखलअंदाजी का अंदाजा आपको 'गालिब की कविता' में उनकी प्रस्तावना को पढ़कर ही हो जाएगा। उन्होंने लिखा है, "गालिब की कविता के संबंध में जो आलोचनात्मक पुस्तकें हैं, उनमें वैज्ञानिक ढंग की

आलोचना कम है। साहित्यिक विशेषताओं की ओर कम ध्यान गया है।...कविता तथा युग की प्रवृत्तियों पर इनके संबंध में लिखनेवालों ने ध्यान नहीं दिया।''

उच्चकोटि के अध्यापक, साहित्यकार और पत्रकार होने के साथ-साथ बेढबजी समाजसेवी व राजनीतिज्ञ भी थे। एक समय में हास्य-व्यंग्य की मशहूर साप्ताहिक पत्रिका 'तरंग' का लंबे समय तक उन्होंने संपादन किया था। इसके अलावा 'बेढब और आँधी' एवं 'खुदा की राह पर' पत्र के संपादन में भी उन्होंने उल्लेखनीय योगदान दिया था। वह उतर प्रदेश विधान परिषद के सदस्य भी मनोनीत किए गए थे। 6 मई, 1968 को वे हम सभी के जीवन से चले गए, लेकिन जाते-जाते न जाने कितने अनगढ़ पत्थरों को वह तराश गए, जिनमें से एक मैं भी हूँ।

□

डी.ए.वी. कॉलेज के दस्तावेज का यह चपरासी, शिक्षकों और विद्यार्थियों के लिए उनकी पुस्तकालय का 'बुक लिफ्टर' था। मैंने कभी चपरासी के रूप में कार्य नहीं किया। पुस्तकालय में आनेवालों को मैं पुस्तक देने लगा और खुद पुस्तक निकाल-निकालकर पढ़ने भी लगा। अधिक अंक लाने के लिए इंटरमीडियट में विषय भूगोल रखा था, लेकिन पुस्तकालय में बैठते ही मेरा मन इतिहास के इर्द-गिर्द चक्कर लगाने लगा। 'बिना बाप को जाने खुद को नहीं जाना जा सकता'—इतिहास पढ़ने के मूल में मेरा यही विचार था। इतिहास और पुराण के पात्रों को लेकर मैंने जो आत्मकथात्मक उपन्यासों का प्रयोग किया, उसकी नींव इसी पुस्तकालय में पड़ी थी।

इस तरह इस पुस्तकालय में 50 रुपए महीने पर मेरी नौकरी शुरू हुई। उस वक्त पैसे की कीमत बहुत अधिक थी, इसलिए परिवार का गुजारा चलने लगा। मैं, मेरी माँ और मेरे पाँच भाई-बहन की स्थिति में थोड़ा सुधार आया। कम-से-कम गमछा, रुमाल और मूँगफली बेचने की तुलना में जीवन में थोड़ी स्थिरता तो आई।

पुस्तकालय में किताब उठाता रहा और बेढबजी की निगरानी में प्राइवेट पढ़ाई भी करता रहा। इंटर तो कर ही चुका था, काशी हिंदू विश्वविद्यालय से स्नातक करने के लिए प्राइवेट फॉर्म भी भर दिया। डिग्रियाँ मिलती रहीं, पढ़ाई चलती रही और मेरी पदोन्नति भी होती चली गई।

मेरी पहली पदोन्नति सन् 1949 में हुई। 3 नवंबर, 1949 को मैं सहायक अध्यापक हो गया। वैसे यह अस्थायी पद था, जिसकी अवधि 30 जून, 1950 को

समाप्त हुई। स्थायी रूप से मेरी नौकरी का आरंभ 19 जुलाई, 1950 को हुआ। मैं पुस्तकालयाध्यक्ष बना दिया गया। यह तिथि मुझे इसलिए याद है कि अब तक चपरासी के रूप में पुस्तकालय मैं सँभालता था, लेकिन अब कागजों में भी मैं पुस्तकालय का प्रभारी हो गया था। पुस्तकालायाध्यक्ष का पद मिलना मेरे लिए बहुत बड़ी बात थी। मैंने सोचा भी नहीं था कि जिस व्यक्ति ने दूसरों से पुरानी किताब माँगकर मिडिल तक पढ़ाई की हो, वह पुस्तकों के ढेर को सँभालने लग जाएगा! किताबों ने मेरी जिंदगी को सँवारना शुरू कर दिया। आज भी डी.ए.वी. के पुस्तकालय में करोड़ों की पुस्तकें होंगी। यह बनारस के समृद्ध पुस्तकालयों में से एक है। मुझे जहाँ तक याद है, बेढबजी ने जब पुस्तकालय का प्रभार मुझे दिया था, उसके पहले वहाँ कोई लाइब्रेरियन नहीं था। मैं 1989 में जब सेवानिवृत्त हुआ तो मेरे बाद एक व्यक्ति इस पद पर आया और बाद में उस पद को भी समाप्त कर दिया गया। आज वह पुस्तकालय बंद पड़ा है, जिसने मेरा और न जाने कितनों का जीवन सँवारा था। ज्ञान का वह दीपक अखंड ज्योति की तरह जलना चाहिए था, लेकिन वह नहीं जल रहा है। सुनता हूँ तो दुःख होता है, क्योंकि मुझे शिक्षित और साहित्यकार बनाने में यह पुस्तकालय ही आधार बना था।

धीरे-धीरे मैं पढ़ता गया और हिंदी से परास्नातक भी कर गया। बेढबजी ने मेरी पदोन्नति हिंदी के प्रवक्ता के रूप में कर दी थी। अब मैं पुस्तकालय सँभालने के साथ-साथ बच्चों को भी पढ़ाने लगा। मुझे आश्चर्य है कि मेरी कक्षा में हमेशा भीड़ होती थी। अकसर माना जाता है कि विज्ञान के विद्यार्थी हिंदी की कक्षा से गायब रहते हैं, लेकिन मेरी कक्षा में दूसरी कक्षा के विद्यार्थी भी आ जाते थे। मैं विषय पर न नोट बनवाता था और न ही विद्यार्थियों को पुस्तक खोलकर बैठने को ही कहता था, बस कहता कि आप सुनिए और समझ में न आए तो पूछिए।

□

डी.ए.वी. कॉलेज में गुरु कृष्णदेव प्रसाद गौड़ बेढब बनारसी का मैं प्रिय शिष्य तो था ही, उनके एक और बहुत ही प्रिय शिष्य थे सुधाकर पांडेय। अब वे इस दुनिया में नहीं हैं। वे कॉमर्स के लेक्चरार थे। बाद में वह डी.ए.वी. कॉलेज के प्रिंसिपल भी बने और 'नागरी प्रचारिणी सभा' के प्रधानमंत्री भी। उनके प्रधानमंत्री बनने के बाद से 'नागरी प्रचारिणी सभा' पर उनके परिवार का ही आधिपत्य है, जो आज तक बदस्तूर जारी है। हजारी प्रसाद द्विवेदीजी जैसे बड़े लेखक को उनकी वजह से 'नागरी प्रचारिणी सभा' छोड़कर जाना पड़ा था। मैंने भी उनके कार्यकाल में 'नागरी प्रचारिणी सभा' जाना धीरे-धीरे छोड़ दिया था। साहित्य और भाषा की

उन्नति की जगह यह स्थल राजनीति का अड्डा बन गया था। मेरे साथ इसकी शुरुआत डी.ए.वी. कॉलेज से ही शुरू हो गई थी।

सुधाकर पांडेय मेरे अच्छे मित्र थे, लेकिन उनकी सबसे बड़ी समस्या यह थी कि वे बेढब बनारसी के नजदीक पहुँचने और मुझे उनसे दूर रखने की तिकड़म लगाया करते थे। मैंने कभी इस ओर ध्यान नहीं दिया और न ही इससे मेरा वास्ता ही था। बेढबजी का स्नेह मुझ पर बना ही रहा। हिंदी की कक्षा लेने के साथ वे मुझे राजनीति शास्त्र की कक्षा लेने के लिए भी भेजने लगे। सुधाकर पांडेय को यह कभी पसंद नहीं आया। राजनीति विज्ञान की मेरी कक्षा में भी हिंदी की कक्षा के समान ही छात्रों की भीड़ उमड़ने लगी थी। कक्षा के बाहर लड़के खड़े होकर लेक्चर का आनंद उठाते थे। सुधाकर पांडेय इसे बरदाश्त नहीं कर पाते थे। धीरे-धीरे वे मेरी शिकायत बेढबजी से करने लगे। उनकी शिकायत थी कि बिना योग्यता के हनुमान प्रसाद शर्माजी दो-दो विषय की कक्षाएँ ले रहे हैं, जिसकी कॉलेज परिसर के बाहर चर्चा होने लगी है। उन्होंने बेढबजी से यह तक कहा कि इससे आपकी बदनामी भी हो रही है कि आपकी कृपा जिसे मिल जाए। वह चपरासी से प्रवक्ता बन जाए।

बेढबजी समझ गए और एक दिन मुझे बुलावा भेज दिया। मैं उनके कक्ष में पहुँचा तो उन्होंने कहा, ‘‘तुम कल से केवल हिंदी की ही कक्षा लिया करो। राजनीतिशास्त्र की कक्षा लेना छोड़ दो।’’ मैंने पूछा, ‘‘क्या किसी विद्यार्थी को समझने में दिक्कत हो रही है?’’

उन्होंने कहा, ‘‘नहीं, विद्यार्थियों को तो नहीं, कुछ शिक्षकों को दिक्कत हो रही है कि तुम हिंदी से एम.ए हो तो राजनीति शास्त्र की कक्षा क्यों ले रहे हो?’’ उन्होंने स्पष्ट कहा कि सुधाकर को इसे लेकर सबसे अधिक विरोध है।

मैं थोड़ा जिद्दी किस्म का आदमी हूँ। यदि मैं किसी चीज को ठान लेता हूँ तो उसे कर दिखाता हूँ। यह बात मुझे चुभ गई थी। मैंने राजनीतिशास्त्र से भी एम.ए. करने का निश्चय किया और काशी हिंदू विश्वविद्यालय में प्राइवेट एडमिशन ले लिया। पढ़ाई की, परीक्षा दी और प्रथम श्रेणी में उत्तीर्ण हुआ। सुधाकर पांडेय के विद्वेष ने मुझमें प्रेरणा ही जगाई और एक तरह से मेरा भला ही किया।

लेकिन सुधाकर पांडेय का विद्वेष यहीं कम नहीं हुआ। तब तक मेरी कई पुस्तकें बाजार में आ चुकी थीं जो उनके अंदर कुंठा बढ़ाने का ही कार्य कर रही थीं। उस वक्त के सबसे बड़े साहित्यकार बेढब बनारसी का शिष्य होकर वे

साहित्यकार नहीं हुए, यही उनकी कुंठा का मूल कारण था। मुझसे उनकी ऊपरी मित्रता बनी रही। मैं उस वक्त एक उपन्यास लिख रहा था और लगभग वह पूरा हो चुका था। सुधाकरजी मेरे पास आए और कहा, ''शर्माजी, आपको मेरी वजह से कोई दुःख हो तो मुझे क्षमा कर दीजिए, लेकिन निजी तौर पर मैं आपका कभी विरोधी नहीं रहा। बस नियम की बात उठा रहा था। आप आज भी मेरे सबसे प्रिय मित्र हैं और हमेशा रहेंगे।''

मेरी तरफ से तो कुछ था नहीं, इसलिए मैंने कहा, ''आपने अच्छा ही किया। कम-से-कम मैंने इसी वजह से राजनीति शास्त्र में भी एम.ए कर लिया।''

एक दिन सुधाकरजी ने मुझे पुस्तकालय में पकड़ लिया। उन्होंने जो कहा, वह बहुत पीड़ादायक था, लेकिन मित्रता निभाने के लिहाज से मैं मान गया। उन्होंने कहा, ''शर्माजी आप जो पुस्तक अभी लिख रहे हैं, यदि उसमें मेरा नाम दे दें तो आपका यह उपकार मैं कभी नहीं भूल पाऊँगा।'' उन्होंने जिस बेधड़क अंदाज में इसे कहा, उसे सुनकर मैं सन्न था और मैंने बिना कुछ सोचे उस पुस्तक पर उनका नाम लिख दिया। पुस्तक उनके नाम से ही छपी। उस पुस्तक का नाम तो मैं नहीं लूँगा, लेकिन उस पुस्तक से उन्हें सर्वाधिक प्रसिद्धि मिली।

मैंने सोचा, चलो कम-से-कम अब हमारे बीच की बर्फ पिघल जाएगी। लेकिन ऐसा नहीं हुआ। मैं जो कुछ लिखता, उसकी पांडुलिपि वह पढ़ने के लिए ले लेते और मुझे कभी नहीं लौटाते। मैं माँगता तो कहते, ''शर्माजी पता नहीं कहाँ रख दी है, मिल ही नहीं रही है।'' मैं कहता, ''कोई बात नहीं पांडेयजी, रफ पांडुलिपि मेरे पास अभी भी उपलब्ध है।''

दरअसल मैं पेन से लिखता था। पहले रफ लिखता था, जिसमें कई बार काट-छाँट स्वाभाविक तौर पर करनी पड़ती थी। बाद में उसे फेयर करता। यह फेयर कॉपी ही मैं सुधाकरजी को पढ़ने के लिए देता था। रिश्तों को सामान्य बनाए रखने के लिए कई बार मैंने अपनी तरफ से उन्हें पांडुलिपि पढ़ने के लिए दी। उनसे मैं कहता था, ''पढ़कर अपनी राय दीजिए। यदि कुछ सुझाव हों तो वह भी बताइए, ताकि संशोधन किया जा सके।'' राय तो दूर, वे पांडुलिपि भी नहीं लौटाते थे। मन बड़ा खिन्न होता था कि दोबारा फेयर करना पड़ेगा, लेकिन बाद में मैंने दिल कड़ा कर उनके माँगने पर भी उन्हें पांडुलिपि देनी बंद कर दी।

मेरे पूरे जीवन में सिर्फ वे ही ऐसे एक हैं, जिनसे मन में खटास हुई। अंदर-ही-अंदर बड़े अंतराल तक हमारे रिश्ते में बर्फ जमी रही। बेढबजी जब सेवानिवृत्त हुए तो हमारे बीच की दूरी और भी बढ़ गई। सुधाकर पांडेय उस कॉलेज के

प्रिंसिपल भी हुए, यह मामला कुछ समय तक अदालत में लटका भी रहा। मैं सिर झुकाए बस अपना काम करता रहा।

पूरे 40 वर्ष 7 माह और 24 दिन की नौकरी के बाद 30 जून, 1990 को मैं हिंदी के प्रवक्ता पद से सेवानिवृत्त हुआ। जब प्रवक्ता बना था तो 150 रुपए तनख्वाह और 10 रुपए मँहगाई भत्ता मिलना शुरू हुआ था और 3500 रुपए के आखिरी वेतन के साथ मैं सेवानिवृत्त हुआ। वेतन बढ़ा था, लेकिन पैसे की कीमत घटती चली गई थी। उम्र मेरी बढ़ गई, लेकिन बेढबजी जैसे गुरु की मेरे जीवन में कमी रह गई। मेरे देखने में, बेढबजी जैसा गुरु भारतीय गुरु-शिष्य परंपरा के आखिरी कड़ी थे। 'बेढब' गुरु ने इस बेढब हनुमान प्रसाद को ढंग का 'मनु शर्मा' तो बना ही दिया।

□

किताबें झाड़ते-पोंछते बन गया लेखक

बेकन के विचार से कुछ पुस्तकें चखी जाती हैं, कुछ निगली जाती हैं और कुछ चबा-चबाकर खाई और पचाई जाती हैं। गुरु कृष्णदेव प्रसाद गौड़ 'बेढब बनारसी' का स्नेहिल स्पर्श पाकर मैं किताबों की उस दुनिया में आ गया, जहाँ पचाते-पचाते आप थक जाते, लेकिन किताबों की खुराक कभी कम नहीं होती। मेरी दृष्टि किताबों के विशाल भंडार का स्पर्श करती। मेरा मानस उसे चबाता और अनुकूल पाते ही निगलने के लिए लालायित हो जाता। कुछ समय बाद मेरा पूरा व्यक्तित्व उसे पी जाता। उसे पचा जाता।

भारत की संस्कृति ज्ञान आधारित रही है। वेद, उपनिषद् से लेकर हर्ष के काल तक इस देश ने जो स्वर्णयुग देखा है, वह उस ज्ञान के कारण ही, जिसने मानवता को रोशनी दी, नई दिशा दी। मेरा चिंतन इतिहास के पन्नों में कैद उस कहानी से बार-बार टकराता है, जो इस देश में पुस्तकों की गरिमा और उसके महत्त्व को स्थापित करने का अतुलनीय उदाहरण है।

आज से लगभग साढ़े चौदह सौ वर्ष पहले नालंदा विश्वविद्यालय के एक नैष्ठिक ब्रह्मचारी की यह कहानी है, जिसके कर्म इतिहास में तो दर्ज हैं, लेकिन क्रूर इतिहास ने उसका नाम संजोकर नहीं रखा है। काल देवता बड़ा निष्ठुर है। वह हमारे कर्मों पर ही नजर रखता है। उन्हीं कर्मों को संजोता है जो उसके काम के होते हैं या यों कहिए, जो सत्कर्म होते हैं अथवा गंभीर रूप से असत्कर्म होते हैं। यदि गंभीर असत्कर्मों पर इसका ध्यान न होता तो चंगेज खाँ, तैमूर लंग, बख्तियार खिलजी, हिटलर, इदी अमीन इत्यादि हमारी जानकारी में कैसे आते? भले ही हम घृणा से उनके नाम लें। पर उस छात्र का नाम हम नहीं जानते। अपने सत्कर्मों से चिपका हुआ उसका नाम काल देवता की फाइल तक नहीं पहुँच सका।

उत्तर भारत का विशाल विश्वविद्यालय नालंदा, अपनी ज्ञान-गरिमा के कारण संसार प्रसिद्ध था। देश-विदेश के विद्यार्थी विद्याअर्जन के लिए यहाँ आते थे। यह विश्वास किया जाता था कि जिसकी ज्ञान-लिप्सा ने इस विश्वविद्यालय का आशीर्वाद नहीं लिया, उसकी विद्या फलवती नहीं हुई। चीनी यात्री युवान च्वांग भी यहाँ आया था। वह इसे देखकर चमत्कृत हो गया था। विद्या का इतना विशाल केंद्र और इतना विशाल पुस्तकालय उसने अपने जीवन में कभी नहीं देखा था।

'अतिथि देवो भव:' में विश्वास करनेवाली हमारी संस्कृति ने उसकी खूब आवभगत की थी, उसे सम्मान दिया था। आचार्यों ने उसकी जिज्ञासाएँ शांत की थीं। उसने अनेक वर्ष यहाँ बिताए थे। यहाँ की अनेक पांडुलिपियों की प्रतिलिपियाँ उसने स्वयं तैयार की थीं और बाद में उसकी गणना यहाँ के श्रेष्ठ आचार्यों में होने लगी थी।

जब वह यहाँ से विदा होने लगा तो उसे भेंट में बहुत से ग्रंथ मिले। कुछ ग्रंथों को उसने स्वयं माँगकर इकट्‌ठा किया। उसकी पुस्तक-पिपासा अद्‌भुत थी। पुस्तकें गाड़ी पर लादी गईं। बरसात का मौसम था। चतुर्मास में यात्रा वर्जित थी, पर युवान च्वांग को अपने देश लौटना था। उसे जल्दी थी। इसी जल्दी में उसने प्रयाण की योजना बनाई। इधर लगातार वर्षा हुई। विश्वविद्यालय से तीन-चार मील की दूरी पर एक बरसाती नदी थी। वह पूरे उफान पर थी। उसका पाट मनुष्य की आकांक्षाओं की तरह सीमा-विहीन था।

जब वह नालंदा विश्वविद्यालय से विदा हुआ, आसमान तब भी पसीज रहा था। विश्वविद्यालय के आचार्य ने एक विद्यार्थी को बुलाकर कहा, 'वत्स, देखो, ये हमारे मान्य अतिथि हैं, साथ में तुम्हारे आचार्य भी। इनकी सेवा, देवता की सेवा है। आकाश मेघों से भरा है। इन्हें नदी के उस पार तक सकुशल पहुँचा दो। और हाँ, ध्यान रखना कि इन पुस्तकों में से एक भी नष्ट न होने पाए। यह हमारी सांस्कृतिक धरोहर हैं।

आज्ञा शिरोधार्य कर विद्यार्थी युवान च्वांग के साथ चल पड़ा। नाव पर पुस्तकें लादी गईं। बाढ़ की नदी फुफकार रही थी। मध्य धारा में आते-आते हवा पर भी पागलपन सवार हो गया। नाव डगमगाने लगी। नाविक चिल्लाया, 'बोझ कम कीजिए, नहीं तो नाव डूब जाएगी।'

लोग घबरा गए। युवान च्वांग बड़ी दुविधा में पड़ा। वह किस ग्रंथ को फेंके, किसे न फेंके! वह जिस ग्रंथ को उठाता, उसी में उसे कुछ विशेष दिखाई देता।

वह उसे धर देता। दूसरा उठाता, उसके साथ भी वैसा ही करता। घबराहट में वह ऐसा ही करता रहा और एक भी ग्रंथ नदी में फेंक नहीं पाया। तब नाविक पुन: चिल्लाया, 'जल्दी नाव हल्की कीजिए, नहीं तो डूब जाएगी।'

'अब क्या करूँ'? उसकी व्यग्रता मुखरित हुई।

उस नैष्ठिक ब्रह्मचारी के कानों में अपने आचार्य की ध्वनि पुन: गूँजी, "देखना, इन पुस्तकों में से एक भी नष्ट न होने पाए। यह हमारी सांस्कृतिक धरोहर हैं।"

ब्रह्मचारी खड़ा हो गया और विनीत भाव से बोला, 'आप घबराइए नहीं। मैं बोझ हल्का किए देता हूँ और वह 'छपाक' से नदी में कूद पड़ा। पुस्तकें बच गईं। नदी उसे निगल गई।

आज भी मुझे उस नैष्ठिक ब्रह्मचारी की आवाज सुनाई पड़ती है, क्योंकि मैं बहरा नहीं हूँ। ऐसे पुस्तकालय प्रकाश स्तंभ हैं। आज की अनैतिकता के सिंधु की उत्ताल तरंगों का आघात सहते हुए भी हमें रास्ता दिखाते हैं। ऐसे ही एक पुस्तकालय ने मुझे जीवन की राह दिखाई। मेरे अँधेरे जीवन में दीया जलाया, मुझे 'बुक लिफ्टर' से 'बुक राइटर' बना दिया।

□

गुरु बेढब बनारसी ने कहा कि कम शिक्षा के कारण तुम्हें नौकरी मिल नहीं सकती और प्राइवेट पढ़ाई के लिए नौकरी का प्रमाणपत्र होना जरूरी है। इस तरह नौकरी और प्राइवेट पढ़ाई दोनों का रास्ता खुल गया। काम करते-करते ही प्राइवेट से बी.ए, दो विषयों में एम.ए और बाद में मानद डि.लिट. की उपाधि भी मिली। डि.लिट. की जब उपाधि मिली तो ऐसा लगा, जैसे मेरे जीवन से निरक्षता 'डिलीट' हो गई, हा...हा...हा...।

पता नहीं कब, किताब उठाते-उठाते मैं लेखक बन गया। वैसे मैं 'स्वांत: सुखाय' लेखक नहीं था। लेखन मेरी मजबूरी थी, जो धीरे-धीरे मेरी 'जॉब' बनी और 'जूनून' भी। लिखने के कारण कुछ पैसे मिल जाते थे, परिवार की गाड़ी पटरी पर थोड़ी और सरक जाती थी। मेरी पुस्तकीय लेखन यात्रा नोट्स लिखने से आरंभ हुई। मैंने नोट्स लिखे, प्रश्नोत्तरियाँ लिखीं, सहायक पाठ्य पुस्तकें लिखीं और कई बड़े लेखकों के लिए प्रच्छन्न लेखन (घोस्ट राइटिंग) भी किया।

मेरे जीवन के दूसरे कृष्ण, कृष्णचंद्र बेरीजी ने अपनी आत्मकथा 'प्रकाशकनामा' में लिखा है, "शर्माजी से संबंधित एक रहस्यपूर्ण तथ्य है। उन्होंने

पच्चीसों पुस्तकें ऐसी लिखी हैं, जिनमें उनका नाम ही नहीं है। कहने पर वे इस बात को नकार जाते हैं, परंतु इसके पीछे बहुत बड़ा त्याग है।" कृष्णदेव प्रसाद गौड़ के बाद कृष्णचंद्र बेरी ही वे शख्स हैं, जो मेरे दूसरे निर्माता थे। मैं उन्हें अपने जीवन में आनेवाला दूसरा कृष्ण समझता हूँ। वो मुझे नहीं छापते तो मेरा लिखा पाठकों तक नहीं पहुँचता। लेकिन उन्होंने यह सच लिखा है। इसे मैं स्वीकार नहीं करना चाहता था, क्योंकि जिनके नाम से मैंने पुस्तकें लिखी थीं, उनसे पत्रम्-पुष्पम् मैंने प्राप्त किया था। यही मेरे प्रछन्न लेखन का कारण था। आज भी मैं उनमें से एक भी नाम उजागर नहीं करूँगा। चूँकि अपने बारे में बता रहा हूँ तो ईमानदारी भी जरूरी है।

केवल पेट की खातिर ही नहीं, हिंदी साहित्य को जिंदा रखने के लिए भी मैंने प्रछन्न लेखन किया है। साहित्य की संस्था 'प्रसाद परिषद्' और 'नागरीप्रचारिणी सभा' से जुड़े नामी-गिरामी साहित्यकारों के लिए मैंने प्रछन्न लेखन किया। यहाँ मेरा लेखन मजदूरी में तब्दील हो गया। 'प्रसाद परिषद्' को चलाने के लिए धन की आवश्यकता थी, लेकिन वह आए कहाँ से? तय हुआ कि प्रत्येक लेखक अपनी रॉयल्टी देकर इसे जीवित रखेगा, साहित्य को आगे बढ़ाएगा और हिंदी साहित्य की विकास-यात्रा को सुगम बनाएगा। विभिन्न लेखकों के नामों से छपी पुस्तकें मैं लिखता था। उससे जो रॉयल्टी आती थी, वह 'प्रसाद परिषद्' को चलाने के काम आती थी। यानी बड़े लेखक अपनी मूल पुस्तकों की रॉयल्टी 'प्रसाद परिषद्' को दान में नहीं देते थे, बल्कि मुझसे अपने नाम पर जो पुस्तक लिखवाते थे, उसकी रॉयल्टी 'प्रसाद परिषद्' को जाती थी। एक समय था जब केवल मेरे प्रछन्न लेखन से ही साहित्य की यह संस्था चल रही थी। इसका जिक्र कृष्णचंद्र बेरीजी ने अपनी आत्मकथा 'प्रकाशकनामा' में किया भी है। मैंने सोचा, उन्होंने वर्षों पहले जब इसका जिक्र कर ही दिया है तो आज मैं कर ही देता हूँ।

'नागरीप्रचारिणी सभा' में भी कई विद्वान् मेरे प्रछन्न लेखन के कारण कई पुस्तकों के लेखक व संपादक बने। इससे मेरी साहित्यिक मंडली को विस्तार मिला, लेकिन यह सच है कि हिंदी की राजनीति में भी मैं उतना गहरा धँसता चला गया। हिंदी की राजनीति के कारण करीब 20 वर्षों तक मैं लेखन से एकदम कट गया। कह सकते हैं कि प्रछन्न लेखन के कारण मेरी रगड़ाई हुई, लेखन का मेरा रियाज बढ़ा, साहित्यिक मंडली की अड़ी शुरू हुई, लेकिन साथ-ही-साथ यह भी सच है कि मेरी लेखनी एकदम से गूँगी हो गई।

जिन लोगों ने साहित्य में केवल 'लॉबिंग' की है और इस 'लॉबिंग' के कारण

बड़े साहित्यकार के रूप में प्रतिष्ठा हासिल की है, उन्होंने साहित्य से केवल लिया है—पुरस्कार, राशि, सम्मान। उनका सबकुछ इस साहित्य से लेना ही है, देना कुछ नहीं। लेकिन जो लोग 'लॉबिंग' से बहुत दूर कलम घिसते रहे हैं, उन्होंने थोड़ा-बहुत साहित्य को दिया ही है, लेने के लायक तो उन्हें समझा ही नहीं गया है। यह हिंदी साहित्य की वह क्रूर सच्चाई है, जिससे बड़े-बड़े साहित्यकार कन्नी काटकर निकल जाते हैं, लेकिन सच तो आखिर सच ही होता है।

□

अपनी रचना प्रकिया के संबंध में लिखने का मतलब है, अपने बनाए आईने के सामने खड़े होने का खुद अहसास करना। और मेरे लिए ऐसा अहसास गैर मामूली, रोमांचक और झंझटों में डालनेवाला है। पहली बात यह है कि मैं आईना साज नहीं, आईना बनानेवाला भी नहीं। कभी खड़ा भी हूँ तो दूसरों के आईने के सामने। उसी में अपनी सूरत देख ली। लोग कहते हैं, जैसी सूरत होती है, वैसी ही आईने में दिखाई देती है, पर मेरे मामले में सदा उलटा हुआ है। जैसा आईना रहा, वैसा ही मैं लोगों को दिखाई दिया। ये तमाम आईने मुझे अपने ही ढंग से उपस्थित करते रहे।

किसी आईनासाज के आईने में मैं सामग्री प्रवृत्तियों का चितेरा दिखाई दिया, तो किसी में इतिहास रस का संग्राहक या पौराणिक संदर्भ का पुनः लेखक। किसी आईनेसाज ने बेलौस डिक्लेयर कर दिया कि मनु शर्मा नाम का जो तथाकथित कथाकार है, वह यथार्थ से दूर, कल्पनाजीवी और वायवीय स्वप्नों को बटोरनेवाला है। उसमें जनवाद का एक भी 'स्पार्क' या चिनगारी नहीं। किसी आईने में मैं किसी के पीछे खड़ा दिखाई दिया तो बहुत से लोग मेरे पीछे भी खड़े दिखाई दिए।

दूसरा बनना मुझे अभीष्ट भी नहीं। आईनासाजी करूँ, इससे अच्छा है उस समय में अपनी ही सूरत थोड़ी तराश लूँ। सूरत बनती जाएगी तो मैं बनता जाऊँगा। मैं रहूँगा तो आईने बहुत मिलते जाएँगे। सोचता हूँ, कुछ रचनाकार ऐसे भी रहे हैं, जिन्होंने अपनी सूरत के साथ-साथ स्वयं को देखने के लिए आईना भी बनाया, जैसाकि जॉर्ज बर्नार्ड शॉ ने किया। एक लंबी भूमिका, शायद कृति से भी लंबी भूमिका में स्वयं को और अपने तथा कृति के बीच के सभी संदर्भों को व्याख्यायित किया और उसके पीछे एक कालजयी रचना चिपका दी। कदाचित् शॉ को यह अनुभव हुआ कि वह धारा से अलग अपनी नाव खे रहा है। इसी से उसने अपने पाठकों को वह आईना दिया, जिसमें उसकी दृष्टि देखी जा सकती है। मैं ऐसा प्रतिभासंपन्न कालजयी रचनाकार नहीं। रह गई कृतियों की बात, यह तो

कालदेवता ही निश्चित करेगा कि मेरी कोई कृति, वह अपनी अलमारी में रखने लायक समझता है या नहीं, या सभी को रद्दी की टोकरी में फेंक देता है।

फिर सवाल उठता है, मैं क्यों लिखता हूँ? ऐसा सवाल हर रचनाकार के सामने उठा होगा। मैक्सिम गोर्की के सामने जब उठा तो उसने सीधा जवाब दिया कि 'मेरी चारों ओर की परिस्थितियाँ मुझे लिखने के लिए विवश करती हैं।' प्रेमचंद ने कहा, 'मैं तो नदियों के किनारे का नरकुल हूँ, मेरी आवाज उन हवाओं की आवाज है, जो मुझसे होकर गुजरती हैं।'

मैं नहीं जानता कि कोई हवा मुझसे होकर गुजरती है या नहीं, पर इतना सही है कि जब मैं लिखने बैठता हूँ तब मेरे भीतर कुछ बजता जरूर है।

मैक्सिम गोर्की की तरह चारों ओर की परिस्थितियों ने कम, पर मेरी परिस्थितियों ने लिखने के लिए मुझे ज्यादा विवश किया। मेरी परिस्थिति अर्थात् रोटी की समस्या। शायद यही वजह रही कि मेरे पुस्तकीय लेखन की यात्रा नोट्स, कुंजियाँ, प्रश्नोत्तरी आदि लिखने से आरंभ हुई। इस बीच अखबारी लेखन भी चलता रहा।

अखबारी लेखन जब मैं कहता हूँ तो उसे व्यवस्थित लेखन से अलग करता हूँ। अखबारी लेखन डिमांड और सप्लाई का परिणाम है। मौसम के मुताबिक लेखक की बुलबुल चहकती है। बसंत का मौसम है, तो बसंत पर लेख चाहिए, स्वतंत्रता दिवस या गणतंत्र दिवस है, तो उस पर एक लेख चाहिए। जनमाष्टमी या रामनवमी का त्योहार हो तो इन महापुरुषों के स्तवन में लेख जरूर चाहिए। कभी ऐसी भी परिस्थिति आई कि एक अखबार के एक ही अंक में दो-दो लेख लिखे। यहीं से मेरे अन्य उपनामों की पैदाइश हुई। 'अंजनी नंदन शर्मा', 'कपीश शर्मा', 'पवन पुत्र', 'संकटमोचन' नाम अस्तित्व में आए। 'अंजनी शर्मा' नाम से अनेक निबंध लिखे। 'कपीश शर्मा' बनकर चंबल के डाकुओं पर लंबा और कई किस्तों में रिपोर्ताज लिखा। 'पवन पुत्र' के नाम से आकाशवाणी के प्रसारणों की आलोचनाएँ लिखीं। 'संकटमोचन' की तो अलग कहानी ही है।

सूर की तरह मेरे लिए हर सवेरा एक रचना के प्रसव की वेदना लेकर आता है। अंतर यही है कि सूर ने अपने पदों का अर्घ्य लीला बिहारी भगवान श्रीकृष्ण के चरणों में चढ़ाया और मैं अपनी व्यंग्य रचनाओं में हज्जाम न होकर भी किसी-न-किसी की हजामत बनाता हूँ। इन हजामतों की चर्चा विधानसभाओं और संसद् में भी हो चुकी है।

अखबारी लेखों की जीवन सीमा बड़ी छोटी होती है। संदर्भ गुजरा कि वे

बासी पड़े। कोई लेख यदि आप गुरुनानक के संबंध में लिखें और वह किसी कारणवश न छपे तो वह निष्प्राण होकर आपकी निजी फाइल में पड़ा-पड़ा मौसम की प्रतीक्षा करेगा। फिर गुरुनानक जयंती आए और फिर खटमल जैसे चतुर्थ श्रेणी के जीवों की तरह मौसम की अनुकूलता शायद उसमें प्राण रस भर दे!

मौसमी उपज होने के कारण अखबारी लेखन गैर अखबारी लेखन से बहुत कुछ भिन्न किस्म का होता है, गोया दो कॉलम का, तीन कॉलम का और बहुत अधिक हुआ तो चार कॉलम का। इससे बड़े लेख के लिए अखबार में गुंजाइश नहीं। जहाँ आपने इससे बड़ा लेख दिया, संपादक की कलम-कैंची उसे छाँटने के लिए चली। संपादक भी बड़ा विचित्र जीव होता है। हर विषय में टाँग अड़ाता है··· और कभी आवश्यक छाँट देता है और कूड़ा रख छोड़ता है। इन्हीं कारणों से अखबारी संदर्भों पर जनमी बहुत कम रचनाएँ साहित्य की स्थायी निधि हो सकीं। उनसे न तो ऐसी अपेक्षा थी और न उनमें ऐसी सामर्थ्य ही।

किसी जमाने में 'सरस्वती' में छपना हिंदी का साहित्यकार होने का प्रमाण-पत्र था। आज तो बहुत सी पत्रिकाएँ हैं, रंग-बिरंगी और नयनाभिराम छपाईवाली। करोड़ों की ऑटोमेटिक मशीनें इन्हें छापती, मोड़ती और बाजार के लिए घंटे भर में हजारों की संख्या में जन्म देती आपको दिखाई भी पड़ जाएँगी, पर ऐसी स्तर की नहीं, जिनमें छपनेवाले को साहित्य के बाजार का रत्न कहा जा सके। जिसका जुगाड़ बैठा, वही छपने लगा। बड़ी पत्रिका में छपा तो बड़ा लेखक, छोटी पत्रिका में छपा तो छोटा लेखक। लेखक का स्तर नहीं, अब स्तर केवल पत्रिका का रह गया है। इसी से ऊँची दुकान पर फीके पकवानों से भरी आज की पत्रिकाएँ ड्राइंगरूम की शोभा हैं। कुछ समय तक हमें उलझाए रखने में समर्थ हैं, पर चिंतन के लिए बहुत कम सामग्री देती हैं।

विस्तार की दृष्टि से लघु विधाओं—कविता और कहानी के संदर्भ में मेरी बात किसी सीमा तक झुठलाई जा सकती है। ऐसी कहानियाँ और कविताएँ पत्रिकाओं में मिल सकती हैं। जो आगे चलकर साहित्य में अपना स्थान बना लें। किंतु सोचता हूँ कि आज की अनेक अमर रचनाएँ भी पत्रिकाओं में स्थान नहीं पा सकी थीं। निराला की 'जूही की कली' वापस ही चली आई थी। लघु विद्याओं के अतिरिक्त उपन्यास और नाटकों के लिए न तो इन पत्रिकाओं में स्थान है और न अवसर।

बात रास्ते से भटक गई। मैं कहना चाहता था कि कितने लोग 'सरस्वती' में छपते थे। आज जब पुरानी फाइलें देखता हूँ तो ऐसे नामों की फेहरिस्त आती

है, जिनमें अधिकांश पता नहीं कहाँ उड़ गए। कालदेवता ने बहुत कम रचनाएँ सुरक्षित कीं। इसमें नियति की निष्ठुरता का दोष नहीं, दोष है उन परिस्थितियों और योजनाओं की अस्थिरता का, जो अखबारी लेखन के मूल में है।

□

मेरा पाठ्य-पुस्तकेत्तर लेखन पत्रों के माध्यम से ही आरंभ हुआ। सन् 1945 में 'पाखंड खंडिनी पताका' पत्रिका के दीपावली विशेषांक में मेरा पहला लेख प्रकाशित हुआ। संपादक महोदय ने संपादकीय पृष्ठ पर ही मेरा लेख छाप दिया। नाम भी दिया। उत्साह बढ़ा। इसके बाद कुछ दिनों के लिए मिर्जापुर से पुनः 'मतवाला' का प्रकाशन शुरू हुआ। यह वही 'मतवाला' पत्रिका थी, जिसके संपादक महाकवि निराला थे। मैंने एक लंबी कविता प्रकाशनार्थ भेजी। वह पूरी कविता तो नहीं छपी, लेकिन इसकी कुछ पंक्तियाँ छप गईं, जिससे मेरा उत्साह लेखन को लेकर और बढ़ा।

मैंने तो मिट्टी का ढेला फेंका था, टूटकर उसके कुछ अंश तितली के पंख पर चिपक गए। अब मैं उसके पंख को ही देखता रह गया। मेरे किशोर 'अहं' को कभी-कभी ऐसा भी लगता कि मेरी फेंकी मिट्टी के कणों के चिपकने से ही तितली के पंख इतने खूबसूरत हो गए हैं। बहुत दिनों तक वह पत्रिका मैं बहुतों को दिखाता रहा। अपने मुँह मियाँ मिट्ठू बनता रहा।

यह सब हाईस्कूल पास करने के पहले की बात है। हाईस्कूल परीक्षा देने के बाद ही कुछ व्यवस्थित लिखने की सोचने लगा, पर लिखूँ कहाँ? क्या लिखूँ? कुछ समझ में नहीं आया। बहुत सारी कविताएँ लिखीं। पत्रों में भेजीं पर इस बार मिट्टी के फेंके गए सभी ढेले व्यर्थ गए, कोई तितली के पंख पर नहीं लगा, सब मिट्टी में गिरकर चूर होते रहे। इसका मतलब यह नहीं था कि वे रचनाएँ स्तरीय नहीं थीं, बस यही समझिए कि संयोग नहीं बैठा। साथ ही 'अहं' भी नष्ट हो गया। महाकवि बनने का स्वप्न चूर हो गया, नादान बच्चे के हाथ से मोतीचूर का लड्डू छूटकर बिखर गया।

फिर मैं गद्य की ओर बढ़ा। 'जहाँ भगवान् शंकर मंदिरों में थर्मस-फ्लास्कों में बंद हैं' शीर्षक से बनारस की गलियों पर एक लेख लिखा। वह 'आज' में छपा, तो लेकिन लेख के साथ मेरा नाम नहीं छपा। लेख छपे पर लेखक का नाम नहीं, यह लगभग वैसा ही है, जैसे विवाह हो पर विदाई के लिए दरवाजा सदा के लिए बंद कर दिया जाए।

मैंने पत्र लिखकर संपादक महोदय से अपनी व्यथा व्यक्त की। दूसरे अंक

में 'भूल सुधार' में मेरा नाम छपा। यह बात 1948-49 की है। इन्हीं दिनों मैंने एक कहानी लिखी और उस समय की कहानियों की बहुचर्चित पत्रिका 'माया' में प्रकाशनार्थ भेजी। कुछ दिनों बाद कहानी बिना छपे लौट आई। दुःखी हुआ। उस कहानी को मैंने कई बार पढ़ा। 'माया' में प्रकाशित अन्य कहानियों के स्तरों से उसे मिलाया। फिर मन ने कहा कि तुम्हारी कहानी के स्तर में कमी नहीं है, पर कहानी प्रकाशनार्थ भेजने की प्रक्रिया का स्तर काफी नीचा है। मैंने उसी कहानी का शीर्षक बदलकर उसे टाइप कराया। एक बात और। मैंने सोचा, यह मेरा औपचारिक नाम हनुमान प्रसाद शर्मा—मनहूस भी है और बहुत बड़ा भी। बस तत्क्षण मैंने इसे अपने साहित्यिक कर्तृत्व से निकाल फेंकने का संकल्प लिया।

मेरे जीवन के संकट को देखकर प्रलय से बचे जिस मनु महाराज के नाम पर मेरी माँ ने मेरा नाम मन्नू रखा था, उसी के आधार पर मैं 'मनु शर्मा' हो गया। मेरी माँ का यह पुकारू नाम मेरा साहित्यिक नाम बन गया। उस कहानी पर मेरा यही नाम गया और वह कहानी छपी। फिर क्या था! एक अकिंचन की आँखों में करोड़पति होने का संकल्प समा गया। मैं कथाकार बनने का सपना देखने लगा।

एक सामर्थ्यहीन स्वप्नजीवी की स्थिति विषदंतहीन सर्प से कहीं ज्यादा खराब होती है। मेरा सारा सामर्थ्य रोटी चूस लेती थी। बचपन से ही मेरे सामने रोटी का सवाल था। माता-पिता और मैं सब मिलकर उसका जुगाड़ करते थे। 'वारे से ललात बिललात द्वार-द्वार दीन'—तुलसीदास की तरह बचपन से ही द्वार-द्वार बिललाने की स्थिति तो नहीं आई, क्योंकि मूल नक्षत्र में जन्म के बाद भी माता-पिता द्वारा मैं त्यक्त नहीं था। उनका भरपूर प्रेम लेकर मेरा कर्तृत्व रोटी के पीछे दौड़ता रहा।

□

मेरे गुरु बेढबजी उन दिनों एजुकेशन एक्सपैंशन बोर्ड के सदस्य थे। पुस्तकों की सरकारी खरीद होती थी। प्रकाशकों ने देखा कि यदि मेरी पुस्तक छापी जाए तो वह बोर्ड द्वारा जरूर खरीद ली जाएगी। फलतः प्रकाशक मेरा द्वार खटखटाने लगे। शायद ही किसी नए लेखक को ऐसा सुखद संयोग मिला हो। फिर क्या था, मैं लेखक हो गया। हर साल मेरी पुस्तकें एक के बाद एक आने लगी।

मेरे पहले प्रकाशक कल्याणदास थे। वह डी.ए.वी. में ही प्रवक्ता थे। चौक पर ही उनका प्रकाशन था। आज भी चौक पर उनकी दुकान है। मेरा पहला उपन्यास सन् 1955 में 'राणा सांगा' आया, जिसे कल्याणदासजी ने छापा। इसे एजुकेशन एक्सपैंशन बोर्ड ने खरीदा, बाद में इस किताब को राजस्थान सरकार के पाठ्यक्रम में भी शामिल किया गया। अगले ही साल सन् 1956 में 'शिवानी

का आशीर्वाद' लिखा, जो छत्रपति शिवाजी महाराज के जीवन पर आधारित था। शिवानी उनकी कुलदेवी थी, जिनका आशीर्वाद शिवाजी पर बराबर बना रहा। सन् 1957 में 'तीन प्रश्न' और 'बप्पा रावल' जैसा ऐतिहासिक उपन्यास आया। चार वर्ष में चार पुस्तकें आ गईं। इनमें 'तीन प्रश्न' और 'बप्पा रावल' चर्चित होकर उसी वर्ष उत्तरप्रदेश सरकार द्वारा पुरस्कृत भी हुई।

इसके बाद बेढबजी एजुकेशन एक्सपेंशन बोर्ड के सदस्य नहीं रहे। फिर कोई प्रकाशक क्यों मेरे यहाँ आता? पहले वे छापने के लिए पांडुलिपि भी माँगते थे और दावतें खिलाते थे। अब संबंध केवल दावतों तक ही रह गया। दुकानदारी उजड़ चुकी थी। अजीब स्थिति है। हिंदी की किसी कृति के प्रकाशन के मूल में उसकी 'मेरिट' नहीं, वरन् उसके विक्रय की संभावना देखी जाती है। लेखक का सीधा रिश्ता दर्द से है। विचार के जन्म से पूर्व की अभिव्यक्ति की छटपटाहट से है पर प्रकाशन का सीधा रिश्ता उसके व्यवसाय से है।

□

सातवें दशक में मैंने 'द्रौपदी की आत्मकथा' (1974) से 'महाभारत' श्रृंखला के उपन्यासों की शुरुआत की थी। इसके बाद 'द्रोण की आत्मकथा' (1976), 'कर्ण की आत्मकथा' (1978) और आठ खंडों वाले 'कृष्ण की आत्मकथा' (1992–2005) होते हुए 'गांधारी की आत्मकथा' (2006) पर जाकर समाप्त हुई। 'महाभारत' के चरित्रों को मैंने अपने लेखन के लिए क्यों चुना और मैं 'महाभारत' में क्यों डूबता चला गया, इसकी एक अलग कहानी है।

मेरी रचना प्रक्रिया में 70 का दशक एक गति लेकर आया था, जो सन् 2006 तक अनवरत जारी रहा था। इस कालखंड में 'के बोले माँ तुमि अबले' (1977), 'एकलिंग का दीवान' (1980), 'अभिशप्त कथा' (1982), 'मरीचिका' (198 4), 'विवशिता' (1996), 'लक्ष्मण रेखा' (1995), 'गांधी लौटे' (1995) आदि रचनाओं ने 32 साल तक मेरे लेखन को जिंदा रखा।

इस दौर में 'मरीचिका' को अच्छी प्रसिद्धि मिली। यह उपन्यास पौराणिक व ऐतिहासिक संदर्भों से हटकर, एक बड़े फलक पर अपने जिए और भोगे का ही चित्रांकन है। 'जयनाथ की आत्मकथा' नाम से धारावाहिक के रूप में यह तब 'सन्मार्ग' अखबार में भी छपता था। लोगों को बेसब्री से इसका इंतजार रहता था। लेकिन बाद में उस अखबार का अस्तित्व ही डगमगाने लगा और यह धारावाहिक रुक गया। लोगों ने बहुत कहा कि उस अधूरे उपन्यास को पूरा कर दूँ। सोचते-सोचते सन् 1984 का साल आ गया, तब जाकर यह उपन्यास पूरा हुआ।

पहले यह उपन्यास एक ही खंड में 'मरीचिका' नाम से आया था, लेकिन पाठकों ने कहा कि यह अधूरा लगता है, जिसके बाद मैंने इसे पूर्ण करने के लिए इसके विस्तार का निर्णय लिया। इसका विस्तार करते हुए इसके तीन खंड-'घरौंदा', 'समय साक्षी है' और 'विभाजित सवेरा'—नाम से बाजार में आए। 'मरीचिका' को इन तीनों में ही समाहित कर दिया गया। इसके बाद इसका कैनवास बड़ा हो गया।

ये तीनों उपन्यास सन् 1936 से लेकर 26 जून, 1975 के कालखंड को समेटे हुए। आजादी की लड़ाई से लेकर आपातकाल तक देश और खासकर बनारस में स्वराज की लड़ाई, देश का बँटवारा, सांप्रदायिक दंगे, भारत-चीन व भारत-पाकिस्तान युद्ध, लोकतंत्र पर आपातकाल की जंजीर—जैसी ऐतिहासिक घटनाओं का देखा-भोगा अनुभव का चित्रण ही इन तीनों उपन्यासों का कथानक है।

इसमें बनारस के अद्भुत चरित्रों को लिया गया है। यह चरित्र आज भी सजीव हैं और उस समय साकार भी थे। जहाँ तक कथा के गुंथन का सवाल है, तो मेरे चरित्र की छाया इसमें उतनी ही है, जितनी उस समय के बनारस के सामाजिक, राजनीतिक और आर्थिक जीवन की। अंग्रेजी अखबार 'द हिंदू' में इस उपन्यास की चर्चा करते हुए प्रभाकर माचवे ने लिखा, "यह उपन्यास इतना सजीव न होता यदि लेखक ने आजादी की लड़ाई में सक्रिय भूमिका न अदा की होती और जेल न गया होता।" जबकि सच यह है कि लेखक कभी जेल नहीं गया। इस उपन्यास की यही सजीवता है।

'मरीचिका' लिखने से बहुत पूर्व अज्ञेय की 'शेखर एक जीवनी' मैंने पढ़ी थी। यदि अनजाने में भी उसका प्रभाव उपरोक्त तीनों उपन्यास में आ गया हो तो मैं इसे अस्वीकार भी नहीं करता। यह उपन्यास आत्मकथात्मक है, इसलिए यह भ्रम हो सकता है कि इसका कथानायक मैं ही हूँ। वस्तुतः ऐसा है नहीं। बीच-बीच में कहीं-कहीं मेरे जीवन के दर्शन हो जाते हैं। बचपन का कालखंड ऐसा है, जो सभी बच्चों का लगभग बराबर होता है। सभी बच्चे घरौंदे बनाते थे, खेलते थे, लड़ते थे, झगड़ते थे, फिर दूसरे ही दिन मित्र बन जाते थे। जितने प्रेम से घरौंदे बनाते थे और बनाने के बाद उन्हें जो आनंद आता था, उससे कम आनंद हल्ला मचाकर घरौंदे तोड़ देने में नहीं आता था।

वे अपनी जेबों में शीशे के रंगीन टुकड़े जिस ममत्व से इकट्ठा करते हैं और मूल्यवान समझते हैं, बड़े लोग रत्नों को भी इतने ममत्व से इकट्ठा नहीं करते। यह आज के इलेक्ट्रोनिक खिलौने से खेलने और टेलीविजन पर कार्टून देखनेवाले

बच्चों की बात नहीं है। यह उस युग की बात है, जिसका चित्रण 'मरीचिका' करती है। इसे मेरा जीवन समझ सकते हैं, दूसरों का भी और चुलबुले नटखट बच्चे का भी। हाँ, इसका विस्तार करने के लिए कई काल्पनिक पात्र गढ़े गए हैं। टिपिकल दिखाई पड़नेवाले यह चरित्र अपने युग के टाइप्ड चरित्र हैं। इन टाइप्ड चरित्रों को इतिहास की वास्तविक घटनाओं के बीच विस्तार दिया गया है।

□

इसी दशक में मैंने 'अभिशप्त कथा' नामक उपन्यास लिखा था, जिसकी पृष्ठभूमि देव-असुर संग्राम की है, लेकिन सत्ता के लिए जिस जघन्य कृत्य को आज भी दोहराया जा रहा है, उसने इस उपन्यास को पाठकों का बेहद प्रिय बनाया। इस उपन्यास में देवासुर संग्राम के विस्तृत फलक पर कच व देवयानी की प्रेमकथा आगे बढ़ती है। कच देवगुरु बृहस्पति का पुत्र है तो देवयानी असुर गुरु शुक्राचार्य की पुत्री। दूसरी ओर अपनी सत्ता को बचाने के लिए देवराज इंद्र ने असुर गुरु शुक्राचार्य को अपनी पुत्री जयंती को सौंप दिया था तो असुरराज वृषपर्वा ने अपनी पुत्री शर्मिष्ठा को भी उनकी सेवा में लगा रखा था। सत्ता और सिंहासन के लिए अपनी पुत्री तक को समर्पित करने की जघन्य प्रवृत्ति क्या आज भी प्रासंगिक नहीं है ? इसलिए पौराणिक होते हुए भी इस उपन्यास का विषय समीचीन है।

'अभिशप्त कथा' को लिखने के लिए वेद, महाभारत, ब्रहांड पुराण, वायु पुराण और मत्स्यपुराण का अध्ययन जरूरी था, ताकि संदर्भ के साथ चरित्र का विकास किया जा सके। 250 वैदिक सूक्तों में इंद्र की प्रख्याति है। वैदिक इंद्र सार्वभौमिक सम्राट् था, सोमपान का प्रेमी था, पर वह नैतिक शासक नहीं था। पौराणिक परिकल्पना में वह और भी अनैतिक हो गया था। वहीं देवगुरु बृहस्पति और दैत्य गुरु शुक्र दोनों नीतिज्ञ थे, दोनों देववर्णी थे, किंतु शुक्र ने सोम की मादकता में अपनी नैतिकता डुबो दी थी। सुरा व सुंदरी से खेलती हुई उनकी वासना आसुरी हो गई थी। वहीं 'काम' देवपुत्र है, लेकिन अपवित्र नहीं। सृजन तत्त्व के मूल में वह है। जब से अनंग हुआ, वह भी प्रभावशाली हो गया। वह हमारी प्रत्येक वृत्ति को प्रभावित करता है, तभी तो मशहूर मनोविश्लेषक सिग्मंड फ्रायड ने कहा है कि 'मनुष्य अपने अवचेतन और यौन का दास है।'

यही काम जब आसुरी प्रवृत्ति से जुड़ता है तब वह निकृष्ट हो जाता है। स्मरण रहे, व्यक्ति नहीं, उसकी प्रवृत्ति जुड़ती है। जब इंद्र अहिल्या के उटज में गया था, तब भी वह देवराज था, पर अपनी कुत्सित प्रवृत्ति के कारण वह असुरों से भी नीचे गिर चुका था। उस समय का इंद्र आज के समाज का आदि बलात्कारी

लगता है। दरअसल सुर व असुर दो संस्कृतियाँ थीं, लेकिन आज इसे मानवीय प्रवृत्तियाँ मान लिया जाए तो आपत्ति नहीं होगी।

इन्हीं संदर्भों और उससे निकले अपने निष्कर्षों के आधार पर कच-देवयानी की बहुचर्चित कथा को 'अभिशप्त कथा' में मैंने पुनः बुनने की चेष्टा की। कथा पुरानी है, पर बहुत कुछ आधुनिक भी है।

□

मेरा एक और दूसरा उपन्यास 'एकलिंग का दीवान' भी 80 के दशक में आया था। एकलिंग के दीवान बप्पा रावल के संबंध में अब तक कोई शिलालेख या ताम्रपत्र प्राप्त नहीं हुआ है, जिसके आधार पर कुछ निश्चित कहा जाए। केवल अजमेर में एक स्वर्ण मुद्रा मिली है, जिसमें दोनों ओर कुछ आकृतियाँ बनी हैं और उस समय की लिपि में 'श्री बप्पा' लिखा है। ओझाजी की पुस्तक 'राजपूताने का इतिहास', टाड साहब के 'एनल्स एंड एंटीक्वीटी ऑफ राजस्थान', पृथ्वी सिंह मेहता कृत 'हमारा राजस्थान', आशीर्वादी लाल श्रीवास्तव की 'दिल्ली सल्तनत' जैसी ऐतिहासिक पुस्तकों की सहायता और दंत कथाओं के जरिए मैंने 'बप्पा रावल' के व्यक्तित्व को उकेरने का प्रयास किया।

मुझे आश्चर्य तब हुआ कि आज भी राजस्थान के बाहर के लोग 'बप्पा रावल' के बारे में कम ही जानते हैं। मेरे प्रूफ रीडर ने जब इस पुस्तक की पांडुलिपि देखी तो उसे लगा कि 'एकलिंग का दीवान' में दीवान का कोई मतलब नहीं है। संभवतः वह 'दीवाना' है, जिसे मैंने गलती से 'दीवान' लिख दिया है। उसने काटकर पूरी पांडुलिपि में 'दीवान' को 'दीवाना' कर दिया और उपन्यास का नाम हो गया, 'एकलिंग का दीवाना'। पढ़कर मैं क्रोधित हुआ, हँसा भी और आश्चर्यचकित हुआ कि भारत के लोग अपने इतिहास से क्यों कोई मतलब नहीं रखते! मैंने जिन ऐतिहासिक चरित्रों को विकसित कर उपन्यास के जरिए अभिव्यक्त किया है, उसका एक मकसद तो यही रहा है कि हमारी अगली पीढ़ी केवल परीक्षा में नंबर लाने के लिए इतिहास न पढ़े, वरन् रुचि लेकर इतिहास पढ़े। यदि मेरे उपन्यासों के जरिए उसकी इतिहास अभिप्सा जगती है तो संभव है वह मूल इतिहास की पुस्तकों को खोजने का प्रयास भी करे। मेरे ऐतिहासिक उपन्यासों की यही सफलता है।

□

उपन्यास 'विवशिता' 90 के दशक का एक उपन्यास है, जिसे सराहा भी गया और उसकी आलोचना भी खूब हुई। यह नायिका प्रधान उपन्यास है, लेकिन

मैं इसको अपनी प्रतिनिधि रचना नहीं मानता। इसकी रचना उस काल में हुई थी, जब एच.आई.वी संक्रमण की चर्चा पहले-पहल भारत में हुई थी। इसकी कथा समस्या प्रधान है। यदि कोई नारी किसी कारणवश एच.आई.वी. से संक्रमित हो जाती है तो उसके जीवन में एक सीमारेखा खिंच जाती है। यह सीमारेखा अदृश्य होती है और इस उपन्यास में भी अदृश्य है, जो अंत में दिखाई देती है।

कथा का गठन सहज है। स्वाभाविक है। वह न हम पर सवार होती है और न मैं उस पर। कथा में खुलापन होते हुए भी काफी गंभीरता है। सुलझा हुआ एक जीवनवृत्त आगे बढ़ता है जो अंत में असफल प्रेम-कथा में परिवर्तित हो जाता है। एक नारी अनजाने में एच.आई.वी. से संक्रमित हो जाती है, तब उसके जीवन की अदृश्य सीमारेखा दिखाई देती है कि वह जीवन में सबकुछ कर सकती है, परंतु प्रेम नहीं कर सकती है।

एक व्यक्ति उसके जीवन में बहुत निकट तक चला आता है। किंतु उसके आकर्षण का प्रतिदान वह नहीं कर पाती। वह बड़ी ही विनम्रता और विवशता से स्वीकार कर लेती है कि 'मैं तुमसे प्रेम नहीं कर सकती, क्योंकि तुमसे अत्यधिक प्यार करती हूँ। मेरा यह प्यार तुम्हें खतरे में नहीं डालता चाहता।'

बस यही विवशता है उस नायिका की। इतनी ही कथा है उस उपन्यास की। वस्तुत: यह उपन्यास किसी साहित्यिक रचना के लिए नहीं लिखा गया। यह माँग और पूर्ति का परिणाम है। टी.वी सीरियल के लिए एक छोटी रचना माँगी गई थी। मैंने उसी को ध्यान में रखकर इसकी रचना की। यह न लंबी कहानी है और न लघु उपन्यास। यह केवल एक नायिका का जीवनवृत्त है। इसके अधिकांश चरित्र सजीव हैं और यह समस्या भी आज की है। चूँकि उद्‌देश्य साहित्यिक नहीं था तो इस रचना को भी मैं साहित्यिक नहीं मानता हूँ।

□

अखबारी लेखन के साथ मेरी साहित्यिक यात्रा सन् 1950 के दशक में शुरू हुई। लेकिन प्रसिद्धि मुझे पौराणिक और ऐतिहासिक उपन्यास लेखन में ही मिली। ऐतिहासिक और पौराणिक कथाकार के रूप में पाठकों का चहेता मैं अवश्य रहा, लेकिन ऐसा नहीं है कि मैंने केवल ऐतिहासिक या पौराणिक उपन्यास ही लिखे, बल्कि सच यह है कि लेखन की हर विधा पर मैंने हाथ आजमाने का प्रयास किया और थोड़ा-बहुत सफल भी रहा।

मेरी कहानी 'हवा का रुख' मासिक पत्रिका 'आँधी' में छपी। इस पत्रिका के

संपादक बेढब बनारसी थे। इसके बाद कहानी संग्रह 'पोस्टर उखड़ गया' आया। इस संग्रह की 'उड़नाटोला', 'तेरा कौन है', 'चेहरा' और 'बागी' जैसी कहानियाँ खासी चर्चा में रहीं। जिसका गुरु बेढब बनारसी जैसा व्यंग्यकार हो, उससे व्यंग्य की विधा छूट जाए, ऐसा कैसे हो सकता है ? मेरी व्यंग्य रचना 'मुंशी नवनीतलाल' मैंने अपने गुरु को भेंट की थी। इसमें 'कैरिकेचर' और व्यंग्य कहानियों का संग्रह है। लोगों को आज भी यह भरोसा नहीं होता कि जिस मनु शर्मा ने आठ खंडों में 'कृष्ण की आत्मकथा' लिखी है, उसने ही 'मुंशी नवनीतलाल' लिखी, लेकिन मैंने अपने कई पाठकों के पत्रों का जवाब देते हुए कहा कि मैं बेढबजी का शिष्य हूँ, व्यंग्य विधा से कैसे पूरी तरह से कटा रह सकता हूँ ?

मैंने कविता भी खूब लिखी। मेरे कविता संग्रह 'खूँटी पर टँगा बसंत' को पाठकों ने खूब सराहा। 70 के दशक में 'जनवार्ता' अखबार में प्रतिदिन एक 'खबरदार' कविता लिखता था। यह व्यवस्था पर चोट करती व्यंग्य कविता होती थी, जिसे लोगों ने कार्टून कविता का नाम भी दिया। अपने जीवन में मैंने करीब सात हजार कविताएँ लिखी हैं।

हर लेखक आरंभ में कवि होता है। यह पुरानी मान्यता भी है और सत्य भी। सन् 1948 में लिखी कुछ पांडुलिपियाँ मुझे मिली हैं। मैंने उनका लेमिनेशन कराकर रख दिया है, जिससे मेरे बारे में लिखनेवालों के लिए वह सनद रहे और वक्त पर काम आए।

मूलतः मैं गद्य ही लिखता रहा हूँ। लिखता नहीं, वरन् लिखाया भी गया। किंतु जब मैं लेखन से थककर बगल में बिछी तख्त पर विश्राम के लिए ढुलक जाता हूँ या बीमार होकर पड़ा रहता हूँ अथवा रात में जब नींद टूटती है, पत्नी के निधन के बाद जब गप्प मारने के लिए कोई साथी नहीं रहता—तब कविता बनने का अनुकूल मौसम होता है।

वस्तुतः जब कोई अनुभूति हमारी संवेदना से टकराती है, तो एक चिनगारी-सी छूटती है। यही चिनगारी किसी कविता का बीज है। इसी से कविता की पौध तैयार होती है।

ऐसा सबमें नहीं होता। अनुभूति सबमें होती है, संवेदना भी रहती है, पर वह टकराहट सबमें नहीं होती। यदि टकराहट हुई भी तो सबमें अभिव्यक्ति की टकराहट नहीं होती।

दिल के किस्से कहाँ नहीं होते,
मगर हाँ, सबसे बयाँ नहीं होते।

भगवान् की उनपर बड़ी कृपा होती है, जिन्हें अभिव्यक्ति की शक्ति मिलती है। यह अभिव्यक्ति कोई भी माध्यम ले सकती है। जब वह सुर और ताल का माध्यम लेती है, तब संगीत का जन्म होता है। जब वह लय-ताल और मुद्राओं का माध्यम लेती है तब नृत्य का। यदि उसने रंग और रेखाओं का माध्यम लिया तो चित्रकार और यदि उसने भाषिक माध्यम लिया तो कविता पैदा होती है। मेरी कविता विश्राम और पीड़ा के समय पूर्व अनुभूतियों का परिणाम हैं।

यदि मैं अपने ललित निबंधों की चर्चा न करूँ तो शायद बात पूरी न हो। मेरी कथायात्रा की ट्रेन जब पटरी से उतरती है, या किसी स्टेशन पर खड़ी हो जाती है, तब उससे किसी विचार की पगडंडी पर स्मृति, ज्ञान और सूझ की आवारागर्दी की शुरुआत होती है। ऐसी आवारागर्दी के ही परिणाम हैं मेरे ललित निबंध। 'उस पार का सूरज' ऐसे ही 24 ललित निबंधों का संकलन है।

'उस पार का सूरज' की भूमिका में डॉ. विश्वनाथ प्रसाद ने लिखा है, ''मनु शर्माजी जब निबंध-यात्रा पर निकलते हैं, तब वह क्षेत्र भी उनका अपना होता है। कथा लिखते समय जैसे अपने पात्रों के साथ वे जीते हैं, उनका दुःख-सुख उनका होता है, वही स्थिति निबंधों के क्षेत्र में भी उनकी है। वे निबंधों को जीते हैं, भोगते हैं और रस लेते हैं। भावना के क्षेत्र में उनके यह निबंध उनके 'अपने' होते हुए भी 'सबके' लगते हैं।''

मैंने कहा न कि मेरे विचारों की आवारागर्दी चाहे जिस ओर चली जाती है, चाहे जिस सुख-दुःख से मुठभेड़ कर लेती है, कभी चलते-चलते रुक जाती है तो कभी तेज चलती है; दुनिया जिसे मेरे ललित निबंध के रूप में पढ़ती है, वह वही हैं, जिन्हें मैं रोज भोगता हूँ, जिससे गुजरता हूँ और जिससे मुझे आवारापन की हद तक प्यार है।

□

मैं लिखने से पहले कभी प्लाट नहीं बनाता, कभी कथानक नहीं सोचता। बस, जीवन में तैरती किसी समस्या को पकड़ लेता हूँ या वह समस्या स्वयं मुझसे टकरा जाती है। कलम लेकर बैठ जाता हूँ, वह समस्या खुद-ब-खुद अपने लिए कथानक का जामा बुनने लगती है। इस संदर्भ में एक घटना की चर्चा अप्रासंगिक न होगी। एक सरकारी विद्यालय में संस्कृत पढ़ानेवाले पंडितजी मेरे यहाँ आते हैं। आपातकाल में नौकरी बचाने के लिए अपनी नसबंदी कराने का झूठा प्रमाण-पत्र बेचारे को देना पड़ा था। इसके सालभर बाद ही उनकी पत्नी को बच्चा होने को हुआ। बेचारे मुँह छिपाते अपनी पत्नी को लेकर मेरे यहाँ चले आए। अस्पताल

में प्रसव हुआ। अब वह बच्चा मेरे लिए समस्या बन गया। इसी थीमं पर मेरी बहुचर्चित लंबी कहानी 'यह कहानी विमला की नहीं है' खड़ी हुई।

ऐतिहासिक और पौराणिक संदर्भ में लिखते हुए भी मैंने कथानक को पहले कभी नहीं सोचा। हाँ, उस काल को बड़ी गंभीरता से पढ़ा जरूर। इस अध्ययन के मध्य से ही ऐसे सूत्र निकल आए, जो कथानक की बुनावट में लगकर उसे आकर्षक बना गए।

जीवन को पढ़ना और उसके हर चित्र में ऐसा रंग भरना, जिससे उसकी विश्वसनीयता और उभर आए, यही मेरे लेखन का लक्ष्य रहा है। कथा के संदर्भ में मेरी मानसिकता एक प्रवहमान धारा की तरह रही है, जिसका काम मात्र बहना है, घाट बनाना नहीं। वे तो स्वयं बनते चलते हैं। घाट पर खड़े मेरे पाठक, जो मुझे देखते हैं, उन्हें अप्रतिहत तरंगायित प्रवाह के अतिरिक्त और कुछ नहीं दिखाई देता। यही प्रवाह मेरा अस्तित्व है, जीवन भी है और अस्मिता भी। इसीलिए मैं गतिशील होकर गति की स्थिरता भी हूँ। नित्य नवीन हूँ और पुरातन इतिहास से बँधा भी हूँ। हर क्षण मृत्यु के चंगुल में हूँ और अपनी धारा के साथ मौत को बहाए भी लिए चल रहा हूँ। मेरी रचनाधर्मिता मेरी इस प्रकृति से मुक्त कभी नहीं रही।

□

महाभारत ने बदल दी जिंदगी

चारों ओर की परिस्थितियाँ ही मेरे साहित्य की प्रेरणास्त्रोत हैं। मेरे भीतर वही आकर बसती है और मैं मुखरित होता हूँ। कोई भी साहित्यकार सामाजिक परिस्थितियों से अविभूत होकर ही लिखता है। जैसी परिस्थिति उसे मिलेगी, वैसा ही उसका साहित्य होगा। यह परिस्थितियाँ ही लेखन का फार्म भी निश्चित करती हैं और कथ्य भी। अब सवाल उठता है कि लेखन के लिए मैंने पौराणिक संदर्भ, खासकर 'महाभारत' ही क्यों चुना?

मेरे जीवन की एक घटना का प्रभाव मुझ पर ऐसा पड़ा कि मैं वेदव्यास कृत 'महाभारत' का ही होकर रह गया। एक बार बनारस के गांधीवादी नेता टी.एन. सिंह के साथ मैं दिल्ली गया। मेरे गुरु बेढबजी जैसा ही स्नेह टी.एन. सिंह मुझसे करते थे। बाद में टी.एन. सिंह उत्तरप्रदेश के मुख्यमंत्री और पश्चिम बंगाल के राज्यपाल भी बने।

मैं टी.एन. सिंह जी के साथ चक्रवर्ती राजगोपालाचारी जी से मिलने दिल्ली गया था। सन् 1950 के बाद चक्रवर्ती राजगोपालाचारी भारत सरकार में मंत्री बने थे। टी.एन. सिंह जी ने मुझे पूर्व सूचना दिए बिना ही राजाजी (चक्रवर्ती राजगोपालाचारी) से मेरी मुलाकात कराई। टी.एन. सिंह जी ने मेरा परिचय कराते हुए कहा, ''इनका नाम हनुमान प्रसाद शर्मा है। यह बेहद प्रतिभावान हैं। डी.ए.वी. कॉलेज की लाइब्रेरी में काम करते हैं।''

यह शब्द उनके लिए बड़ा प्रभावकारी था। उन्होंने तत्क्षण मुझसे पूछा, ''तब तो तुमने बहुत पढ़ा होगा।' रामायण और 'महाभारत' पढ़ा है कि नहीं?''

इतना सुनना था कि मेरे पैर की धरती खिसक गई। मैंने अपने को सँभालते हुए कहा, 'जी हाँ, मैंने वह रामकथा पढ़ी है, जिसे आपने लिखा है। मैंने 'महाभारत' की वह कथा भी पढ़ी है, जिसका लेखन आपने किया था।' वे

तत्क्षण बोल पड़े—"मेरा मतलब अपनी पुस्तकों से नहीं है। तुमने वाल्मीकि की रामायण और वेद व्यास का 'महाभारत' पढ़ा है कि नहीं।"

मेरे पास नहीं कहने के अलावा कोई चारा नहीं था। मेरी जुबान नहीं खुली। नकारात्मक ढंग से सिर हिलाने के सिवाए कुछ और नहीं था। चश्मे के भीतर से उनकी घूरती आँखें मुझे कुछ विशेष दिखाई दीं। तब उन्होंने धीर-गंभीर शब्द में कहा—"भारत में पैदा होकर जिसने वाल्मीकि रामायण और व्यास के 'महाभारत' को नहीं पढ़ा, उसने कुछ नहीं पढ़ा।"

राजाजी के इस वचन का मेरे ऊपर इतना प्रभाव पड़ा कि वाराणसी में आते ही मैंने इन ग्रंथों को पढ़ना शुरू कर दिया। मुझे लगा यह सिंधु ज्ञान हैं। इसमें जितनी डुबकी लगाई जाएगी, उतने ही रत्न मिलेंगे।

पहले मैं रामकथा पर ही लिखना शुरु करना चाहता था, लेकिन अचानक 'महाभारत' की ओर आकृष्ट हो गया, क्योंकि 'महाभारत' हमारे जीवन के काफी करीब है। 'महाभारत' काल की नैतिकता आज की नैतिकता के निकट है। महाभारतकार के विचार से यह काल द्वापर का अंत और कलियुग का आरंभकाल था। पुरानी दीवार गिर रही थी, नई का निर्माण नहीं हुआ था, पर नींव खुद रही थी। यह संक्रमणकाल था।

समाज तो कालग्रस्त था ही, तब समाज के उत्पाद, साहित्य, कला आदि इस संक्रमणता से कैसे बचे रहते? इस युग में रामायणकाल की अपेक्षा समाज काफी विकसित हो चुका था। अब किसी राम को पशु-पक्षियों की सहायता अपेक्षित नहीं थी। इस युग में मनुष्य के सहायक न गरुड़ हैं, न संपाती, न जामवंत और न हनुमान। महाभारत काल का मनुष्य रामायणकाल की अपेक्षा अधिक विकसित है, पर अधिक पतित भी। जीवन के सारे छल-कपट अपना चरम उत्कर्ष प्राप्त कर चुके थे।

कला और विज्ञान का विकास अपना ठोस आकार ले चुका था। वास्तु विज्ञान में यह विकास स्पष्ट दिखाई दे रहा था। लाख का घर बन सकता था, वह भी ऐसा कि पहचाना न जा सके। धरातल जलतल का और जलतल धरातल का भ्रम पैदा कर सकता था।

और फिर 'महाभारत' का एक-एक चरित्र मेरे भीतर बैठता चला गया। मैंने लिखना शुरू किया। उसी का परिणाम था—'द्रौपदी की अत्मकथा', 'द्रोण की आत्मकथा', 'कर्ण की आत्मकथा', 'कृष्ण की आत्मकथा' के आठ भाग

और आखिर में 'गांधारी की आत्मकथा'। 'महाभारत' मैं आत्मसात् कर गया, मैं उसे जी गया और यह सब राजाजी के एक प्रश्न से शुरू हुआ।

□

एक बात कहना चाहूँगा। मैंने लिया तो पौराणिक संदर्भ, पर आधुनिक जीवन से इसकी निकटता हर जगह दिखाई देगी। यथार्थवादियों को इसमें यथार्थ दिखेगा और प्रगतिवादियों को प्रगतिवाद। मैंने सुना है, इन्हें पढ़कर प्रयोगवादी भी निराश नहीं होते। मेरे जीवन का आदर्श तो इसमें चित्रित है ही।

इन रचनाओं को पुराण से संदर्भित होते हुए भी मैं इन्हें पौराणिक रचना नहीं मानता, बल्कि सांस्कृतिक रचना मानता हूँ। जहाँ तक इतिहास की पहुँच है, वे रचनाएँ ऐतिहासिक हैं—'शिवानी का आशीर्वाद', 'एकलिंग का दीवान' आदि। लेकिन जहाँ इतिहास की पहुँच नहीं है, फिर भी उसकी संभावना है, जैसे महाभारतकाल, उसे हम 'प्री-हिस्टोरिकल काल' कहते हैं। इसलिए इस काल की लिखी रचनाओं को मैं 'सांस्कृतिक उपन्यास' कहता हूँ।

मैं पौराणिकता और ऐतिहासिकता के बीच के काल का तीसरा अस्तित्व भी स्वीकार करता हूँ। जो इतिहास के पहुँच के भीतर है। उसे ऐतिहासिक भले कहा जाए, लेकिन जो ऐतिहासिकता की पहुँच से बाहर है, उसे हम 'प्रागैतिहासिक' (प्रीहिस्टोरिकल पीरियड) कहते हैं। कृष्ण मेरी नजर में पौराणिक काल के व्यक्तित्व नहीं हैं। इतिहास व पुरातत्वविद् द्वारका की खोज कर चुके हैं और काफी हद तक उन्हें वह मिल भी चुकी है। आज भी वे कृष्ण को प्रागैतिहासिक काल का ही मानते हैं, फिर पौरणिकता का जामा उन्हें क्यों पहनाया जाए? इसलिए कृष्ण काल पर लिखे अपने सारे उपन्यासों को मैं पौराणिक न मानकर सांस्कृतिक मानता हूँ।

□

आलोचक कहते हैं कि 'महाभारत' पर लिखने में आपकी मौलिकता क्या है? यह ठीक वैसा प्रश्न है, जैसे कोई तुलसीदास से यह पूछे कि राम पर तो वाल्मीकि रामायण पहले से ही थी, 'रामचरित मानस' के लेखन में आपकी मौलिकता क्या है? मौलिकता थीम में नहीं होती, रचनाकार में होती है और उसके चारों ओर के सामाजिक संदर्भों में होती है।

रचनाकार की अपनी कल्पना इन चरित्रों की वास्तविकता को स्खलित नहीं करती है। उल्टे रचनाकार की कल्पना इसमें विविध रंग भरती हैं। यदि न भरे तो

कृष्ण पर एक ही रचना होती, दूसरी क्यों आती? लेकिन सफल रचनाकार जिस चरित्र पर लिखता है, उस चरित्र की विशेषताओं को वह उभारता है। कल्पनाएँ रंग भरती हैं। कहीं-कहीं अदृश्य और धूमिल पड़ी रेखाओं को भी उभारती हैं, परंतु चरित्र के व्यक्तित्व को हल्का नहीं करतीं, बल्कि उसे और स्पष्ट करती हैं। यदि ऐसा न करें तो रचना अपने स्तर से गिर जाएगी। उसका कोई महत्त्व नहीं। काल देवता भी उसे अपनी रद्दी की टोकरी में फेंक देगा।

कृष्ण पर लिखी गई रचना यदि पाठक पर कृष्ण का प्रभाव नहीं छोड़ती तो व्यर्थ है। इसलिए लेखक की कल्पना उसके पात्र के व्यक्तित्व को और सँवारती है। यह बात सरासर गलत है कि हमारी काल्पनिकता हमारे पात्रों को बदरंग करती हैं। बल्कि उल्टा, उनमें रंग भरती और उभारती हैं। रचना में रचनाकार के व्यक्तित्व का भी प्रभाव पड़ता है। इसलिए एक रचनाकार की उसी पात्र से संबंधित रचना दूसरे रचनाकार की रचना से भिन्न होगी। वस्तुतः दो रचनाएँ कभी एक नहीं हो सकती। उसमें कुछ ऐसा जरूर होगा, जिससे समाज कुछ विशेष ले सके। यदि ऐसा नहीं है तो वह रचना सार्थकता स्थापित नहीं कर पाएगी।

वस्तुतः मेरे पौराणिक उपन्यासों में कथा का मूल स्वरूप 'महाभारत' से लेकर उसे आधुनिक संदर्भों में प्रस्तुत करने का प्रयास है। यदि आप स्वीकार करें तो मेरी मौलिकता का प्रधान अंश यही है। फिर मेरे अनेक काल्पनिक पात्र भी हैं, जो हैं मेरी मूल उद्भावना के परिणाम।

□

'महाभारत' जीवन का चरित कोश है। आज की लगभग अनेक स्थितियाँ 'महाभारत' काल में थीं। महाभारतकालीन संदर्भ आज से बहुत कुछ मिलता-जुलता है। राजनीति, छल, छद्म, मानव चरित्र के श्वेत-श्याम पक्ष-सबकुछ 'महाभारत' में उपस्थित है। आज के युग से ये अधिक भिन्न नहीं है। इसलिए मेरी कथा में भले ही पात्र पुराने हों, पर उनका जीवन आधुनिक है। कहीं-न-कहीं इनका तात्पर्य है। पुराने कैनवास पर आज का चित्र बना है। कृष्ण आज के हैं नहीं, पर उन्हें लगभग उन्हीं समस्याओं से जूझना पड़ा है, जिनसे आज का मनुष्य जूझ रहा है।

फिर मानव की स्थायी वृत्तियाँ लगभग हर युग में एक होती हैं। काम, क्रोध, मोह, मद, प्रेम, घृणा, अपना-पराया—इन सारी वृत्तियों से मनुष्य न कभी मुक्त हुआ है और न होगा। यह किसी एक युग तक सीमित नहीं है। मनुष्य जब तक

पृथ्वी पर रहेगा, यह वृत्तियाँ रहेंगी। यदि रचनाकार की कलम में दम है, उसकी प्रतिभा प्रगल्भ है और उसके कथन में ईमानदारी है तो उसकी रचना की सजीवता हमेशा बनी रहेगी। तुलसीदास कभी पुराने नहीं हो सकते। रचनाकार का कौशल उसमें मौलिक उद्‍भावनाएँ पैदा कर देगा, जिसमें रचना की जीवंतता अधिक दिनों तक रहेगी। एक बात और ध्यान देने की है कि रचना मानव संदर्भित होती है, समाज संदर्भित होती हैं, काल संदर्भित नहीं होती। यह बात दूसरी है कि समाज स्वयं काल संदर्भित होता है इसलिए रचना काल संदर्भित होती जाती हैं।

मैंने 'महाभारत' के माध्यम से अपनी बात कहने की कोशिश की। अपने ढंग से प्रयास किया। कितना सफल रहा, इसका निर्णय काल देवता ही करेंगे।

□

महाभारतकालीन चरित्रों को आत्मकथात्मक शैली में प्रस्तुत करने का मेरा पहला प्रयास 'द्रौपदी की आत्मकथा' के रूप में सामने आया। यह उपन्यास सन् 1974 में प्रकाशित हुआ। ऐसा नहीं है कि मुझे केवल कृष्ण के लिए पढ़ना पड़ा और उससे पूर्व द्रौपदी, द्रोण और कर्ण के लिए पढ़ना ही नहीं पड़ा। इनके लिए भी अध्ययन की उतनी ही आवश्यकता थी। लेकिन फर्क यह था कि इन तीनों पात्रों के लिए केवल समाजशास्त्रीय अध्ययन से ही काम चल गया। फिर द्रौपदी की आत्मकथा पूर्ण उपन्यास भी नहीं है। वह लघु उपन्यास या उपन्यासिका है, जिसे मैंने इंटरमीडियट बोर्ड के पाठ्यक्रम में आनुषांगिक वाचन के लिए लिखा था। पर मेरे दुर्भाग्य से उस साल उपन्यास माँगा ही नहीं गया। उपन्यास के स्थान पर कहानी संग्रह लगा दिया गया।

'द्रौपदी की आत्मकथा' एक उपन्यासिका के रूप में ही पाठकों के समक्ष पहुँचा और उन्होंने इसे खूब सराहा। इसके संस्करण के संस्करण निकलते रहे, लेकिन इसे पूर्ण उपन्यास का रूप देने में कोई-न-कोई बाधा मेरे समक्ष सदैव उपस्थित होती रही। इस बीच द्रोण, कर्ण और कृष्ण की आत्मकथा भी आ गई, लेकिन द्रौपदी के आयाम को मैं और अधिक विस्तृत नहीं कर पाया। जब-जब कोशिश की कोई-न-कोई बाधा आई। इस बीच मुझे ह्रदयाघात हुआ और आनन-फानन मुझे बनारस के एक अस्पताल के आई.सी.यू. में भरती कराया गया।

मेरा छोटा बेटा हेमंत शर्मा दिल्ली से दौड़ा चला आया। वे अस्पताल में मेरे पास ही बैठे थे। प्यार से हम सब उन्हें छोटू बुलाते हैं। 'छोटू' दिल्ली में यशस्वी पत्रकार हैं। उसकी लेखनी में धार है और उन्होंने 'भारतेंदु समग्र' का

संपादन एवं 'तमाशा मेरे आगे' और 'द्वितीयोनास्ति' जैसे उत्कृष्ट गद्य की रचना की है। हेमंत की साहित्यिक समझ पर मुझे गर्व है। मैंने उसका हाथ अपने हाथ में लिया और धीरे से कहा, 'छोटू मैं चाहता हूँ कि 'द्रौपदी की आत्मकथा' की भूमिका तुम लिखो। इसके अधूरेपन के कारण मेरे अंदर कहीं एक टीस है और यह टीस तुम ही कम कर सकते हो।'

हेमंत ने कहा, 'पापाजी, पहले आप ठीक तो हो जाइए।' मैंने कहा, 'नहीं। क्या पता ठीक होऊँ या फिर शायद न भी होऊँ, लेकिन मैं इस बोझ के साथ नहीं रहना चाहता कि 'द्रौपदी की आत्मकथा' में परिपूर्णता नहीं है।'

'मैं समझ नहीं पा रहा हूँ कि मैं इसे आपका आग्रह मानूँ या आदेश, क्योंकि कोई बेटा अपने पिता की पुस्तक की भूमिका लिखे, ऐसा कम ही होता है।' हेमंत ने मेरी आँखों में झाँकते हुए कहा।

'बेटा अपने पिता के अधूरेपन को पूरा करे—ऐसा अकसर होता है न! तो तुम 'द्रौपदी' की भूमिका लिखकर मेरे अंदर उत्पन्न उस अधूरेपन को पूरा करो, जिसे मैं सन् 1974 से लगातार महसूस कर रहा हूँ। यदि मैं इस अस्पताल से सही सलामत लौट सका तो ठीक, अन्यथा यह टीस कहीं मेरी आखिरी टीस न बन जाए।'

'आप भी पापाजी, कहाँ से कहाँ चले जाते हैं। आपका आदेश मेरे सिर आँखों पर। मैं जरूर उसकी भूमिका लिखूँगा, बस आप अब जल्द-से-जल्द ठीक हो जाइए।' हेमंत ने मुझसे वादा किया। मुझे लगा मेरे सीने की जकड़न थोड़ी कम हो गई। मैं बनारस से दिल्ली के अस्पताल लाया गया, जहाँ पेसमेकर लगाकर मेरे हृदय की धड़कन को कृत्रिम रफ्तार दी गई।

हेमंत ने 'द्रौपदी की आत्मकथा' की भूमिका लिखकर अपने पिता के हृदय के अंदर दशकों से उठती उस हूक को कम किया, जो इस कारण बराबर उत्पन्न होती रही कि मैं उसके साथ सही न्याय नहीं कर सका। द्रौपदी 'महाभारत' की सबसे मजबूत पात्र है, पूरे 'महाभारत' का वह आधार है, लेकिन मैंने छोटी उपन्यासिका रचकर उसके साथ जो अन्याय किया था, हेमंत की 'भूमिका' ने उससे मुझे उबार लिया। स्वस्थ होकर घर लौटते ही सबसे पहले मैंने हेमंत से कहा, 'तुम पढ़ो।'

हेमंत ने लिखा है, ''द्रौपदी पर पिताजी की लिखी यह छोटी सी पुस्तक आद्योपांत पढ़ने के बाद मैं विचलित था। द्रौपदी की पीड़ा, उसका संताप, उसके

अंदर तक जमा क्रोध, घृणा, अपमान और तिरस्कार की भावना मुझे कहीं अंदर तक आंदोलित करने लगी। सोचता रहा, पिताश्री ने तो 'महाभारत' के करीब-करीब सभी पात्रों पर जाने कितना लिखा। उनकी हर किताब का पहला पाठक और प्रूफरीडर मैं ही होता हूँ। कृष्ण की तो पूरी तीन हजार पन्नों की आत्मकथा लिखी, पर उनकी इस सृजनात्मक प्रक्रिया में मैं कहीं नहीं था। सिवाए पहले पाठक की भूमिका में कहीं दूर मैं खड़ा रहता था। लेकिन उस दिन द्रौपदी की भूमिका लिखने के लिए उन्होंने मुझे क्यों चुना? अब जब मैं इस पुस्तक की भूमिका लिखने बैठा हूँ तो समझ सकता हूँ कि पिता ने यह जिम्मेदारी मुझे क्यों सौंपी होगी!'

'द्रौपदी! याज्ञसेनी! पाँचाली! कृष्णा और पृषती!'

'इसका दूसरा नाम है बदला, प्रतिशोध और प्रतिहिंसा। अपने अपमान की आग में तपती द्रौपदी। कौरवों के दर्प को कुचलने का प्रण लेती द्रौपदी। युद्ध के लिए पांडवों के पौरुष को ललकारती द्रौपदी। उस वक्त के नारी मुक्ति आंदोलन की नींव बनती द्रौपदी। पाँच पतियों से असफल प्रेम करती द्रौपदी। 'महाभारत' के विस्तृत कैनवास पर ये द्रौपदी के विभिन्न रूप हैं, जिसमें से हर रूप उपन्यास का विषय हो सकता है।'

'दरअसल, यज्ञकुंड की आग से जनमी द्रौपदी आजीवन उस आग से मुक्त नहीं हो पाई। वह हमेशा प्रतिशोध की आग में जलती रही। उसी आग से दूसरों को जलाती रही। द्रौपदी 'महाभारत' की धुरी है। पूरी 'महाभारत' उसके इर्द-गिर्द घटित हुई। विडंबना है कि वह अपनों से भी लड़ी और दूसरों से भी। पर नितांत अकेले। महाराज द्रुपद की बेटी, प्रतापी पांडवों की पत्नी, धृष्टद्युम्न जैसे वीर की बहन और कृष्ण की सखी होने के बावजूद वह अपने संघर्ष में नितांत अकेली थी। जीवन की रणभूमि में अकेली खड़ी द्रौपदी ने अपने पतियों को हमेशा अधर्म के खिलाफ युद्ध के लिए प्रेरित किया। अपने केश खुले छोड़कर अगर वह अपनी ओर से एकतरफा युद्ध का ऐलान न करती तो शायद पांडव 'महाभारत' की चुनौती को कभी स्वीकार न करते और इतिहास उनके भगोड़े चरित्र को ही जानता। यह रहस्य कृष्ण जानते थे। इसलिए युद्धभूमि में अर्जुन को गीता का ज्ञान देकर कृष्ण ने अपनी सखी कृष्णा की मदद की। कृष्ण ने अपनी जंघा पर ताल ठोंककर भीम को भी उसकी प्रतिज्ञा याद दिलाई थी, तब दुर्योधन मारा गया।''

"द्रौपदी का चरित्र अनोखा है। पूरी दुनिया के इतिहास में उस जैसी कोई दूसरी स्त्री नहीं हुई। लेकिन इतिहास ने उसके साथ न्याय नहीं किया। दरअसल, भारत की पुरुषप्रधान सामाजिक व्यवस्था उसके साथ तालमेल नहीं बिठा सकी। द्रौपदी को 'महाभारत' के लिए जिम्मेदार माना गया। हालाँकि इसके लिए वह अकेली जिम्मेदार नहीं थी। मेरा मानना है कि द्रौपदी न भी रहती तो भी 'महाभारत' का युद्ध होता, क्योंकि यह विवाद संपत्ति के बँटवारे का था। द्रौपदी केवल कारण बनी। पाँच पतियों के कारण भारतीय परंपरा में द्रौपदी को आदर्श नारी का दरजा कभी नहीं मिल सका। द्रौपदी का नाम उपहास से जुड़ गया। महाभारत युग के बाद लोगों ने अपनी बेटियों का नाम द्रौपदी रखना छोड़ दिया। समाजवादी चिंतक डॉ. राममनोहर लोहिया के अलावा किसी ने द्रौपदी को उसका सम्मान नहीं दिया। पाँच हजार साल के इतिहास में डॉ. लोहिया ही एक ऐसे आदमी हैं, जो द्रौपदी को सीता से ऊपर रखने को तैयार हैं।"

..."पाँच हजार साल पहले घटे 'महाभारत' पर लिखना मुश्किल काम है। उस युग के तनाव को झेलना, उसके संत्रास को अनुभव करना, लेखक का उस युग में पहुँचना और उसके बाद अपने साथ पाठकों को पहुँचाना और भी दुरूह है। पर यह संभव इसलिए हो सका, क्योंकि 'महाभारत' भले ही पाँच हजार साल पहले हुआ हो, उसकी संरचना और संदर्भ भले ही बदल चुके हों, लेकिन 'महाभारत' आज भी उतना ही प्रासंगिक और उपयोगी है, जितना उस वक्त था। वही समस्याएँ और चुनौतियाँ हमारे सामने हैं। राजसत्ता के भीतर होनेवाला षड्यंत्र हो या राजसत्ता का बेकाबू पद या फिर बिक चुकी शिक्षा व्यवस्था हो या फिर छल-कपट से मारे जाते अभिमन्यु, सब आज मौजूद हैं। आज भी द्रौपदियों का अपमान हो रहा है कर्ण रोज नदी-नाले में बह रहे हैं। इसलिए जब इस उपन्यास में लेखक पाठक को पाँच हजार साल पहले पहुँचाता है तो पाठक को 'महाभारत' अपने आस-पास की घटना लगती है। यही लेखक का सामर्थ्य है, जिसे उसने बखूबी निभाया है। लेखक ने 'महाभारत' पर लिखी अपनी पूरी श्रृंखला में पात्रों और घटनाओं की आज के संदर्भ में नई व्याख्या की है, जो आपके सामने है।"

एक रिक्तता का बोध जो मैं बराबर महसूस कर रहा था, हेमंत के लेखन से वह मिट गया। लेखन के लिए उसके 'हाँ' कहते ही, ऐसा लगा कि मैं स्वस्थ हो रहा हूँ। 'द्रौपदी की आत्मकथा' हेमंत की भूमिका के बिना आज

भी अधूरी है। इसलिए यह जरूरी था कि मैं उस भूमिका के चंद पैराग्राफ की यहाँ चर्चा करूँ, जिसे हेमंत ने लिखा और जिसके कारण मेरे द्वारा लिखी गई 'अधूरी द्रौपदी' 'पूर्ण' हुई।

□

'द्रोण की आत्मकथा', 'द्रौपदी की आत्मकथा' के बाद की रचना है। यह पूर्ण उपन्यास है। 'महाभारत' में हुए शिक्षा व्यवस्था का पतन इस उपन्यास की पृष्ठभूमि है। आश्रम व्यवस्था स्खलित हो गई थी। समाजश्रयी शिक्षा व्यवस्था अब समाज से उपेक्षित थी। स्थिति यहाँ तक आ गई थी कि आचार्य के पुत्र को पीने के लिए दूध तक नहीं मिलता था। परिणाम आश्रमों के प्रति आचार्य के कर्त्तव्य का डगमगाना। विद्या स्वर्ण खंडों पर बिकने को मजबूर हुई। आचार्य राजभवनों का क्रीतदास हो गया। व्यवस्था के साथ आचार्य भी स्खलित हुआ। राग-द्वेष का शिकार बना। एक ऐसा शिक्षार्थी, जो द्रोण की दृष्टि में अत्यंज था, जिसे उन्होंने शिक्षा नहीं दी थी, लेकिन जो उन्हें आचार्य मानता था, उनकी प्रतिमा बनाकर धनुर्विद्या का अभ्यास करता रहा—द्रोण ने उससे गुरु दक्षिणा में दाहिने हाथ का अँगूठा कटवा लिया।

वह अभ्यास तो प्रतिमा स्थापित किए बिना भी कर सकता था। उसका मन इस विश्वास की कारा से मुक्त न हो पाया कि 'बिन गुरु मिले न ज्ञान'। फिर पुरानी परंपरा थी कि शिष्य अपने गुरु के नाम से जाना जाता था। 'मैं कपिल का शिष्य हूँ''' मैं कणादि का शिष्य हूँ'''अनिवेश्य मेरे गुरु का नाम है आदि। उस समय गुरु का नाम ही शिक्षा का प्रमाण-पत्र था। गुरु के प्रति आस्था की समाधि पर फड़फड़ाने वाले आज के कागजी प्रमाण-पत्र का आविष्कार तब तक नहीं हुआ था।

आचार्यत्व की यह आत्महत्या बड़ी गहराई से मुझमें चुभ गई। यह घटना भारतीय इतिहास की एकमात्र घटना थी। जब किसी शिष्य से इतनी कठोर गुरु दक्षिणा ली गई थी। मुझे लगा कि गुरु द्रोण ने एकलव्य से मात्र उसका अँगूठा ही नहीं कटवाया, वरन् भारतीय परंपरा में आचार्य के प्रति शिष्य की अगाध आस्था का गला ही काट लिया है। मैं भी मूलत: अध्यापक ही हूँ। इस कांड ने मुझे तिलमिला दिया। यह तिलमिलाहट ही इस उपन्यास की प्रसूत पीड़ा बनी।

द्रोण की आत्मकथा लिखने के दौरान की एक घटना याद आती है। मैंने पढ़ा कि 'महाभारत' काल में ब्राह्मण व्यापार भी कर सकता था, पर नमक बेचना

वर्जित था। यह मामूली सी बात ऐसी चिपकी कि 'द्रोण की आत्मकथा' में इस पर एक अध्याय ही निर्मित हो गया। वस्तुतः मैं ऐतिहासिक व पौराणिक संदर्भ में लिखते हुए भी कथानक पहले से नहीं सोचता, यह इस बात का प्रमाण है।

□

कर्ण की आत्मकथा इस शृंखला की तीसरी कड़ी है। बहुत दिनों पूर्व एक विवाद चला था—'महाभारत' का नायक कौन, कृष्ण या कर्ण? जिस चरित्र में 'महाभारत' का नायकत्व होने की विशेषता देखी गई हो, वह मुझे आकर्षित क्यों न करता? फिर कर्ण के प्रति मेरी सहज सहानुभूति थी और है भी, क्योंकि नियति उसके प्रति बड़ी कठोर थी। जीवन में हर कहीं वह उपेक्षित और तिरस्कृत रहा। सूर्य पुत्र होकर भी वह सूतपुत्र कहलाया। कौंतेय होकर भी (राधेय) कहलाया। कुल-गोत्र वाला होकर भी समाज ने उसे कुल-गोत्र हीन ही माना। शास्त्र व शस्त्र के सारे द्वार उसके लिए बंद थे। आश्रम में प्रवेश वर्जित था। किसी भी शास्त्र व शस्त्र की प्रतियोगिता में वह भाग नहीं ले सकता था। हर जगह उससे यही प्रश्न पूछा जाता था—'तुम्हारी जाति क्या है?' तुम्हारा गोत्र क्या है? तुम्हारा कुल कौन-सा है? और वह कहता, 'मेरा कुल-गोत्र मत पूछो, मेरी जाति मत पूछो, मेरा शौर्य देखो, मेरा पराक्रम देखो, मेरी शक्ति और सामर्थ्य देखो।'

मुझे कर्ण में वह अक्खड़ कबीर दिखाई दिया, जो हाथ में लुकाठी लेकर दहाड़ता था—'जाति न पूछो साधु की, पूछ लीजिए ज्ञान।'

यही संत्रास उसे जीवन भर झेलना पड़ा। इसका प्रभाव उसके व्यक्तित्व पर पड़ा। राग-द्वेष के साथ उसमें प्रतिशोध की ज्वाला भी धधक उठी। एक न्यायप्रिय व्यक्ति द्रौपदी चीरहरण का पक्षधर बना। फिर भी उसमें अनेक महानताएँ थीं। उसकी कृतज्ञता, उसकी मित्रता, मातृभक्ति, संकल्प-दृढता आदि ऐसे गुण थे, जिसने उसे इतिहास का अद्वितीय पात्र बना दिया।

इस उपन्यास के लेखन से गुजरते हुए मुझे अधिक परेशानी नहीं हुई, क्योंकि कर्ण पर काफी सामग्री उपलब्ध थी। भारत की हर भाषा में कर्ण पर बहुत कुछ लिखा गया है। हिंदी में भी मेरे लेखन से पूर्व कोई उपन्यास नहीं था, पर नाटक और काव्य की विधा में कई अच्छी रचनाएँ आ गई थीं।

□

इस शृंखला में कर्ण के बाद मेरा सबसे बड़ा उपन्यास 'कृष्ण की आत्मकथा' आया और उसके बाद गांधारी। कृष्ण की चर्चा यहाँ भी कई आयाम लेगी,

इसलिए मैं उसकी चर्चा सबसे आखिर में करूँगा, उससे पहले 'गांधारी'।

गांधारी मेरे लिए चुनौती थी। 'गांधारी' पर लिखना साँप के बिल में हाथ डालना था। खतरा बड़ा था। पहले तो विषधर के काटने का डर था और यदि विषधर से सामना न हुआ तो उसके अभाव की असफलता ही हाथ आती। फिर भी मैंने चुनौती स्वीकार की, केवल बदली हुई मन:स्थिति के बल पर, जिसकी सोच थी कि जो चुनौती दे रहा है, वही उसे स्वीकार करने का भी बल देगा। और उसने दिया भी।

गांधारी एक ऐसी नारी है, जो जीवन भर क्रूर नियति का शिकार रही। उसको मिले सारे वरदान एक के बाद एक शाप में परिवर्तित होते चले गए। गांधार जैसे रमणीक प्रदेश में वह पैदा हुई, जो सौंदर्य, शांति एवं कला का अद्‌भुत प्रदेश था। महाभारतकाल के पूर्व यहाँ के आकर्षक बर्फीले शिखरों ने कभी सेना के दर्शन नहीं किए थे। सुभाषमय प्रदेश में ज्ञान की त्रिवेणी बहती थी। ज्ञानगर्वित तक्षशिला इसकी प्राचीन राजधानी थी। बाद में पुरुषपुर (पेशावर) हुई। संगीत के क्षेत्र में यह गंधर्व प्रदेश ही था। यहाँ की मूर्तिकला किसी समय सारे संसार में विख्यात थी। बुद्ध की पहली प्रतिमा गांधार में ही बनी थी। बाद में यह तथ्य विवादित हो गया। ऐसे प्रदेश की प्रसूत थी गांधारी। अनिंद्यय सुंदरी! सुबल की आठ कन्याओं में सबसे सुंदर। उसे सौ संतान होने का शिव का वरदान मिला था। यही सौ संतानें उसके आँचल के अँगारे हुए।

कौरव परिवार में हमेशा संतान का संकट था। सिंहासन के संरक्षक भीष्म को इसकी सदा चिंता रही। इसी चिंता ने कभी उन्हें काशीराज पर आक्रमण करने के लिए विवश किया था। अंबा, अंबिका और अंबालिका की कथा अभी भी बहुत पुरानी नहीं पड़ी थी। सुबल की इस कन्या को प्राप्त करने की अभीप्सा उनमें जागी। बिल्ली को भरा-पूरा सिकहर दिखाई दिया। हस्तिनापुर की सत्ता उस पर लपक पड़ी। भीष्म की सेना ने गांधार को घेर लिया, केवल एक कन्या के लिए।

गांधारी की मानसिकता तक पहुँचने के लिए मुझे एक गहरे अंधकार से गुजरना पड़ा। गांधारी संसार की इकलौती चरित्र है, जो आधी से अधिक जिंदगी आँख पर पट्टी बाँधकर बिताती है। अंधों के बारे में तो मैंने पढ़ा था। वह भी टुकड़ों-टुकड़ों में, अपाहिजों पर लिखी किताबों में। अंधों की मानसिकता के संबंध में कहीं कुछ विशेष लिखा नहीं है। उनपर भी सामग्री नहीं है, जो जीवन के दौरान ही अंधे हो गए। पलटने पर ऐसे लोगों का रोना-धोना थोड़ा-बहुत अवश्य मिल जाता है, पर उस व्यक्ति की मानसिकता के संबंध में कहीं

कुछ पढ़ने का सवाल ही नहीं है, जिसकी आँखें मुकम्मल हों और उसने उस पर पट्टी बाँध ली हो।

जिसने रंग देखा हो, रूप देखा हो, क्षण-क्षण परिवर्तित प्रकृतिवेश देखा हो। मोर के रंगीन पंख देखें हो, फूलों की रंगीन दुनिया देखी हो, हर समय जिसे जीवन की विषम समस्याओं से जूझना पड़ा हो। उसने आँखों पर अँधेरा बाँध लिया। कैसा लगता रहा होगा उसे?

आधुनिक मनोविज्ञान का निष्कर्ष है कि हम जितनी भी अनुभूतियाँ सभी इंद्रियों से ग्रहण करते हैं, उनमें से 77 से 85 प्रतिशत तक केवल आँखों के माध्यम से ग्रहण करते हैं। आँखें हमारी कर्मेंद्रियों में प्रधान हैं। इसलिए हमारी संस्कृति नेत्रहीनों के प्रति सदैव सजग रही हैं। उसका मानना है कि विधाता ने इन्हें आँखें न देकर इनके प्रति बड़ा अन्याय किया है। इसी कारण नेत्रहीन हमारी व्यापक करुणा के पात्र रहे हैं। इस सामाजिक करुणा की छाया हमारी भाषा पर भी पड़ी है। हम किसी नेत्रहीन को अंधा नहीं कहते, उसे 'सूरदास', 'अंतश्चक्षु', 'प्रज्ञा चक्षु' इत्यादि आदरसूचक शब्दों से संबोधित करते हैं। अंधता के लिए इतने सम्मानजनक शब्द शायद ही अन्य किसी भाषा में हों, अंग्रेजी में तो नहीं हैं।

और उसी आँख पर यदि पट्टी बँध गई हो, ऐसे में उसका व्यक्तित्व कैसा निर्मित होगा? उसके चिंतन और क्रियाकलाप पर इस परिस्थिति का क्या प्रभाव पड़ता रहा होगा? यह सारा संकट गांधारी के लेखक को झेलना पड़ा है।

इसके लेखन के लिए मैंने कई-कई घंटे आँख पर पट्टी बाँधे रखी, अपना दैनिक क्रियाकलाप पट्टी बाँधे-बाँधे ही करता। पत्नी कहतीं—'अभी गांधारी बने हो, कहीं सूरदास पर लिखने लगे तो डर है कहीं सूरदास बनने के लिए न व्याकुल हो उठो।' लोग पागल समझने लगे कि यह क्या हरकत है? इतने से भी मुझे अंधत्व का वह अहसास नहीं हो रहा था, जो गांधारी को हुआ होगा। फिर मैंने डेनमार्क से कपड़े का एक चश्मा मँगवाया। इसे उत्तरी ध्रुव के देशों के निवासी प्रयोग करते हैं, जहाँ छह मास की रात्रि और छह मास का दिन होता है। इस चश्मे के लगाने से मुझे बीच में आँखों की रोशनी खो देनेवाले व्यक्ति के मनोभावों का अहसास और उसे शब्दों में उकेरने में बड़ी मदद मिली। वस्तुत: जीवन भर अँधेरे से प्रकाश के जूझने की कहानी है—'गांधारी की आत्मकथा।'

□

आठ खंडों और 2800 पृष्ठों की कृति 'कृष्ण की आत्मकथा' 'महाभारत' शृंखला की सबसे वृहद रचना है। 'नारद की भविष्यवाणी', 'दुरभिसंधि', 'द्वारका

की स्थापना', 'लाक्षागृह', 'खांडवदाह', 'राजसूय यज्ञ', 'संघर्ष' और 'प्रलय' नामक इन आठ खंडों में करीब-करीब 2000 पात्र हैं, जिन्हें विकसित करने में मुझे 13 साल लगे हैं।

'कृष्ण की आत्मकथा' लिखने के दौरान ओर उसके बाद से मेरी मानसिकता एकदम बदल चुकी है। पहले जब मैं कोई किताब लिखता था, तब सीना ठोंककर कहता था कि यह मेरी रचना है। इसे मैंने लिखा है, किंतु 'कृष्ण की आत्मकथा' लिखने के बाद मेरा 'मैं' बिल्कुल गायब हो गया। मेरे जीवन को गढ़ने तीसरे कृष्ण के रूप में स्वयं योगेश्वर श्रीकृष्ण पधारे। आप पढ़ चुके हैं कि मुझे जमीन से कच्ची मिट्टी के रूप में उठाकर गढ़ने का काम मेरे गुरु कृष्णदेव प्रसाद गौड़ 'बेढब बनारसी' ने किया। उस मिट्टी से गढ़ी आकृति को लोगों तक पहुँचाने का काम एक प्रकाशक के रूप में कृष्णचंद्र बेरी ने किया। और उस आकृति में प्राण-प्रतिष्ठा स्वयं भगवान् श्रीकृष्ण ने आकर डाली।

पहले मैंने सोचा था कि 'कृष्ण की आत्मकथा' मैं एक या दो जिल्दों में समाप्त कर लूँगा। जब लिखने लगा तो कथा आगे बढ़ती गई। एक के बाद एक जिल्द बढ़ते गए और पूरी कथा आठ जिल्दों में समाप्त हुई। कथा ने अपना विस्तार स्वयं ले लिया। तब मुझे लगा कि लेखन की यह मैराथन दौड़ मैं नहीं दौड़ सकता था। इतनी शक्ति मुझमें कहाँ…। इसके पीछे जरूर किसी पराशक्ति का हाथ है। पुस्तक का लेखक अब मैं नहीं था। मेरा यह 'मैं' अदृश्य हो गया। मैं अब सोचने लगा, इस पुस्तक का लेखक मैं नहीं। भले ही यह मेरे द्वारा लिखी गई है। लेखक तो कोई और है। यह करिश्मा कृष्ण के चरित्र के विविध आयामों के कारण ही संपन्न हुआ। वह चरित्र ही इतना विचित्र है कि उसकी समग्रता को समेटना बड़ा कठिन है। यह कृष्ण ही हैं, जिन्होंने इसे पूरा किया। मैं तो निमित्त मात्र हूँ।

ऐसा कई बार लगा कि कृष्ण मेरे अंदर से बोल रहे हैं। वे कह रहे हैं कि "युद्धस्थल में मोहग्रस्त एवं भ्रमित अर्जुन से ही मैंने नहीं कहा था कि तुम निमित्त मात्र हो, वरन् तुमसे भी कह रहा हूँ कि तुम निमित्त मात्र हो, कर्ता तो मैं हूँ।… अन्यथा आज की आँखों से तुम उस अतीत को कैसे देख सकोगे, जिसे मैंने भोगा है। उस संत्रास को कैसे अनुभव करोगे, जिसे मेरे युग ने झेला है। उस मथुरा को कैसे समझ सकोगे, जो मेरे अस्तित्व की रक्षा के लिए नट की डोर के तनाव पर केवल एक पैर से चली है।… और दुखी ब्रज के उस प्रमोन्माद का तुम्हें क्या आभास, जो मेरे वियोग में आकाश के जलते चंद्र को आँचल

में छिपाकर करील के कुंजों में विरहाग्नि बिखेर रहा था। इसलिए तुम केवल लेखक हो, लिखो; लेखकीय कर्म का निर्वाह करो—गणेश की तरह। व्यास तो मैं हूँ।'' (नारद की भविष्यवाणी: खंड-1)

अब मैं कर्ता के निर्देश पर करनेवाला ही रह गया था। मेरे जीवन की जटिलता, सहजता में परिवर्तित हो गई थी। 'जाहि विधि राखै राम, ताहि विधि रहिए'—मेरी सोच का आधार बना।

□

कृष्ण पर लिखने में मुझे पढ़ना बहुत पड़ा। ज्ञान के सागर के किनारे सीपी बटोरनेवाले मुझ जैसे व्यक्ति को कृष्ण ने ही उठाकर सागर में फेंक दिया। 'महाभारत' के सभी संस्करण, 'महाभारत' पर हुए सभी शोध—सारे विवाद, भागवत पुराण, हरिवंश पुराण, विष्णु पुराण, ब्रह्मवैवर्त पुराण, सुखमय भट्टाचार्य की 'महाभारत कालीन समाज,' इरावती कर्वे का 'युगांत', सातवलेकर का 'महाभारत', प्रो. काणे का 'धर्मशास्त्र', भरत का 'नाट्य शास्त्र' आदि में मैं डुबकी मारने लगा। यही नहीं, कृष्ण के व्यक्तित्व में उतरने के लिए ज्योतिष, संगीत, नृत्य, आयुर्वेद का भी बाकायदा लंबे समय तक मैंने प्रशिक्षण लिया। 'महाभारत' की हर घटना पर ज्योतिष का प्रभाव है—द्वारका की स्थापना से लेकर, 'महाभारत' का युद्ध, युधिष्ठिर का राजसूय यज्ञ—सभी में ज्योतिषीय गणना छिपी है। काल का प्रभाव समझे बिना 'महाभारत' को समझना मुश्किल है। कहते हैं, घर में 'महाभारत' नहीं रखते, 'महाभारत' हो जाता है। मेरे घर में 'महाभारत' तो कभी हुआ नहीं, 'महाभारत' के पात्र और उसमें भी युगांतर कृष्ण मेरे करीब आ गए। यह सब थी कृष्ण की कृपा।

'कृष्ण की आत्मकथा' लिखने के दौरान कभी शिखर पर पहुँचे मुरलीधर जैसे संगीतज्ञ के जीवन को पहचानने की चेष्टा करता, कभी एक चरवाहे की जिंदगी से वाकिफ होता। कभी एक महान् योद्धा के पराक्रम को परखता, कभी जटिल एवं कुटिल राजनीतिज्ञ की चालों की समीक्षा करता और कभी सत्ता के निर्णायक तथा विनाशक की क्षमा और सामर्थ्य पर चमत्कृत होता। कृष्ण के बहुआयामी व्यक्तित्व को चित्रित करने के लिए उस काल की सम्यक जानकारी आवश्यक थी।

□

भादों की काली अँधेरी रात में कारागार में मृत्यु की विकराल छाया के नीचे कृष्ण का जन्म होता है। उनके जन्म के पूर्व ही मौत पैदा हो गई थी और उसी क्षण से उनके पीछे लगी रही। यह तो सत्य है कि जीवन के साथ ही मृत्यु भी

अस्तित्व में है। जिस दिन हम पैदा होते हैं, उसी दिन यदि कोई चीज निश्चित है तो वह है हमारी मृत्यु। पर कृष्ण के संदर्भ में कुछ विचित्र था। यह मौत स्वाभाविक मौत नहीं थी, बल्कि कृष्ण के मामा के आक्रोश का परिणाम थी।

शायद इसीलिए यह स्वाभाविक मौत से ज्यादा भयंकर थी। जन्म लेते ही उन्हें कारागार से भागना पड़ा। उस समय यमुना भी विक्षुब्ध थीं। ऐसे विक्षुब्ध और विभीषिका पूर्ण वातावरण में कथानायक का जन्म होता है। सूर्योदय से पहले जितने भयंकर अंधकार की कल्पना हो सकती थी, वे सारी कल्पनाएँ कृष्ण के संदर्भ में साकार दिखाई देती हैं।

कृष्ण का आत्मकथ्य है, "मैंने अपनी उस अस्मिता को पहचाना था, जो जन्म के साथ महाअंधकार की कारा में मुझे ज्योति किरण की तरह दिखाई दी थी। जब मेघ दहाड़ते रहे, यमुना हाहाकार करती रही और तांडव करती प्रकृति की विभीषिका किसी को कँपा देने के लिए काफी थी, तब मैं अपने पूज्य पिता की गोद में किलकारी भरता रहा। तब से नियति न मुझ पर पूरी तरह सदय रही, न पूरी तरह निर्दय। मेरे निकट आया हर वर्ष एक संघर्ष के साथ था। मेरा हर प्रभाव टकराव के रास्ते ही आगे बढ़ा।" (खांडवदाह: खंड-5)

कृष्ण का समूचा जीवन विविध परिस्थितियों से घिरा हुआ आगे बढ़ता है। यही वे स्थितियाँ हैं, जो 'कृष्ण की आत्मकथा' को विस्तार देती हैं। 'महाभारत' के युद्ध में केवल तीन ही अवसर ऐसे थे, जहाँ कृष्ण नहीं थे और पांडव बेतरह पीटे गए। पांडव की विजय, कृष्ण की विजय थी। इसे उस समय के लोग स्वत: स्वीकार करते थे—'यथो कृष्ण: तथोजय:'। उस अवसर का सामना करना पड़ा, जब मथुरा अचानक छोड़नी पड़ी। उन्होंने आर्यावर्त के पश्चिमी छोर पर द्वारका बसाई। इस प्रकार उनके युद्ध की विलक्षण प्रतिभा युद्ध नीति और राजनीति का विशेष कौशल उस व्यक्ति को जितना बड़ा बनाता गया, मेरा उपन्यास भी वैसा ही विस्तार लेता गया। यह विस्तार स्वाभाविक है, कृत्रिम नहीं।

कृत्रिम होता तो कृष्ण की यह प्रेरणा मुझे कहाँ से मिलती, "मेरी अस्मिता दौड़ती रही, दौड़ती रही। नियति की उँगली पकड़कर आगे बढ़ती गई—उस क्षितिज की ओर, जहाँ धरती और आकाश मिलते हैं। नियति भी मुझे उसी ओर संकेत करती रही; पर मुझे आज तक वह स्थान नहीं मिला और शायद नहीं मिलेगा। फिर भी मैं दौड़ता रहूँगा; क्योंकि यही मेरा कर्म है। मैंने युद्ध में मोहग्रस्त अर्जुन से ही यह नहीं कहा था, अपितु जीवन में बारंबार स्वयं से भी कहता रहा हूँ— 'कर्मण्येवाधिकारस्ते'।

वस्तुत: क्षितिज मेरा गंतव्य नहीं, मेरे गंतव्य का आदर्श है। आदर्श कभी पाया नहीं जाता। यदि पा लिया गया तो वह आदर्श नहीं। इसीलिए न पाने की निश्चिंतता के साथ भी कर्म में अटल आस्था ही मुझे दौड़ाए लिये जा रही है। यही मेरे जीवन की कला है। इसे लोग 'लीला' भी कह सकते हैं; क्योंकि वे मुझे भगवान् मानते हैं।... और भगवान् का कर्म ही तो लीला है।'' (दुरभिसंधि: खंड-2)

□

कृष्ण में मानवेतर गुण थे। वे संगीतज्ञ थे। संगीत की तीनों विधा गीतम, वाद्यम् तथा नृत्य की पराकाष्ठा उनके चरित्र में दृष्टिगोचर होती है। तीनों विधा में वे प्रवीण थे—'त्रय संगीत मुच्यते।' उनकी वंशी सुनकर गोपियाँ पागल हो जाती थीं। उनके वंशी के स्वर में जादुई असर था। वे कालिया के फण पर भी नृत्य कर सकते थे। उन्होंने गोकुल में इंद्र की पूजा बंद करा दी।

हमारे अवतारवाद का सिद्धांत है कि जिस योनि में जन्म होता है, उसे उसी योनि की संज्ञा मिलती है। कृष्ण का मनुष्य योनि में जन्म हुआ, इसलिए प्रधानतया उन्हें मनुष्य ही स्वीकार किया गया। उनके चमत्कारपूर्ण कार्य उनपर भगवतता लादते चले गए और वे भगवान् हो गए।

आलोचकों का मुझ पर आरोप रहा है कि भारतीय जीवन कृष्ण को भगवान् मानता है। मैंने अपने काल्पनिक चित्रण के जरिए कृष्ण से उनका भगवानत्व छीन लिया। मैंने हमेशा आलोचकों को जवाब दिया है कि मैंने कृष्ण के भगवानत्व को स्खलित नहीं होने दिया, बल्कि उनके मुख से ही उनके भगवानत्व की स्थापना कराई है। मेरा अभिप्राय उनके भगवानत्व को स्खलित करना नहीं, वरन् यह बताना है कि आप भी भगवान् हो सकते हैं।

जब अवतारों की ओर देखता हूँ तो एक दूसरी ही तसवीर मन पर उभरती है। चौबीस अवतारों में दस अवतार मुख्य माने गए हैं। इनमें जब भी ईश्वर आदमी के घर आया, तब उसने राजा या उच्च वर्ग में ही पैदा होना स्वीकार किया। राम राजा के बेटे थे, कृष्ण राजवंश से संबद्ध थे। वामन दक्ष प्रजापति की पुत्री अदिति के गर्भ से पैदा हुए थे। बुद्ध राजा के बेटे थे। जैनियों के चौदह तीर्थंकर राजाओं के बेटे थे। ईश्वर को गरीबों या आम आदमी के घर अवतरित होना अच्छा नहीं लगा। हालाँकि वह झोंपड़े में पैदा होकर भी दुष्टों का संहार कर सकता था, सज्जनों की रक्षा कर सकता था, धर्म की स्थापना कर सकता था; फिर महलों को ही उसने क्यों चुना?

तमाशा यह कि भगवान् राजाओं और उच्च वर्ग में पैदा हुआ, पर उसके अधिकतर भक्त आम आदमियों के घर जनमे। उनमें भी अधिकतर आज की राजनीतिक भाषा में गरीबी की सीमारेखा के बहुत नीचे हैं।

केवल एक ही अवतार है कृष्ण, जिसकी चारित्रिक विशेषता महलों को सीधे झोंपड़ी से जोड़ती है। प्रासाद में पलता हुआ भी वह चरवाहों के बीच रहता है। वह सत्ता को आम आदमी तक लाता है। वह कभी आम आदमी के बीच से उठकर सत्ता की ओर नहीं जाता। झोंपड़ी में जन्म लेकर प्रासाद में प्रवेश नहीं करता। कृष्ण अपने समय के सबसे बड़े जननायक थे।

कृष्ण सच्चे जननायक थे, जिन्हें खुद की भगवत्ता कई बार सारहीन लगती थी और वह खुद को आम मानव के सदृश्य ही पाते थे। शिशुपाल-वध ऐसा ही एक मौका था, जहाँ वह ईश्वर नियति के आगे खुद ही लाचार है और कहता है, "मेरी मनुजता की वास्तविकता पर जब चमत्कारों का कुहासा छा जाता है, तब लोग मुझमें ईश्वरत्व का अनुमान करने लगते हैं। मैं भी अपने में ईश्वरत्व की तलाश में लग जाता हूँ। शिशुपाल वध के समय मेरी मानसिकता कुछ ऐसे ही भ्रम में पड़ गई थी। जब उसके रक्त के प्रवाह में मुझे अपना ही रक्त दिखाई पड़ा, तब मेरी यह मानसिकता धुल चुकी थी। उसका अहं अदृश्य हो चुका था। मेरा वह साहस छूट चुका था कि मैं यह कहूँ कि मैंने इसे मारा है। अब मैं कहता हूँ कि वह मेरे द्वारा मारा गया है। मारनेवाला तो कोई और था। वस्तुतः उसके कर्मों ने ही उसे मारा। वह अपने शापों से मारा गया।

संसार में सारे शापों से मुक्त होने का कोई-न-कोई प्रायश्चित है; पर जब अपने ही कर्म शापित करते हैं, तब उसका कोई प्रायश्चित नहीं। आख़िर वह मेरा भाई था। मैं उसे शापमुक्त भी नहीं कर पाया। मेरा ईश्वरत्व उस समय कितना सारहीन, अस्तित्वविहीन, निरुपाय और असमर्थ लगा।" (राजसूय यज्ञः खंड-6)

□

राम की तरह कृष्ण मर्यादा पुरुषोत्तम नहीं हैं। कृष्ण मर्यादा मुक्त हैं। उन्हें कोई मर्यादा नहीं छूती। तुलसीदासजी के राम के लिए—'काम, क्रोध, मद, लोभ सब नाथ नरक के पंथ' हैं। वहीं कृष्ण के लिए काम और क्रोध मानव की मूल प्रवृत्ति है, जिससे मनुष्य मुक्त नहीं हो पाता है। उससे यह सृष्टि मुक्त नहीं है। ध्यान इसका रखना चाहिए कि वह हमारे नियंत्रण से बाहर न हो जाए। क्रोध तो आएगा ही, लेकिन हम उसके वश में न हो जाएँ। काम की उपयोगिता तभी

तक जीव में है, जब तक वह राम के बस में है।

ऐसी कोई वृत्ति नहीं है, जिसे कृष्ण ने स्वीकार नहीं किया हो। सबको वे अपने नियंत्रण में रखते हैं। कृष्ण कहते हैं, ''जीवन को मैंने उसकी समग्रता में जिया है। न मैंने लोभ को छोड़ा, न मोह को; न काम को, न क्रोध को; और न मद को, न मत्सर को। शास्त्रों में जिसके लिए वर्जना थी, वे भी मेरे लिए वर्जित नहीं रहे। सब वंशी की तरह मेरे साथ लगे रहे। यदि इन्हें मैं छोड़ देता तो जीवन एकांगी हो जाता। तब मैं यह नहीं कह पाता कि करील के कुंजों में रास रचानेवाला मैं ही हूँ। ब्रज के जंगलों में गायें चरानेवाला भी मैं ही हूँ। चाणूर आदि का वेधक भी मैं ही हूँ। कालिय का नाथक भी मैं ही हूँ। मेरी मुट्ठी में योग है और दूसरी में भोग। मैं रथी भी हूँ और सारथि भी। अर्जुन के मोह में मैं ही था और उसकी मोह मुक्ति में भी मैं था।'' (खांडवदाह: खंड-5)

भक्ति का सबसे बड़ा दोष यह होता है और यही उसकी विशेषता भी है कि व्यक्ति की विचार स्वतंत्रता उससे बाधित हो जाती है। इसी का परिणाम है कि कृष्ण को अनेक लोगों ने इतना रास निमग्न दिखाया है कि उनपर अश्लीलता का आरोप लगता है। मैंने कृष्ण की समग्रता को समेटने का प्रयास किया है, केवल उनके एक पक्ष को नहीं उभारा है। बड़ी विनम्रतापूर्वक कह सकता हूँ कि अब तक ऐसा नहीं हुआ है। कोई रासबिहारी पर मुग्ध है तो उस पर रचना कर दी। पूरा रीतिकाल इससे भरा पड़ा है। किसी को बालरूप अच्छा लगा तो भागवत का दशम स्कंद उसकी रचना का आधार बना। किसी को 'महाभारत' का कृष्ण अच्छा लगा तो 'जयद्रथ वध' और 'रश्मिरथि' की रचना आ गई। लेकिन कृष्ण की समग्रता समेटी नहीं जा सकी। लोगों ने यहाँ तक कहा कि एक कृष्ण हो भी नहीं सकता, पर कृष्ण की कृपा से मैंने उनकी समग्रता को समेटने का एक छोटा प्रयास किया है।

□

''नियति ने हमेशा मुझ पर युद्ध थोपा—जन्म से लेकर जीवन के अंत तक। यद्यपि मेरी मानसिकता सदा युद्ध विरोधी रही; फिर भी मैंने उन युद्धों का स्वागत किया। उनसे घृणा करते हुए भी मैंने उन्हे गले लगाया। मूलत: मैं युद्धवादी नहीं था।'' पूर्व प्रधानमंत्री अटलबिहारी वाजपेयी को 'कृष्ण की आत्मकथा' के सातवें खंड 'संघर्ष' के आत्मकथ्य को पढ़ते और सुनते हुए देखकर मैं कुछ क्षण के लिए भावविभोर हो गया था। वाजपेयी सिर्फ एक प्रधानमंत्री नहीं थे,

कविमना हृदय रचनाकार भी थे। उन्हें साहित्य की समझ थी। इसलिए 5 जून 1999 को 'कृष्ण की आत्मकथा' का लोकार्पण करते हुए उन्होंने जब यह कहा कि, ''इस रचना को पढ़ने में मैं इतना खो गया कि कई जरूरी काम भी भूल गया। पहली बार कृष्ण कथा को इतना व्यापक आयाम दिया गया है। कृष्ण के मुँह से क्या कहलवाया जाए, यह आसान नहीं था। विविधता में एकता के सूत्र खोजना, विसंगतियों में संगति बैठाना दायित्व का काम था, मनु शर्माजी ने इस बात का ध्यान रखा है। यह कृति अगली सदी में पढ़ी जाएगी।'' तो ऐसा लगा कि कृष्ण ने अपनी आत्मकथा में जो मुझसे कहलवाया है—'आज नहीं तो कल, कल नहीं तो परसों नहीं तो बरसों बाद मैं डायनासोर के जीवाश्म की तरह पढ़ा जाऊँगा'—यह उनकी जिजीविषा की प्रेरणा सदियों मानव जाति को देता रहेगा।

कृष्ण जिजीविषा के प्रतीक हैं। याद आता है, 'गीता' में कृष्ण ने स्वयं को 'पीपल' कहा है—'अश्वत्थः सर्ववृक्षाणां देवर्षीणां नारदः।' अर्थात्—मैं वृक्षों में अश्वत्थ यानी पीपल हूँ और देवर्षियों में नारद। आखिर उन्होंने अपने लिए वृक्षों में पीपल को ही क्यों चुना? वे इससे और भी गौरवशाली तथा उपयोगी वृक्षों को चुन सकते थे। वे कदंब को चुन सकते थे, बहुतों का चीर-हरण करके उसकी डाल का आश्रय लिया था। वे करील का नाम ले सकते थे, उसके कुंजों में उन्होंने कैसी-कैसी रास-लीलाएँ की थीं और स्वयं 'कुंज-बिहारी' की संज्ञा पाई थी। वे रसाल का नाम ले सकते थे, जिसका फल एक बार मुँह लग जाए तो मुँह से छूटता नहीं नहीं। वे देवदारू का नाम ले सकते थे, वह तो देवताओं का वृक्ष ही है। फिर उन्होंने मुंडेरों पर उग आनेवाले पीपल को ही अपना प्रतिनिधि क्यों चुना? शायद इसलिए कि पीपल में अद्‍भुत जिजीविषा है। जहाँ पड़ा, वहीं जम गया। मिट्टी अनुकूल नहीं, परवाह नहीं। जो है, उसी को अनुकूल बना लेगा, पत्थर को भी मिट्टी कर देगा। पानी नहीं मिला तो भी कोई फर्क नहीं। जब मिलेगा, तब ही ले लेगा। धूप नहीं मिली तो भी चिंता नहीं। भूली-भटकी दो-एक किरण भी आ जाएँगी तो वह काफी होंगी। नहीं कुछ मिलेगा तो पर्यावरण तो मिलेगा ही, उसी का स्तनपान कर वह जी लेगा।

आप एकदम उखाड़कर फेंक दीजिए तो भी दो-चार दिनों बाद उखाड़ी हुई दरार से शातिर चोर की तरह झाँकता दिखाई देगा, और जहाँ उखाड़कर फेंक दीजिए, वहीं जम जाएगा। परिस्थितियों द्वारा कृष्ण मथुरा से उखाड़कर फेंके गए तो समुद्र के किनारे जम गए। एक द्वारका ही बसा ली।

आज का विज्ञान कहता है कि पीपल सभी वृक्षों की अपेक्षा अधिक ऑक्सीजन देता है। एक तो स्वयं जीने की अद्‍भुत शक्ति तथा दूसरों को जीवन प्रदान करने की उसकी क्षमता। शायद इन्हीं गुणों के कारण कृष्ण को उसमें अपना रूप दिखाई दिया हो।

पर मैं कृष्ण नहीं हूँ, शायद उनका शतांश भी नहीं। फिर मुझमें ऐसी जिजीविषा कहाँ? जरा सा रक्तचाप बढ़ा कि घबराने लगा। मेरी घबराहट भी अजीब, जिसमें मृत्यु का भय नहीं। उस कृष्ण का अनुचर मैं, जिसने मृत्यु की वास्तविकता बताई, जिसने लोगों को मरना सिखाया, मृत्यु से क्यों डरूँ? फिर भी मेरी घबराहट में भय है, जीवन की अपंगता का।

□

गांधी से संवाद और संकटमोचन के तीर

मेरा कविता संग्रह 'खूँटी पर टँगा बसंत' को पाठकों ने हाथोहाथ लिया। इसमें मेरी फुटकर कविताओं के अलावा अधिकतर संकटमोचन का संकलन था। '70 के दशक में बनारस से निकलनेवाले 'जनवार्ता' अखबार में प्रतिदिन 'संकटमोचन' उपनाम से मैं 'खबरदार कविता' लिखता था। यह व्यवस्था पर चोट करती व्यंग्य कविता होती थी, जिसे लोगों ने 'कार्टून कविता' का नाम भी दिया। यह 'कार्टून कविता' व्यवस्था पर करारा प्रहार करती थी। विधानसभा से लेकर संसद तक इसकी गूँज सुनाई दी।

आपातकाल में इस पर प्रतिबंध भी लगा। एक समय वह था, जब साधारण जनता से लेकर प्रबुद्ध वर्ग तक 'जनवार्ता' अखबार सिर्फ 'संकटमोचन' की 'कार्टून कविता' पढ़ने के लिए लेता था। एक स्थानीय अखबार अपनी 'कार्टून कविता' के जरिए व्यवस्था की 'ऐसी-तैसी' कर रहा था और जनता उसके साथ थी। सन् 1972 से लेकर अगले 19 साल तक देश के राजनीतिक क्षितिज पर 'संकटमोचन' ने अपना मजबूत पाँव जमाए रखा थी।

लेकिन 'जनवार्ता' अखबार और उसके साथ ही 'संकटमोचन' का उदय क्यों हुआ। क्यों एक 'कार्टून कविता' पर प्रतिबंध लगाने की नौबत आई। क्यों व्यवस्था से ऊबे लोगों की आवाज सात-आठ पंक्ति की व्यंग्य कविता हो गई? क्यों संपूर्ण क्रांति के नायक जयप्रकाश नारायण ने कहा कि यदि मेरे आंदोलन को समझना हो तो 'जनवार्ता' अखबार पढ़ो? क्यों समाजवादी नेता राजनारायण इंदिरा सरकार पर उस 'कार्टून कविता' के माध्यम से बरस रहे थे? देश के उस

वक्त के हालात को समझे बिना न तो उस दौर की 'कार्टून कविता' के मर्म को समझा जा सकता है, न व्यवस्था की 'ऐसी-तैसी' करते उस 'संकटमोचन' को।

□

घटना 25 नवंबर, 1971 की है। पाकिस्तान के राष्ट्रपति याहिया खाँ ने घोषणा की कि भारत के साथ 10 दिनों में युद्ध शुरू हो जाएगा। लेकिन उसके दूसरे ही दिन पूरी शक्ति के साथ पाकिस्तान ने आक्रमण कर दिया। पाकिस्तानी सेनाओं ने तीन-चार जगहों से भारतीय सीमा का अतिक्रमण किया।

तत्कालीन प्रधानमंत्री इंदिरा गांधी ने राष्ट्र के नाम अपने विशेष संदेश में कहा, "हमारे दुश्मन ने हमारी पीठ में उस समय छुरा भोंका है, जब हम उसकी ओर दोस्ती का हाथ बढ़ा रहे थे। वह समझता है कि हम कमजोर हैं। हमारी दोस्ती के प्रस्ताव को वह हमारी कमजोरी समझता है। वह हमें नासमझ भी समझता है। इसीलिए उसने अपने ऐलान में ऐसी-ऐसी बातें कही हैं, जिनसे देश के मुसलमान भाई भड़कें। पर उसे मालूम नहीं है कि इस देश का मुसलमान उसके बहकावे में आ नहीं सकता। वह इस देश को अपना वतन समझता है और इसकी रक्षा के लिए वह अपने खून का आखिरी कतरा भी देने को तैयार है। मुझे उनकी वफादारी और हुब्बुलवतनी पर पूरा भरोसा है। वक्त आ गया है, जब पाकिस्तानियों को वह मुँह-तोड़ जवाब देगा।"

इंदिरा गांधी का पूरा संबोधन एक तरह से देश के मुसलमानों को सावधान करने के लिए था, क्योंकि पाकिस्तान की मंशा देश पर बाहर से आक्रमण करने और भीतर सांप्रदायिक दंगे भड़काने की थी। याहिया खाँ ने कई क्षेत्रों में एक साथ लड़ाई छेड़ दी। आकाशीय व जमीनी लड़ाई तो परंपरागत लड़ाई थी। उसके लिए देश की जनता पहले से तैयार थी, उसे ज्यादा कुछ करना नहीं पड़ा।

सन् 1962 में चीन से और सन् 1965 में पाकिस्तान से हुई लड़ाई के बाद से जनता युद्ध की परिस्थितियों के अनुरूप खुद को ढालना सीख गई थी। हॉर्न बजते ही 'ब्लैक आउट' हो जाता था। दरवाजे की किसी दराज से भी रोशनी की किरण चोरी-छिपे लपककर बाहर नहीं निकल पाती थी। होमगार्डों को पहले की तरह अब डंडा नहीं पीटना पड़ता था। लोग पहले से अधिक सतर्क थे।

इंदिरा गांधी को जो अंदेशा था, पाकिस्तान ने उस पर चलते हुए एक नया मोरचा खोला। वह था मीडिया का मोरचा। हमारे यहाँ हिंदी के एक-बड़े अच्छे समाचारवाचक थे—पंडित देवकीनंदन पांडेय। उनकी बनावटी आवाज में

अब पाकिस्तानी रेडियो हिंदी में झूठी खबरें देने लगा—''पाकिस्तानी सेना अब अमृतसर की ओर बढ़ गई है। वहाँ के मुसलमानों ने उसका जी खोलकर स्वागत किया। हिंदुस्तान में जबरदस्त हिंदू-मुसलिम दंगा हो रहा है। जहाँ हिंदुओं की सरियत है, वहाँ वे मुसलमानों का कत्लेआम कर रहे हैं। पर ऑल इंडिया रेडियो का वह करिया 'बाभन' (पंडित देवकी नंदन पांडेय को पाकिस्तानी रेडियो करिया 'बाभन' कहता था।) उलटी और झूठी खबरें सुनाता है। उन्हें मुसलमान भाइयों को नहीं सुनना चाहिए।''

इस तरह का झूठा प्रोपेगंडा लोगों के बीच आम चर्चा का विषय था। भारत सरकार को भय था कि पाकिस्तानी रेडियो को सुनकर देश में भयंकर दंगा हो सकता है और पाकिस्तान की यही मंशा भी थी। भारत सरकार ने तत्काल पाकिस्तान रेडियो सुनना बैन कर दिया। फिर भी, आम जनता लुके-छिपे उन्हें सुनती थी और खूब सुनती थी। उसका प्रभाव भी पड़ता था। कहीं-कहीं दंगे भी हुए थे। बनारस में बेहद तनाव का माहौल था। लोग रात-रात भर जगकर सड़क से गुजरनेवालों की बातें सुनते थे।

यह स्थिति तब तक रही, जब तक जनरल नियाजी के नेतृत्व में 93 हजार पाक सैनिकों ने भारतीय सेना के जनरल अरोड़ा के समक्ष आत्मसमर्पण नहीं कर दिया। इसकी सूचना आते ही दूसरे दिन देश में जश्न का माहौल था। हमारे मोहल्ले की गली में भी विजयोल्लास में आह्लादित लोगों ने जुलूस निकाला था। तत्कालीन रक्षा मंत्री जगजीवन राम इस खुशी में बनारस में आए थे। टाउनहॉल में उनकी बड़ी सभा रखी गई थी। शहर के नागरिकों की ओर से उन्हें चाँदी की तलवार भेंट की गई थी।

□

सन् 1971 में पाकिस्तान युद्ध से पहले इंदिरा गांधी जोरदार बहुमत से चुनाव जीतकर आई थी। 'गरीबी हटाओ' का नारा, बैंकों का राष्ट्रीयकरण और राजाओं के प्रिविपर्स को समाप्त करने के उनके कदमों से जनता में उनकी छवि गरीब समर्थक नेता की बनी थी। दस बैंकों का राष्ट्रीयकरण तो पहले ही हो चुका था, बाकी चार बैंकों का राष्ट्रीयकरण पाकिस्तान से युद्ध जीतने के बाद हुआ। बैंकों के राष्ट्रीयकरण की घोषणा होते ही, बनारस के धन्नासेठ बैंकों से जल्दी-जल्दी अपने पैसे निकाल रहे थे। उन्हें लग रहा था कि उनके सारे रुपए पर सरकार का अधिकार हो जाएगा। लोग अपना फिक्स डिपोजिट तुड़वा रहे थे। कुछ बड़े लोगों पर सी.बी.आई के छापे भी पड़े और कुछ की तिजोरी पुलिस ने सील की।

देश में हर तरफ इंदिरा ही इंदिरा थीं। हर तरफ बैंकों के राष्ट्रीयकरण की चर्चा थी। बनारस की हर 'अड़ी' पर जोरदार बहस जारी थी। इंदिरा समर्थक और कम्युनिस्ट विचारधारा के लोग बैंकों के राष्ट्रीकरण को उचित बता रहे थे। जिन लोगों का पैसा बैंको में था, वे इसके विरोध में थे। बैंकों के राष्ट्रीयकरण के पक्षधर लोगों का तर्क था, "इंदिरा गांधी चाहती हैं कि बैंकों में जमा धन का सदुपयोग होना चाहिए। जनता के लाभ के काम में उसे लगाना चाहिए। कम-से-कम ब्याज पर गरीबों को कर्जा देकर उनसे कॉटेज इंडस्ट्रियाँ लगवानी चाहिए। रिक्शेवालों को अपना रिक्शा खरीदवाना चाहिए। उनसे कर्ज की अदायगी किस्तों में करानी चाहिए। कुछ दिनों में वह रिक्शा उनका अपना हो जाएगा।"

इसके विरोधी पक्ष का कहना था कि "क्या जरूरत है समाजवाद की? हमारा पैसा बैंक में जमा है, सरकार को क्या हक है कि उसको जिसे चाहे उसे बाँट दे?"

विचित्र बात थी। लोग वास्तविकता को समझे बिना अपने मन से बैंकों के राष्ट्रीयकरण का अर्थ लगा रहे थे। राष्ट्रीयकरण न हुआ, यह अंधों के बीच हाथी हो गया था। असलियत से सभी दूर थे। मेरे लिए ये बहसें बड़ी उबाऊ थीं। मैं हर उस जगह से खिसक लेता था, जहाँ ऐसी बहस छिड़ते देखता था।

उसी कालखंड में अचानक कुछ बड़ी घटनाएँ हुईं। एक घटना के बारे में जनता के बीच एक चर्चा बंद होती कि लोगों के समक्ष दूसरी घटना आ धमकती। ऐसी ही एक घटना ने देश को झकझोर दिया था। सर्वोच्च न्यायालय के तत्कालीन प्रधान न्यायाधीश की गाड़ी पर बम फेंका गया था। वे बाल-बाल बच गए थे। बम गाड़ी के उस पार गिरा था। उस जमाने में इस तरह टी.वी., मोबाइल और इंटरनेट तो था नहीं कि घर बैठे-बैठे खबर तुरंत पता लग जाए। उन दिनों आज की तरह 'ब्रेकिंग न्यूज' अखबार में टेलीप्रिंटर से आता था। जनता को ऐसी बड़ी खबर की जानकारी देने के लिए हर अखबार के कार्यालय के बाहर एक निर्धारित जगह होती थी, जहाँ बुलेटिन चिपकाया जाता था। इस बुलेटिन से ही जनता को 'ब्रेकिंग न्यूज' का पता चलता था। शहर के सभी प्रबुद्ध लोगों को यह पता होता था कि कोई भी बड़ी घटना उसी दिन अखबार कार्यालय के बाहर बुलेटिन के रूप में चिपकी मिलेगी। 'आज' अखबार के बाहर मैं ऐसी बुलेटिन को पढ़ने जाता था। सुप्रीम कोर्ट के प्रधान न्यायाधीश पर बम फेंकनेवाले दिन भी बनारस में 'आज' अखबार के कार्यालय के पास से गुजर रहा था, तब वहाँ जबरदस्त भीड़ देखी थी और जहाँ अखबार चिपकाया गया था, लोगों की निगाहें उधर गड़ी थीं।

स्पष्ट तौर पर दिखने लगा था कि इंदिराजी के मन में कुछ-न-कुछ पक रहा है। उधर उनका छोटा पुत्र संजय सत्ता में कुछ भी न होते हुए सारी सत्ता अपनी मुट्ठी में रखना चाहता था। वह हर काम में टाँग अड़ाता था। जिसने जरा भी उसके मन वाली नहीं की, उसे तुरंत अपने रास्ते से हटाया। लोग यहाँ तक कह रहे थे कि उसकी माँ भी उसकी इच्छा के विरुद्ध नहीं जा सकतीं। इसी भयावह राजनीतिक स्थिति से पूर्व रेल मंत्री ललित नारायण मिश्र की हत्या तक का संबंध लोग जोड़ रहे थे। यह हत्या ऐसी थी, जैसी भारत की राजनीति में उस वक्त तक कहीं देखी गई और न सुनी गई वे बिहार में किसी सभा मंच पर भाषण करने के लिए चढ़े ही थे कि मंच बम धमाके से उड़ गया।

मंत्रिमंडल में भी गंभीर फेर-बदल किए गए थे। वर्तमान गृहमंत्री के सारे कार्य गृह राज्यमंत्री ओम मेहता को दे दिए गए थे। विचित्र स्थिति थी। कोई पंगु बना दिया गया था और किसी को नाटक में विष्णु बननेवाले की तरह दो हाथ और जोड़ दिए गए थे, भले ही वे अलग से झूलते हुए दिखाई देते हों।

जनता आगामी संक्रमणकाल का अहसास करने लगी थी। पर चुप थी—तमाशबीन की तरह नहीं। वरन् असहाय की तरह। इस स्थिति से सबसे अधिक खुश इंदिरा-संजय समर्थक और कम्युनिस्ट विचारधारा के लोग थे, जिनका खयाल था कि देश रूस की शासन व्यवस्था (साम्यवादी तानाशाही) की ओर कदम बढ़ा रहा था।

□

इंदिरा की सन् 1971 में आँधी और पाकिस्तान पर जीत के बाद कांग्रेस अहंकार की दिशा में बढ़ने लगी थी। देश में राजनीतिक हालात भविष्य के संक्रमण का बोध कराने लगे थे। अखबार और पत्र-पत्रिकाएँ सरकार समर्थक हो गई थीं। जनता की आवाज कहने-सुननेवाला कोई नहीं था। असहमति के इक्का-दुक्का स्वर भी सुनाई पड़ने बंद हो गए थे।

इस संक्रमणकाल से गुजरते देश की पदचाप बनारस के कुछ समाजवादी साथियों ने सुननी शुरू भी कर दी थीं। सन् 1972 में ज्योति भूषण गुप्ता, बाबू भूलन सिंह, ईश्वरचंद्र सिन्हा, ईश्वरदेव मिश्र, धर्मशील चतुर्वेदी और श्यामा प्रसाद प्रदीप ने सहकारी स्तर पर 'जनवार्ता' अखबार निकालने की शुरुआत की। निर्णय लिया गया कि इसे 'आज' अखबार से अधिक धारदार बनाया जाएगा। मैं भी इस टीम का अहम सदस्य था। धर्मशील चतुर्वेदी को 'छींटा' लिखने के लिए मैंने प्रेरित किया। उनके कॉलम का नाम 'आठवाँ कॉलम' और उनका उपनाम

'अष्टावक्र' निर्धारित किया गया, जो बेहद लोकप्रिय हुआ।

'जनवार्ता' शुरू होने से पूर्व ही यह घोषणा कर दी गई कि इस अखबार में समसामयिक विषय पर एक छोटी व्यंग्य कविता होगी। उसे लिखने के लिए उस समय के एक प्रमुख व्यंग्यकार ने अपनी स्वीकृति दे दी थी और उनके नाम की घोषणा भी कर दी गई थी। किंतु ऐन मौके पर 'जनवार्ता' को ठेंगा दिखाकर उन्होंने 'आज' में लिखना शुरू कर दिया।

अब 'जनवार्ता' के सामने विषम स्थिति आई। उन्हें वह कॉलम तो शुरू करना ही था। आज के जोड़-तोड़ में 'जनवार्ता' में अब कौन लिखे? यह बहस चल ही रही थी, तब तक मैं पहुँच गया। संकटमोचन का दर्शन करके लौटा था। मुझे देखते ही यू.पी. कॉलेज के राजनीति विभाग के तत्कालीन अध्यक्ष दिलीप नारायण सिंह ने कहा कि 'वह कॉलम शर्माजी लिखेंगे। इनके सिवा बनारस में कोई दूसरा नहीं दिखता।'

मैंने नानुकुर किया। हिम्मत नहीं पड़ रही थी, क्योंकि यह एक दिन का लिखना नहीं था। रोज-रोज का लिखना था। तब दिलीप नारायण सिंह ने कहा, 'तुम किसी छद्म नाम से लिखो। यदि असफल भी हो जाओगे तो तुम्हारी कोई बदनामी नहीं होगी। अंत में उनका निश्चय मान लिया गया। मैंने मन में संकल्प लिया कि 'हे संकटमोचन बाबा अब इज्जत तुम्हारे ही हाथ में है। इसलिए अब यह कॉलम तुम्हारे ही नाम से लिखता हूँ। मैंने 'संकटमोचन' नाम से लिखना आरंभ किया।

□

इंदिरा की आँधी थी और कोई उनसे सवाल पूछनेवाला नहीं था। उनके नाम पर ऐसे-ऐसे लोग संसद में जीतकर पहुँच गए थे, जिन्हें क्षेत्र की जनता पहचानती तक नहीं थी। इंदिरा के नाम पर सारे वोट पड़े थे। 'जनवार्ता' में पहले दिन 'संकटमोचन' ने कविता लिखी—

'जनाब आज नेता हैं,
चुनाव के विजेता हैं
कल धरती के भार थे,
खर-पतवार थे
पड़े हुए
ढूहे पर, रद्दी पर
इंदिरा की आँधी आई
उड़ बैठे गद्दी पर।'

इसके बाद कॉलम जो चल पड़ा तो चल पड़ा। सड़क से संसद तक 'संकटमोचन' की चर्चा हुई। उस कालम का नाम ही 'संकटमोचन' हो गया। संसद में ये कविताएँ समाजवादी नेता राजनारायण सिंह ने पढ़ी थीं।

संक्रमण का यह दौर लंबा चला। बनारस में एक दिन कोहराम मचा था। हर कोई बरेली जा रहा था। उधर जानेवाली हर बस और रेलगाड़ी खचाखच भरी थी। पता चला वहाँ जे.पी. आनेवाले हैं। 'जे.पी.' यानी जयप्रकाश नारायण—वह जनता के बीच इसी नाम से जाने जाते थे। ऐसा लग रहा था कि इंदिरा की आँधी की काट में जयप्रकाश नारायण की आँधी उठी है। गुजरात और बिहार के राजनीतिक हालात और उसके बाद उग्र हुए छात्र आंदोलन को अपने हाथ में लेनेवाले जे.पी जननायक बन चुके थे। लोगों को वह प्रजातंत्र के सच्चे सिपाही दिख रहे थे। लोगों ने उन्हें सत्ता परिवर्तन का अग्रदूत मान लिया था। जे.पी. का सारा आंदोलन इंदिराजी की नीतियों के खिलाफ था। जनता जे.पी. की भक्त थी। उनकी सभाओं में लाखों की भीड़ होती थी।

जे.पी. सन् 1974 आते-आते इंदिरा विरोध के प्रमुख स्वर बन चुके थे। मुझे याद है, बनारस में यह चर्चा उन दिनों आम थी कि जे.पी.अपने लोगों को साफ तौर पर कहते हैं कि 'संपूर्ण क्रांति' आंदोलन की बारीकियों को समझना हो तो 'जनवार्ता' ध्यान से पढ़िए। यानी जे.पी.आंदोलन का स्वर 'जनवार्ता' हो गया था। संपादकीय पेज पर छपनेवाली मेरी 'कार्टून कविता' संक्षिप्त होते हुए भी बेहद सटीक होती थी। इसे इंदिरा विरोधियों की आवाज समझा जाने लगा था।

दूसरी तरफ जे.पी के बढ़ते कदम को रोकने के लिए इंदिरा समर्थकों ने उन्हें पूंजीपतियों का दलाल कहना शुरू किया। इंदिराजी को इसमें देश के कम्युनिस्ट नेताओं का भरपूर समर्थन मिला। बनारस के कांग्रेस व कम्युनिस्ट विचारधारा के लोग जब भी किसी 'अड़ी' पर जमा होते, कहना शुरू कर देते, ''इंदिराजी जनता की भलाई चाहती हैं। उन्होंने बैंकों का राष्ट्रीयकरण किया है। अब बैंक के पैसे से जनता सीधे लाभ उठाएगी। उन्होंने राजाओं का प्रिवीपर्स समाप्त किया। देश की तसवीर बदल रही थी, पर थैलीशाहों को यह सब अच्छा नहीं लगा। उन लोगों ने जनता को बरगलाना आरंभ किया और जे.पी. के नेतृत्व में आंदोलन छेड़ दिया। उनकी सभाओं में भीड़ लाने के लिए उन लोगों ने अपनी तिजोरियाँ खोल दीं। बसें भेज-भेजकर सभाओं में आदमी इकट्ठे किए जाने लगे। भीड़ जमाई जा रही है, नारे लगाए जा रहे हैं, 'सिंहासन खाली करो कि जनता आती है'—जबकि जनता की भलाई कहीं और है।''

इंदिरा समर्थक और कम्युनिस्ट विचारधारा के लोग आम लोगों के बीच कहने लगे थे, 'देखना, इस जयप्रकाश को तो जेल की हवा खानी पड़ेगी। वह जनता को गुमराह कर रहे हैं। सत्ता के खिलाफ आग उगल रहे हैं। ऐसे लोगों को गोली मार देनी चाहिए।' बात कहते-कहते इंदिरा समर्थक आवेग में इतना कुछ कह जाते, जो सारी मर्यादाएँ पारकर जाती थीं। उनकी बातों से हिंसा टपकने लगती थी। लगने लगा था कि देश एक बड़े परिवर्तन के दौर से गुजरने की तैयारी कर रहा है।

□

गरमी की छुट्टियों में मॉर्निंग वॉक का मेरा कार्यक्रम बन गया था। रोज की तरह उस दिन भी कंपनी बाग में टहलने जाने के लिए निकला था। सड़क पर अजीब किस्म की खामोशी छाई थी। चाय और पान की दुकानों में लोग अखबारों पर नजर गड़ाए बड़े आतंकित होकर बहस कर रहे थे। जिज्ञासावश मैं भी पान की एक दुकान की ओर बढ़ गया। वहाँ लोगों के सिर में अपना सिर घुसाकर अखबार की ओर झुककर देखा। वह पूरा अखबार नहीं, वरन् परचानुमा भोर में निकला अखबार का एक विशेषांक था, जिसकी मुख्य हेडिंग थी—'प्रजातंत्र को सलाम'। जिसके अंतर्गत सब-हेडिंग्स थीं, 'देश में आपात-स्थिति, संविधान के बहुत से अनुच्छेद निलंबित।' अखबारों पर सेंसर लागू। वहीं एक बॉक्स में छोटा सा समाचार था— 'आज का अखबार इसीलिए देर से प्रकाशित होगा।'

देश के सारे विरोधी नेता गिरफ्तार कर लिये गए। रातोरात जिस स्थिति में जो जहाँ था, वहीं से उठा लिया गया। गिरफ्तार नेताओं में प्रमुख थे—जयप्रकाश नारायण, मोरारजी देसाई, अटल बिहारी वाजपेयी, चौधरी चरण सिंह, ज्योति बसु, हेमवती नंदन बहुगुणा, राजनारायण आदि। इसके बाद छोटे-नेताओं की एक अंतहीन सूची थी।

"अब भइया देश में रहे के होय, तो बस इंदिरा गांधी और संजय गांधी का जय बोला।" एक व्यक्ति गाल में पान दबाए बोला और तुरंत आगे बढ़ गया।

किसी की कोई प्रतिक्रिया नहीं। सभी डरे-डरे और सहमे-सहमे से। मेरी बगल में खड़े व्यक्ति ने धीरे से कहा, "किसी की कोई सकारात्मक प्रतिक्रिया नहीं है।"

"कोई क्यों बोलेगा? हर आदमी के सिर पर तलवार लटक रही है और जबान कैंची के नीचे है।" किसी अन्य व्यक्ति ने कहा और वहाँ से चलता बना।

"वह सिंह की सवारी कर रही हैं, भगवान् ही उनका भला करे।" यह एक पंडितजी थे।

यह हमारे इतिहास के सबसे काले दिन 26 जून, 1975 का सवेरा था। मैं मॉर्निंग वॉक छोड़कर घर भागा। पत्नी ने कहा, 'जनवार्ता' से बार-बार फोन आ रहा है बात कर लीजिए, लेकिन इतनी सवेरे, इतना फोन—'कुछ बात है क्या।' मैं उससे कुछ कहने से पहले फोन लगाने बैठ गया। 'जनवार्ता' में व्यंग्य कविता लिखने के एवज में मेरी तनख्वाह इस टेलीफोन का बिल था, जिसे 'जनवार्ता' चुकाता था। फोन का जवाब देना जरूरी था। दूसरी ओर से आज की स्थिति पर 'कार्टून कविता' की माँग की गई। नहीं भी माँगते तो आज, जिस तरह से लोकतंत्र मरा, उसका मातम तो 'संकटमोचन' बाबा को मनाना ही था।

26 जून, 1975 को जब आपातकाल लगा था, आसमान भी रो पड़ा था। उस दिन आकाश में काले बादल घिर आए थे और हल्की बूँदा-बूँदी भी हुई थी। लगता था, आसमान भी इंदिरा और संजय गांधी के डर से खुलकर रो नहीं पा रहा है, हालाँकि वह रोना चाहता था। 'संकटमोचन' ने लिखा—

'मौसम की आँखों में नमी हो गई है,
लगता है कोई गमी हो गई है,
मेरी टेबुल पर पड़ी,
संविधान की पुस्तक से
बहुत सारे पन्नों की कमी हो गई है।'

सरकार ने अखबार पर सेंसर लगा दिया था। अखबार का हर मैटर उसे दिखाने के बाद ही छप सकता था। लग रहा था, कहीं सरकार इस 'व्यंग्य' को सेंसर न कर दे, लेकिन यह पास हो गया और छप गया।

मैंने दूसरे दिन फिर लिखा—

'शोर मत मचाइए,
चुपचाप इधर से गुजर जाइए,
यह न देखिए कि यहाँ क्या हो रहा है,
यह अस्पताल का इमरजेंसी वार्ड है,
यहाँ प्रजातंत्र सो रहा है।'

सेंसर की दृष्टि से यह कविता भी निकल गई। लेकिन उसी दिन शाम को सरकार के सूचना-विभाग में कार्यरत मेरे शुभचिंतक ठाकुर प्रसाद सिंह मुझसे मिलने आए, कहा, ''मास्टर साहब कलम रोक लीजिए। आज चर्चा हो रही थी कि हनुमान प्रसाद शर्मा को लिखने से रोक दिया जाए। यदि नहीं मानें तो गिरफ्तार कर लिया जाए। मैंने सुन लिया, इसलिए भागा-भागा आपके पास आया हूँ। कोई

संकटमोचन बाबा आपको बचाने नहीं आएँगे।''

दूसरे रोज मैंने फिर जोखिम उठाया लिखा—

भूषण या कवि चंद नहीं
बिजली भर दे वह छंद नहीं
है कमल बँधी स्वच्छंद नहीं।

ठाकुर प्रसादजी का फोन फिर आया। मास्टर साहब मान जाइए।

अगले दिन हिम्मत करके मैंने केवल दो लाइनें लिखीं—

'अब तो जाते हैं, बुतकदे से ये वीर,
फिर मिलेंगे गर कभी खुदा लाया ।।'

ठाकुर प्रसाद सिंह का फोन आया, ''ठीक किया मास्टर साहब। आपातकाल हटेगा तो आप जनता से मिल लीजिएगा। अब कल से बंद कीजिए।''

उस वक्त मेरे घर की हालत ऐसी नहीं थी कि मैं सरकार से टकराऊँ, जेल चला जाऊँ। मेरे बगैर घर में चूल्हा जलना मुश्किल था। रोटी की चक्की में पिसता एक मास्टर-लेखक, सरकार से टक्कर लेने की हिम्मत नहीं कर सकता था। मैंने अपनी कलम उसी टेबुल पर रख दी, जिस टेबुल पर पड़े संविधान के पन्नों के फड़फड़ाकर गायब होने की सरसराहट मैंने सुनी थी। इसके बाद जब तक आपातकाल रहा, तब तक 'संकटमोचन' पर संकट बरकरार रहा। इसका प्रकाशन बंद कर दिया गया।

मुझे याद है आपातकाल में सरकार ने जिस 'संकटमोचन' का प्रकाशन बंद कराया था, संसद में वही कविताएँ राजनारायण ने इंदिरा को चुनौती देने के लिए पढ़ी थीं। राजनारायण इसे आम आदमी की टिप्पणी बता राज्यसभा में उद्धृत करते थे।

आपातकाल के बाद भी 'जनवार्ता' छपता रहा। करीब-करीब 19 साल तक 'जनवार्ता' अखबार निकलता रहा और मैं प्रतिदिन उसमें लिखता रहा। संपादकीय पेज पर छपनेवाली इस व्यंग्य कविता की उम्र भले 24 घंटे होती थी, लेकिन इसकी धार बहुत तेज थी। सात से आठ लाइन की यह 'खबरदार कविता' की भाषा आम आदमी की थी और इसका विषय सामाजिक-राजनीतिक-समसामयिक।

'संकटमोचन' की लोकप्रियता को लेकर एक घटना याद आती है। मशहूर कलाविद् रायकृष्ण दास काशी हिंदू विश्वविद्यालय के ही भीतर 'सीता निवास' में रहते थे। यह वही रायकृष्ण दास थे, जिन्होंने 'भारत कला भवन' की स्थापना की थी। एक बार मैं उनसे मिलने गया। मेरे साथ मेरा बेटा हेमंत भी था। मेरे

पहुँचते ही रायकृष्ण दास ने एक कार्ड उठाया और अपने काँपते हाथों से लिखा, ''संकटमोचन विश्वलोचन आए आप 'सीता निवास', जो है संकटमोचन मंदिर के पास।'' इसके बाद उन्होंने एक किस्सा सुनाया। उन दिनों रेडियो पर मशहूर लोगों का साक्षात्कार चोटी के कुछ साहित्यकार लेते थे। ऑल इंडिया रेडियो, वाराणसी के निदेशक रायकृष्ण दास के घर आए। उनके साथ महाकवि सुमित्रानंदन पंत और महादेवी वर्मा भी थीं। सुमित्रानंदन पंत व महादेवी वर्मा ने रायकृष्ण दास का लंबा साक्षात्कार लिया। वह साक्षात्कार ऑल इंडिया रेडियो के इलाहाबाद केंद्र में आज भी सुरक्षित है।

साक्षात्कार में दोनों महाकवियों ने रायकृष्ण दास से सवाल पूछा, 'क्या आप आजकल की कविता पढ़ते हैं?' रायकृष्ण दास ने कहा, 'हाँ, मनु शर्मा की कविताएँ नियमित रूप से पढ़ता हूँ।' अब सुमित्रानंदन पंत व महादेवी वर्मा अवाक्! उन्होंने तो नई कविता में किसी मनु शर्मा का नाम भी कभी नहीं सुना था। दोनों को सोच में डूबा देखकर, रायकृष्ण दासजी ने कहा, 'मनु शर्मा के कारण ही मैं प्रतिदिन 'जनवार्ता' अखबार पढ़ता हूँ। आप भी पढ़ें। मैं पाता हूँ, उनमें नई कविता का भविष्य है।''

कुछ ऐसा था उन दिनों 'संकटमोचन' का असर। थोड़े से शब्दों में व्यंग्यात्मक रूप से कुछ लाइनों में अपनी बात कह दी जाती थीं, जो बड़े-से-बड़े संपादकीय में भी नहीं लिखी गई। इसी से इसकी उपयोगिता समझी जा सकती है।

□

'जनवार्ता' अखबार सन् 1991 में बंद हो गया। इसके साथ ही 'संकटमोचन' की यात्रा भी समाप्त हो गई। देश की सामाजिक-राजनीतिक परिस्थितियाँ उस वक्त भी उफान पर थीं। राम जन्मभूमि आंदोलन देश को आंदोलित किए हुए था। जिस तरह आपातकाल में देश अनजाने भय से सिहर रहा था, ठीक उसी तरह का भय एक आम आदमी के चेहरे पर इस वक्त भी पढ़ा जा सकता था। फरवरी 1992 में 'आज' अखबार ने मुझसे संपर्क किया और कहा, 'संकटमोचन' की तरह ही कोई नई शैली, कोई नया चरित्र ईजाद कीजिए। जो धारदार तरीके से देश की राजनीतिक-सामाजिक परिस्थिति पर जब प्रहार करे तो लोग उसकी बात सुनें।

'आधुनिक भारत में गांधी के अलावा और कौन है, जिसकी बात पूरा देश सुनेगा'—मन ने बैठे-बैठे सोचा। जो परिस्थिति आज देश के सामने निर्मित थी, गुलाम भारत में भी तो वही परिस्थिति थी। हमें आजादी मिल गई, लेकिन न हमारे

सामाजिक हालात में कोई परिवर्तन आया, न राजनीतिक व्यवस्था ही अंग्रेजी शासन से भिन्न हुई और न हिंदू-मुसलिम के बीच सांप्रदायिक तनाव कम हुआ। गोरे अंग्रेजों की जगह काले अंग्रेज आए—बाकी सब तो समान ही रहा। फिर आज यदि गांधी होते तो क्या कहते, क्या करते, इन समस्याओं का क्या समाधान तलाशते? दिमाग में करंट लगा और मेरी आँखों के सामने आँखों पर गोल चश्मा चढ़ाए, हाथ में लाठी लिये, एक धोती में लिपटे गांधी उपस्थित हो गए। गांधी मुझमें लौट आए।

□

आप आश्चर्यचकित हैं, तो आप मेरी रचना-यात्रा पर फिर से एक नजर डाल लें। आप मेरी औपन्यासिक यात्रा देखिए, 'महाभारत' के जितने भी पात्रों को मैंने अलग-अलग आयाम दिया है, दरअसल सबको मैंने अपने अंदर अलग-अलग जीया है। द्रौपदी से लेकर कृष्ण तक, सभी मेरे अंदर समाते चले गए। अंग्रेजी सहित्य में इसे 'लाउड थिंकिंग' कहते हैं। पूरी रचना-यात्रा के दौरान मैं कभी सड़क पर बड़बड़ाता हुआ चलता, हवा में हाथ लहराता, कृष्ण से बातें करता। कभी किसी व्यक्ति से टकरा जाता, तो कभी बनारस के किसी साँड से। प्राचीन लोकोक्ति भी है—

'राँड़-साँड़, सीढ़ी-संन्यासी,
इनसे बचै तो सेवे काशी।'

बनारस में आनेवाला इनमें से किसी से न टकराए तो क्या खाक बनारस आना हुआ···और उसमें बनारसी साहित्यकार···जो दुनिया के लिए रचने का दावा करता हो, लेकिन यदि भुक्तभोगी न हुआ तो दुनिया को कृत्रिमता ही परोसेगा। तो कई बार सड़क पर साँड़ से टकराने के बाद जब मैं औंधे मुँह गिरता। तब लगता कि मेरी 'थिंकिंग' और 'लाउड' हो रही है।

घर में मेरी हालत और भी बुरी थी। साहित्य रचनाकाल में कई बार मैं ऐसे चिंतन में डूब जाता कि द्रौपदी से लेकर द्रोण, कर्ण, कृष्ण और अब गांधी से घंटों बातें करता रहता। मेरी इस 'लाउड थिंकिंग' की आवाज मेरे कमरे से बाहर जाती तो पत्नी भागी-भागी आती कि पता नहीं कमरे में किससे बातें कर रहे हैं! लेकिन जब मेरी भाव भंगिमा देखती, मुझे हाथ नचा-नचाकर अकेले में बातें करती देखतीं तो समझ जाती कि मेरे अंदर मेरा कोई चरित्र प्रकट हो गया है। शुरू-शुरू में तो वे काफी डरती थीं। पास आने से भी झिझकती थीं। कई बार आती तो माँ को सामने करके आती, ताकि मेरे अंदर का 'भूत' उसे न दबोच ले। मैं हँसता और वह भय

से मेरा चेहरा देखती। लेकिन मेरी रचना प्रक्रिया में वह जैसे-जैसे सहभागी होती गई, मेरी 'लाउड थिंकिंग' को उसने जीवन का हिस्सा मान लिया।

घर के अन्य सदस्य या बाहरी लोग अकसर समझ लेते कि मेरे कमरे में कोई आया है, जिससे मैं बातें कर रहा हूँ। परिवार के लोग झाड़-फूँक भी कराते और जब पाते कि मैं अपने कमरे में अकेला हूँ, तब उनके पास मुसकराते हुए इसे मेरे स्वभाव का ही अंग मान लेने के सिवा कोई चारा न होता। जब द्वापर युग के कृष्ण मेरे अंदर प्रवेश कर सकते हैं तो फिर गांधीजी को तो मैंने बचपन में नजदीक से देखा था। यह मेरा सौभाग्य था, जिसने कभी गांधीजी के दर्शन कराए थे। तब मैं छोटा था, न कभी उनका सान्निध्य मिला और न कभी आशीर्वाद। बनारस की किसी सभा में कभी उनकी मुसकराहट से जो आशीर्वाद बरसता था, उसकी फुहार की स्मृति-शेष से आज भी मन भीग उठता है। यदि कभी बात करने का मौका मिला होता तो गजब हो जाता, इसकी कचोट मुझे आज तक है। मेरी ललक ने ही इस 'फैंटेसी' का रूप (फॉर्म) लिया।

'फैंटेसी' मुख्यत: मनेविज्ञान का शब्द है। इसका संबंध स्वप्न और अवचेतन की स्थितियों से है, वस्तुत: दिवास्वप्न की स्थिति से। जब चेतन पर अवचेतन ज्यादा प्रभावी होता है, तब 'फैंटेसी' की स्थिति पैदा होती है, बिंबों की शृंखला बनती है। यह बिंब अधिकतर बेतरतीब ही होते हैं। कभी-कभी वे तरतीबवार भी हो जाते हैं, जब हमारी सचेत बुद्धि ज्यादा सक्रिय होती है। मनोविश्लेषक सिग्मंड फ्रायड ने तो इस मन:स्थिति में मन की अतल गहराइयों को भी खोजने का प्रयास किया है। साहित्य में बिंबों, प्रतीकों और मिथकों से बनी इस विधा को तर्क से अनुमोदित नहीं किया जा सकता।

□

'मैं टाउनहॉल के सामने महात्मा गांधी और कस्तूरबा की प्रतिमा की ओर बढ़ा, क्योंकि यह मेरी नित्य की आदत थी। सुबह चार बजे टहलने के लिए मैं यहीं से गुजरता था। मैं अपना प्रात-भ्रमण कार्य उन महान आत्माओं के सामने सिर झुकाकर ही आरंभ करता था। पर आज उधर दृष्टि उठाते ही कलेजा 'धक्' सा रह गया। वहाँ गांधी की प्रतिमा ही नहीं थी, अकेली कस्तूरबा खड़ी थीं। मैं अवाक रह गया। ऐसा तो नहीं कि गांधी की मूर्ति किसी ने तोड़ डाली हो! यदि तोड़ी भी गई होती तो उसके टुकड़े पड़े होते। में व्यग्रता में आगे बढ़ा। देखता हूँ, गांधी की वही मूर्ति टहल रही है। मेरे आश्चर्य का ठिकाना न रहा। सपना तो नहीं देख रहा हूँ। मैं सोचने लगा कि मैदागिन की सड़क से गुजरनेवाली मुगलसराय की बस की

चीख सुनाई पड़ी। स्वप्न का भ्रम टूटा। मैंने आगे बढ़कर गांधीजी के चरण छुए। वे हँसते हुए बोले, 'आखिर तुमने मुझे पहचान ही लिया।'

'इस देश में कौन ऐसा होगा, जो आपको न पहचानता हो?' मैं विस्मय-विभोर था।

'पहचानते तो बहुत हैं, पर सुना है, मुझे जाननेवाले बिरले ही रह गए हैं।' गांधीजी फिर मुसकराए। रहस्य से भरी उनकी मुसकराहट जैसे बहुत कुछ कह रही हो और बहुत कुछ कहना चाहती हो। (गांधी लौटे : क्यों फिर धरती पर आया)

□

फरवरी, 1992 से मार्च, 1994 के बीच 'आज' अखबार में 'गांधी लौटे' नाम से शुरू हुई लेखमाला में गांधी को लेकर मेरी 'फैंटेसी' की शुरुआत कुछ इसी तरह से हुई। 'आज' में इस लेखमाला के शुरू होते ही आलोचकों ने मुझ पर हमला कर दिया, मेरा मजाक बनाना शुरू कर दिया। मुझे पागल कहा जाने लगा। 'कहीं मरा तोता भी राम-राम बोलेगा!' पर इसमें तो गुजरे हुए व्यक्ति को कब्र से उठाकर—और थोड़ा सँभालकर कहूँ तो इतिहास के पन्नों से निकालकर खड़ा करने की हास्यास्पद चेष्टा की गई है। ऐसा थोड़े ही होता है। नाटक में यह चल सकता है, लेकिन यह नाटक तो है नहीं।'

गांधी ने मुझसे कहा ही था, 'मुझे जिंदा करोगे तो हमले झेलने ही होंगे। चौक-चौराहों और नोटों तक तो मैं ठीक हूँ, लेकिन यदि विचारों में उतारोगे तो उपहास के पात्र बनोगे।' मैं उपहास का पात्र बनने के लिए जब तैयार हुआ, गांधी तभी मुझे प्रत्यक्ष रूप से दिखाई देने और अपनी बात सुनाने के लिए तैयार हुए थे।

काका साहब कालेलकर का कहना था कि 'आज संसार की कोई ऐसी समस्या नहीं, जिसका समाधान गांधी के पास न हो। कोई ऐसा संकट नहीं, जिसका हल उनके विचारों से न निकाला जा सके।' मेरे मन में गहराई तक बैठे इस विचार और गांधी के प्रति मेरी आस्था ने ही गांधी को विवश कर दिया कि वह जिंदा होकर मेरे संग-संग चलें, मेरे संग-संग रहें।

गांधी दर्शन की 'फैंटेसी' का खामियाजा मैंने खूब भुगता, लेकिन बाद में यह लेखमाला खूब चर्चित भी हुई। जिन्होंने गांधी को जाना है, उनके दर्शन को जीवन में उतारा है, उन्हें इसे समझने में तनिक भी परेशानी नहीं हुई। प्रसिद्ध गांधीवादी चिंतक व राज्यसभा सदस्य रह चुकीं निर्मला देशपांडे ने इस किताब के बारे में

लिखा है, ''अध्ययन और आस्था के साथ आकर्षक शैली में लिखी गई 'गांधी लौटे' जब हमारे जैसे गांधी-सेवकों के पास पहुँचती है तो विशेष प्रसन्नता होती है। लेखक मनु शर्मा ने 'फैंटेसी' शब्द का इस्तेमाल किया है। इस विधा का प्रयोग इस पुस्तक (आज 'गांधी लौटे' की पूरी लेखमाला पुस्तक के रूप में मौजूद है) को अधिक रुचिकर बना देता है, जिसके कारण गंभीर दार्शनिक विषय सहज पठनीय बन जाता है।''

सुना है, वर्ष 2006 में मेरी फैंटेसी में जिंदा हुए 'मरे तोते' को कोई फिल्मकार चुरा कर ले गया और उसने बाकायदा एक फिल्म 'लगे रहो मुन्ना भाई बना डाली, जो खूब सराही गई, खूब चली। मैं फिल्म नहीं देखता, लेकिन जब यह फिल्म आई तो लोग दौड़े-दौड़े मेरे घर आए, फोन की घंटी लगातार घनघना उठी। सबने कहा, आपने सन् 1992 से 1994 के बीच अपनी फैंटेसी से जिस 'मरे तोते' को जिंदा कर बनारस की गलियों में घुमाया था, वह 12 साल बाद फिर से प्रकट होकर सिनेमा के परदे से 'गांधीगीरी' का संदेश दे रहा है। मैंने कहा, 'चलो, एक से दो हुए—अब कोई मुझे पागल नहीं कहेगा।'

मैं इसे चोरी नहीं मानता। गांधी सबके हैं। उनके दर्शन में हर समस्या का समाधान है। साहित्य में जब यह प्रयोग मैंने किया तो शायद समाज इतना परिपक्व नहीं था, तभी मेरा मजाक उड़ाया जा रहा था। आज फिल्मकार का कोई मजाक नहीं उड़ा रहा, उल्टा उसे दो साल तक लगातार अखबार के जरिए परोसे जा चुके आइडिया का ताजा-ताजा 'सृजक' कहने की होड़ आलोचकों में दिखी—ऐसा मेरे जानकारों ने बताया। 'गांधी लौटे', 'गांधीगीरी' बन गया—समाज तो ज्यादा परिपक्व हुआ ही है।

□

आज बनारस के टाउनहॉल में जहाँ गांधी की मूर्ति है, वहाँ आजादी से पहले गांधी कई सभा कर चुके हैं। आजादी की लड़ाई लड़ने से पहले भारत को समझने से लेकर लड़ाई के आखिरी चरण तक गांधीजी ने काशी की 12 बार यात्रा की थी। हालाँकि मैं उनकी 10वीं, 11वीं और 12वीं यात्रा का दर्शक रहा, लेकिन वर्तमान काशी की दशा देखकर अपनी सभी यात्रा में उत्पन्न किए सवाल और खुद ही दिए उनके जवाब फिर से दोहराने से गांधी, मेरी 'फैंटेसी' में आ गए।

दक्षिण अफ्रीका से सन् 1902 में गांधी भारत आए थे। अपने राजनीतिक गुरु गोपालकृष्ण गोखले की सलाह पर गांधी ने रेल के तीसरे डिब्बे में बैठकर पूरे देश का भ्रमण किया था, ताकि वास्तविक भारत का दर्शन कर सकें। 22 फरवरी,

1902 को वह कलकत्ता से राजकोट के लिए निकले और रास्तें में एक दिन के लिए काशी में रुके थे। अपनी आखिरी यात्रा उन्होंने काशी हिंदी विश्वविद्यालय के तत्कालीन कुलपति डॉ. सर्वपल्ली राधाकृष्णन के आमंत्रण पर '40 के दशक में की थी।

अपनी पहली काशी-यात्रा का जो संस्मरण गांधीजी ने स्वयं लिखा है, उसे पढ़कर 'महात्मा' बनने से पूर्व की उनकी अपनी स्वतंत्रता और 'महात्मा' बनने के बाद उससे उत्पन्न दर्द का दर्शन हो जाता है। गांधीजी ने लिखा है, ''अब मैं काशी के अनुभव पर आता हूँ। काशी स्टेशन पर मैं सवेरे उतरा। मुझे किसी पंडे के ही यहाँ रहना था। कई ब्राह्मणों ने मुझे घेर लिया। उनमें से जो मुझे थोड़ा सुघड़ और सज्जन लगा, उसका घर मैंने पसंद किया। मेरा चुनाव अच्छा सिद्ध हुआ। ब्राह्मण के आँगन में गाय बँधी थी। ऊपर एक कमरा था। उसमें मुझे ठहराया गया। मैं विधिपूर्वक गंगास्नान करना चाहता था। तब तक मुझे उपवास रखना था। पंडे ने सब तैयारी की। मैंने उनसे कह रखा था कि मैं सवा रुपए से अधिक दक्षिणा नहीं दे सकूँगा। अतएव उसी के लायक वह तैयारी करे। पंडा ने बिना झगड़े के मेरी विनती स्वीकार कर ली। वह बोला— 'हम लोग अमीर-गरीब सब लोगों की पूजा एक-सी करते हैं। दक्षिणा यजमान की इच्छा और शक्ति पर निर्भर करती है। मेरे खयाल से पंडा ने पूजा-विधि में कोई गड़बड़ी नहीं की। लगभग बारह बजे इससे फुरसत पाकर मैं काशी विश्वनाथ के दर्शन करने गया। वहाँ जो कुछ देखा, उससे मुझे दुःख हुआ। सन् 1891 में, जब मैं मुंबई में वकालत करता था, तब एक बार प्रार्थना समाज के मंदिर में 'काशी-यात्रा' विषय पर व्याख्यान सुना था। अतएव थोड़ी निराशा के लिए तो मैं पहले से ही तैयार था। पर वास्तव में जो निराशा हुई वह अपेक्षा से अधिक थी। सँकरी, फिसलनवाली गली में होकर जाना था। शांति का नाम नहीं था। मक्खियों की भिनभिनाहट, यात्रियों और दुकानदारों का कोलाहल मुझे असहाय प्रतीत हुआ।''

'जहाँ मनुष्य ध्यान और भगवान्-चिंतन की आशा रखता है, वहाँ उसे इनमें से कुछ भी नहीं मिलता। यदि ध्यान की जरूरत हो तो उसे अपने अंतर में ही पाना होगा। अवश्य ही मैंने ऐसी श्रद्धालु बहनों को भी देखा, जिन्हें इस बात का भी बिल्कुल पता न था कि उनके आस-पास क्या हो रहा है। वे केवल अपने ध्यान में निमग्न थीं। पर इसे प्रबंधकों का पुरुषार्थ नहीं माना जा सकता। काशी विश्वनाथ के आस-पास शांत, निर्मल, सुगंधित और 'बाह्य और आंतरिक' स्वच्छ वातावरण उत्पन्न करना और उसे बनाए रखना प्रबंधकों का कर्तव्य है। इसके बदले में मैंने

वहाँ ठग दुकानदारों का बाजार देखा। जहाँ नए-नए ढंग के खिलौने और मिठाइयाँ बिकती थीं।'

'मंदिर में पहुँचने पर दरवाजे के सामने ही बदबूदार सड़े हुए फूल मिले। अंदर बढ़िया संगमरमर का फर्श था। पर किसी अंध श्रद्धालु ने उसे रुपयों से जड़वाकर खराब कर डाला था। रुपयों में मैल भर गया था। मैं ज्ञानवापी के समीप गया। वहाँ मैंने ईश्वर को खोजा, पर वह न मिला। इससे मन-ही-मन क्षुब्ध हो रहा था। ज्ञानवापी के आस-पास भी गंदगी देखी। दक्षिणा के रूप में कुछ चढ़ाने की मेरी श्रद्धा ही नहीं हुई। इसलिए सचमुच मैंने एक पाई चढ़ाई। इससे पुजारी पंडाजी तमतमा उठे। उन्होंने पाई फेंक दी, दो-चार गालियाँ देकर बोले, 'तू यों अपमान करेगा तो नरक में पड़ेगा।' मैं शांत रहा। मैंने कहा, 'महाराज मेरा तो जो कुछ होना होगा सो होगा, पर आपके मुँह से गाली शोभा नहीं देती। यह पाई लेनी हो तो लीजिए, नहीं तो यह हाथ से जाएगी।' 'जा तेरी पाई मुझे नहीं चाहिए', कहकर उन्होंने मुझे दो-चार गाली और सुना दी। मैं पाई लेकर चल दिया। मैंने माना कि महाराजजी ने पाई खोई और मैंने बचाई। पर महाराज पाई खोनेवाले नहीं थे। उन्होंने मुझे वापस बुलाया और कहा, 'अच्छा धर दे। मैं तेरे जैसा नहीं होना चाहता। मैं न लूँ तो तेरा बुरा होगा।' मैंने चुपचाप पाई दे दी और लंबी साँस लेकर चल दिया।

''इसके बाद तो मैं दो बार काशी विश्वनाथ का दर्शन कर चुका हूँ, पर वह 'महात्मा' बनने के बाद। अतएव सन् 1902 के अनुभव कहाँ से पाता। मेरा दर्शन करनेवाले लोग मुझे दर्शन क्यों करने देते? 'महात्मा' के दुःख तो मेरे जैसे महात्मा ही जानते हैं। अलबत्ता, गंदगी और कोलाहल तो पहले जैसा ही दिखा।''

गांधी ने मुझसे कहा, ''शायद सन् 1902 में। मुझे ठीक याद है, तब यह वाराणसी नहीं, बनारस था और काशी भी। फरवरी का महीना था। जाड़ा पीला पड़ चला था और मेरे मन में हरियाली थी। पर उस समय के अनुभव ने उस हरियाली का भी गला घोंट दिया।'' (गांधी लौटे : मेरा यह शरीर कच्ची लोई है)

फिर गांधी ने कहा, 'काशी के पंडे ने तो मुझे नरक भेज ही दिया था।' (गांधी लौटे : काशी के पंडे ने तो मुझे नरक भेजा था)

लादे गए 'महात्मापन' की व्यथा भी गांधी छुपा नहीं पाए, कहा, ''राष्ट्रपिता कहलाना मुझे बहुत अच्छा नहीं लगता। मेरे नाम के आगे 'महात्मा' जोड़कर भी लोगों ने मेरा सम्मान किया, मुझे बहुत आदर दिया, पर 'बापू' कहलाने में मुझे जो

आनंद मिलता है, वह इन दोनों संबोधनों में नहीं मिलता।''

(गांधी लौटे : मुझे 'बापू' कहलाना ही अच्छा लगता है)

□

गांधीजी की दूसरी काशी-यात्रा फरवरी 1916 में हुई। महामना पंडित मदन मोहन मालवीय के आमंत्रण पर काशी हिंदू विश्वविद्यालय की स्थापना दिवस पर वे आए थे। पहली बार गांधीजी ने सार्वजनिक रूप से अपने विचारों को यहाँ स्पष्ट किया। हालाँकि सन् 1908 में 'हिंद-स्वराज' नामक पुस्तक में वह अपने विचार स्पष्ट कर चुके थे, लेकिन उनके विचार का वाणी से प्रकटीकरण काशी की धरती पर ही हुआ था। यहाँ उन्होंने अंग्रेजी में भाषण दिया था, जिसके लिए उन्होंने खेद प्रकट किया था। हिंदू विश्वविद्यालय का शिलान्यास तत्कालीन वायसराय लॉर्ड हार्डिंग ने 4 फरवरी, 1916 को किया था, जिसके कारण ऐसी कड़ी सुरक्षा व्यवस्था की गई थी कि पूरा शहर जेल में बदल गया था। शहर की सुरक्षा व्यवस्था और शिलान्यास कार्यक्रम में आए वायसराय व अन्य महाराजाओं के लक-दक करते आभूषणों पर गांधीजी ने मंच से ही करारा प्रहार कर दिया और कहा कि ''आप लोग अपने आभूषणों को बेचकर दरिद्र नारायण की सेवा कीजिए।'' अंग्रेज प्रशासन ने इसे वायसराय का अपमान माना और उन्हें वहीं गिरफ्तार करने की योजना बनाने लगी, लेकिन महामना मालवीयजी के हस्तक्षेप से काशी की धरती पर होनेवाली वह अनहोनी टल गई।

5 फरवरी, 1916 को वे काशी 'नागरी प्रचारिणी सभा' गए और वहाँ हिंदी को पवित्र भाषा का दरजा देते हुए उन्होंने कहा, ''जिस भाषा में तुलसीदास जैसे कवि ने कविता की हो, वह अवश्य पवित्र है और उसके सामने कोई भाषा नहीं ठहर सकती है। अब जल्द-से-जल्द अहिंदी भाषी प्रांतों में हिंदी का प्रवेश और प्रचार हो।'' सन् 1916 में गांधी को संत विनोबा जैसा अहिंसक योद्धा काशी में ही प्राप्त हुआ था।

वस्त्राभूषण से लदे वायसराय और अमीरों को देखकर यूँ ही गांधी ने मंच से प्रचार नहीं किया था। काठियावाड़ के दीवान का वह बेटा खुद कभी सामंती लिबास पहनता था, उसके परिवार के लोग 19 हाथ की पगड़ी बाँधते थे, लेकिन हिंदुस्तान में गरीबों की दशा देखकर उन्होंने अपने सारे वस्त्र उतार दिए। गांधी ने मुझसे पूछा, ''क्या तुम बता सकते हो कि मैंने इतने कम वस्त्र अपने शरीर पर धारण करने का संकल्प क्यों किया?''

मैं क्या उत्तर देता? चुपचाप उनका मुँह देखता रह गया। वे बोलते गए, "मैंने देखा, आधे से अधिक हिंदुस्तान के पास आबरू बचाने भर को कपड़े नहीं हैं, तब मुझे अपने शरीर पर कपड़ों का अंबार बहुत भारी मालूम होने लगा। मुझे लगने लगा कि यह सारा कपड़ा मेरे शरीर पर जल रहा है।" (गांधी लौटे : मेरा सामंती लिबास कैसे उतरा)

'नागरी प्रचारिणी सभा' में पहुँचकर उन्होंने जिस हिंदी को पवित्र और महान् भाषा की संज्ञा दी थी, उसके लिए भी उनके मन में दर्द था। मैंने उनसे कहा, 'बापू' आपके निधन के बाद सन् 1949 में देवनागरी लिपि में लिखी जानेवाली हिंदी राजभाषा घोषित हुई थी। इस घोषणा के बाद आज कई दशक हो गए, हिंदी को देश में वह स्थान नहीं मिल पाया, जो उसे मिलना चाहिए था।"

'बापू' चुप हो गए, अपनी स्मृति पर जोर डालते रहे, फिर बोले, "सन् 1923 में हिंदी को आजाद होनेवाले भारत की राष्ट्रभाषा पूरे देश ने स्वीकार कर लिया था। उस समय उत्तर से दक्षिण तक हिंदी के लिए ज्यादा उत्साह था। दक्षिण में हिंदी की पढ़ाई भी होने लगी थी। फिर 18 दिसंबर, 1925 को ''उत्तरप्रदेश हिंदी साहित्य सम्मेलन' द्वारा दिए गए अभिनंदन-पत्र के उत्तर में मैंने स्पष्ट कहा था कि हिंदी ही भारत की राष्ट्रभाषा हो सकती है।'

'फिर हिंदी की ऐसी दुर्दशा कैसे हुई?' मैंने बीच में ही टोका।

वे चुप हो गए। बाद में बड़े दुःख से कहा, 'उस समय के बारे में क्या कहूँ, जब मैं नहीं रहा।'

फिर कुछ देर बाद प्रायश्चित के स्वर में बोले, "भाषा के मामले में कांग्रेस से भी कुछ भूलें हुई हैं, जिसमें भागीदार मैं भी हूँ। परिणामतः उसे वह स्थान नहीं मिल पाया, जो अब तक उसे मिल जाना चाहिए था। हिंदी आज भी उपेक्षित है। गद्दी की हकदार होकर भी वह गद्दीनशीन न हुई।'

(गांधी लौटे : हिंदी अपना स्थान न पा सकी)

□

गांधीजी ने अपनी तीसरी काशी-यात्रा प्रथम विश्वयुद्ध की समाप्ति के करीब तुर्की के खलीफा और खिलाफत आंदोलन के पक्ष में हिंदुओं का समर्थन जुटाने के उद्देश्य से की थी। 20 फरवरी, 1920 को काशी के टाउनहॉल के मैदान से गांधीजी ने हिंदुओं से आह्वान किया, "हिंदू अपना धर्म समझकर मुसलमानों की मदद करें। फल की आशा ईश्वर से रखें। मैं मुसलमानों के लिए मरकर उनके हृदय को द्रवित करने की उम्मीद रखता हूँ। यदि मुसलमान भाइयों का मामला

कमजोर होता तो उनके लिए मरने को मैं कतई तैयार न होता। आज का प्रयत्न धार्मिक एकता का नहीं, बल्कि धर्म की विभिन्नता होते हुए भी हृदय की एकता का है।'' एक दिन बाद 21 फरवरी, को उन्होंने काशी हिंदू विश्वविद्यालय के विद्यार्थियों से भी खिलाफत आंदोलन के पक्ष में समर्थन माँगा।

30 मई, 1920 को कांग्रेस महासमिति की बैठक वाराणसी में हुई, जिसमें भाग लेने के लिए गांधीजी चौथी बार काशी आए। इसमें भी मुख्य मुद्दा 'खिलाफत' ही था। लोकमान्य बाल गंगाधर तिलक काशी से होकर आगे बढ़ गए, लेकिन उन्होंने महासमिति की बैठक में हिस्सा नहीं लिया। वह गांधीजी के 'खिलाफत आंदोलन' से असहमत थे। 'खिलाफत' को लेकर कांग्रेस ही एक नहीं थी। गांधीजी को यहीं से असहयोग का अस्त्र प्राप्त हुआ। उन्होंने जून महीने में फिर कांग्रेस महासमिति की बैठक आहूत की।

मैंने गांधी से कहा, ''आपने हिंदू-मुसलिम एकता के लिए 'खिलाफत आंदोलन' का भी पक्ष लिया, लेकिन कुछ नहीं हुआ। यह हिंदू-मुसलिम समस्या आपके समय की है। आपने अपना जीवन इसे दे दिया, फिर भी यह समाप्त नहीं हुई।''

'मेरे समय में ही नहीं, वरन् मेरे पहले से है।' बापू बोलते जा रहे थे, ''अंग्रेजों ने इस अलगाव का बीज सन् 1857 की क्रांति के बाद ही बोना शुरू कर दिया था। इस क्रांति में हिंदू-मुसलिम एकता अंग्रेजों के छक्के छुड़ा चुकी थी। उन्होंने इस एकता को तोड़ने की मुहिम चलाई। मुसलमानों के मन में यह भरा जाने लगा कि यह देश तुम्हारा नहीं है। किसी भी दिन तुम्हें हिंदू भगा सकते हैं।''

खिलाफत के संबंध में अपनी स्मृति पर जोर डालते हुए बापू ने कहा, ''बात सन् 1921 की है। उन दिनों 'उन्नाव खिलाफत समिति' के सभापति सैयद मुहम्मद हुसैन हुआ करते थे। उन्होंने मुझे लिखा था कि खिलाफत समिति और कांग्रेस कमेटियाँ एक साथ मिल नहीं पा रही हैं। यह हिंदू-मुसलिम एकता के लिए घातक है। इससे हम दोनों के बीच की खाई बढ़ती जा रही है। उनका खत काफी लंबा था, पर मुख्य बात यही थी। मैंने 25 अगस्त, 1921 के 'यंग इंडिया' में टिप्पणी करते हुए साफ लिखा कि हमें याद रखना चाहिए कि अभी भी यह संभव नहीं कि खिलाफत के सिवा किसी अन्य रूप में मुसलमानों को स्वराज में दिलचस्पी लेने के लिए दबाब डाल सकें। यह दुःख की बात है, पर है सत्य। दोनों जातियाँ एक-दूसरे से इतने समय तक विमुख रही हैं कि मुसलमान अनजाने ही लगभग

यही समझने लगे हैं कि भारत उनका घर नहीं है।'' इसके बाद गांधीजी बड़े दुःख से बोले, ''आजादी की रात तक वे यही समझते थे कि भारत उनका घर नहीं है। यदि वे इस देश को अपना ही देश समझते तो पाकिस्तान बनता ही नहीं। अब वे क्या समझते हैं, इसे तो तुम देख ही रहे हो। यही वह बिंदु था, जहाँ हम हार गए। हम उनका हृदय परिवर्तन ही नहीं कर पाए। इसमें दोष उनका नहीं, मेरा ही है।''

(गांधी लौटे : गांधी ने अपनी हार स्वीकार की)

□

नवंबर 1920 में गांधीजी पाँचवीं बार काशी में पधारे और त्रिविध बहिष्कार का नारा यहीं दिया। इसमें स्कूल, कॉलेज व विश्वविद्यालय की शिक्षा का बहिष्कार, अदालत की कार्यवाही का बहिष्कार एवं विधानसभाओं का बहिष्कार शामिल था। कांग्रेस की बैठक कमच्छा स्थित सेंट्रल हिंदू स्कूल में हुई थी। इस बैठक के बाद आचार्य कृपलानी ने काशी के ईश्वरगंगी मोहल्ले में किराए का एक मकान लेकर 'गांधी आश्रम' का अभिनव प्रयोग किया था। आचार्य कृपलानी काशी हिंदी विश्वविद्यालय में अध्यापक थे और उन्होंने गांधीजी के आह्वान पर अपनी अध्यापकी त्याग दी थी। गांधीजी के इस आह्वान की हर तरफ तब आलोचना हुई थी।

गांधी ने मुझसे कहा, ''देखो, मैं आजादी की लंबी लड़ाई में अपने विचारों को नहीं, वरन् नारों को भी बदलता रहा। सन् 1920 में मैंने नारा दिया—'विद इन ए इयर' (बस एक वर्ष में)। विद्यार्थियों से एक वर्ष के लिए पढ़ाई छोड़ने को कहा, वकीलों से कचहरी छोड़ने को कहा, सरकारी मुलाजिमों से मुलाजिमत से तुरंत हट जाने को कहा। बस एक वर्ष के लिए।'

'अनेक देशवासियों ने उस समय मेरा विरोध किया। विद्यालय छोड़ने के मामले पर मालवीयजी जैसे मेरे मित्र ही मुझ पर खफा थे। पर मैंने उस समय जो उचित समझा, वही नारा दिया। तब मुझे अपनी सोच में सफलता नहीं मिली। लोगों ने मेरी बात पूरी नहीं मानी। बहुत से लोग मेरे साथ आए। पूरे देश को मैं अपने साथ ले नहीं पाया। यह मेरी कमजोरी थी। मैं उन्हें विश्वास नहीं दिला पाया। फलतः हम आजाद नहीं हो सके।'' (गांधी लौटे : 'मेरा कोई वाद नहीं, केवल बदलते विचारों का संग्रह है')

□

गांधीजी छठी बार फरवरी 1921 में शिव प्रसाद गुप्त के कहने पर काशी

पधारे। वसंत पंचमी के दिन 10 फरवरी, 1921 को 'काशी विद्यापीठ' की आधारशिला गांधीजी ने रखी थी। टाउनहॉल की सभा में उन्होंने राष्ट्रीय शिक्षा पर अपना वक्तव्य दिया। इसके बाद यहाँ से निकलकर गांधीजी ने 'नागरी प्रचारिणी सभा' की बैठक में हिस्सा लिया।

17 अक्तूबर, 1925 को गांधीजी ने सातवीं बार काशी की यात्रा की, लेकिन यह आकस्मिक यात्रा थी। गांधीजी बलिया से लखनऊ जा रहे थे। काशी में गाड़ी बदलने के कारण उन्हें पाँच घंटे वहाँ रुकना पड़ा। इस बीच डॉ. भगवान दास के आग्रह पर उन्होंने काशी विद्यापीठ के छात्रों को संबोधित किया और चरखे की उपयोगिता पर प्रकाश डाला और कहा कि 'दरिद्रता से मुक्ति दिलानेवाले चरखे को छोड़ कोई दूसरी वस्तु नहीं है।'

आचार्य कृपलानी ने जिस 'गांधी आश्रम' की स्थापना ईश्वरगंगी मोहल्ले में की थी, उसे काशी विद्यापीठ की स्थापना के बाद वहाँ स्थानांतरित कर दिया गया। आचार्य कृपलानी के बुलावे पर 7 जनवरी, 1927 को 'गांधी आश्रम' के वार्षिकोत्सव में हिस्सा लेने गांधीजी आए थे। यहाँ उन्होंने खादी और चरखे पर जोर देते हुए कहा कि 'खादी गरीबों का पहनावा है। यह भद्दापन नहीं, सादगी का प्रतीक है।'

'आप जिंदगी भर खादी-खादी करते रहे, लेकिन आपके जाने के बाद खादी की भी दुर्दशा हो गई?' मैंने भर्राई आवाज में बापू से कहा।

कुछ देर वह चुप रहे, फिर कहा, 'जानते हो कपड़े के मामले में प्रसन्न मैं कब हुआ था?' फिर बिना सवाल की प्रतीक्षा किए उन्होंने बड़े प्रसन्न होकर बताया ''सन् 1921 की बात है। मुझे सूचना मिली कि बुलंदशहर में एक भिश्ती युवक के मर जाने पर उसके कफन के लिए उसके सगे-संबंधियों ने खादी का कपड़ा खरीदा और जात-पंचों ने यह निश्चय किया कि कफन के लिए आगे से खादी का ही इस्तेमाल किया जाए।' गांधीजी के चेहरे की हर झुर्री से खुशी फूट पड़ी। उन्होंने आगे बताया, 'मुझे लगा कि मेरी बात लोगों के दिल में उतर रही है। मैंने उस समय 'नवजीवन' (गुजराती) में एक टिप्पणी भी लिखी।'

'उस वक्त सोचा था कि खादी की पवित्रता यदि मौत को भा गई तो यह जिंदगी को भी भा जाएगी, पर दुःख के साथ कहना पड़ता है कि ऐसा नहीं हुआ। सपना, सपना ही रह गया।' बापू की आँखों में उदासी साफ झलक रही थी। (गांधी लौटे : मेरा सामंती लिबास कैसे उतरा)

□

गांधीजी ने अपनी नौंवी काशी-यात्रा मेरे जन्म से महज एक माह पूर्व

सितंबर 1928 में की थी। काशी विद्यापीठ के दीक्षांत समारोह में भाग लेने वे 25 सितंबर, 1928 को काशी पधारे थे। उन्होंने अपनी शिक्षा पूरी करनेवाले छात्रों से कहा, "जब तक आप देश की आजादी पाने के लिए आवश्यक योगदान नहीं देते, तब तक आपके आराम का प्रश्न ही नहीं उठता है।"

गांधीजी की 10वीं यात्रा मेरी स्मृति में कहीं धुँधले रूप में मौजूद है। वह हरिजन-प्रवास के सिलसिले में काशी विद्यापीठ में ठहरे थे। काशी में 26 जुलाई, 1934 को आए थे और 3 अगस्त तक लगातार काशी विद्यापीठ में रहे थे। मेरे पिताजी मुझे गांधीजी को सुनने ले गए थे। तब मैं मुश्किल से छह साल का था। उन्होंने 29 जुलाई को सार्वजनिक संबोधन में अस्पृश्यता पर प्रहार किया था। उन्होंने यहाँ तक कहा था कि "यदि अस्पृश्ता हिंदू धर्म का अंग हो तो मैं हिंदू धर्म में नहीं रह सकता।"

मेरी स्मृति में उस छह वर्ष की उम्र में देखी व सुनी गांधी की याद इसलिए है क्योंकि उन्होंने उस सभा में दिए अपने भाषण में एक सच्ची कहानी सुनाई थी। आप जानते हैं, छोटे बच्चे को कहानी बेहद पसंद होती है और वह बचपन में सुनी कहानी को बढ़ती उम्र के साथ याद भी रखते हैं। मेरे साथ भी यही हुआ।

वह कहानी न्यूमोनिया से पीड़ित एक हरिजन की थी, जिसके इलाज के लिए आए डॉक्टर को जब पता चला कि वह अछूत है तो उसने घृणावश उसे हाथ लगाने से मना कर दिया था। मेरी स्मृति में यह कहानी आज भी मौजूद हैं और मैंने इसका वर्णन 'गांधी लौटे' में 'यह हमारे सपनों का भारत नहीं है' लेख में किया भी है।

गांधीजी ने काशी की अपनी 11वीं यात्रा शिव प्रसाद गुप्त के अनुरोध पर 25 अक्तूबर, 1936 को की थी। इस वक्त मैं 9 साल की उम्र का था। मुझे गांधीजी की यह यात्रा अच्छे से याद है। वे 'भारत माता मंदिर' का उद्घाटन करने आए थे। मंदिर निर्माण का पूरा खर्च शिव प्रसाद गुप्तजी ने ही उठाया था। 'भारत माता मंदिर' के मानचित्र में तिब्बत से लेकर श्रीलंका तक और चीन की दीवार से लेकर हेरात तक का प्रदेश दिखाया गया था। इस मंदिर का उद्घाटन करने के उपरांत गांधीजी ने कहा था, "जिस माता ने हमें जन्म दिया, वह कुछ वर्ष ही जीवित रहेगी। लेकिन यह माता तो सदैव है। यदि यह नहीं है तो हम भी नहीं हैं।"

1941 में गांधीजी ने काशी की अंतिम यात्रा की। यह उनकी 12वीं यात्रा थी। काशी हिंदू विश्वविद्यालय के तत्कालीन कुलपति डॉ. सर्वपल्ली राधाकृष्णन के आमंत्रण पर वे विश्वविद्यालय के रजत जयंती समारोह में भाग लेने के लिए

काशी पधारे थे। यह यात्रा तो मुझे सबसे अच्छी तरह याद है। वे शिवप्रसाद गुप्त के नगवा स्थित 'सेवा उपवन' में ठहरे थे।

इस अवसर पर गांधीजी ने खुलकर पंडित मदन मोहन मालवीय के सद्‌गुणों की चर्चा की थी। उन्होंने कहा था, "आज से 25 वर्ष पूर्व जब इस विश्वविद्यालय की नींव रखी गई थी, उस समय भी मालवीयजी महाराज के आग्रह और उनके खिंचाव से मैं यहाँ आ पहुँचा था। उस समय मैं सोच भी नहीं सकता था कि जहाँ बड़े-बड़े राजा-महाराजा और खुद वायसराय आनेवाले हैं, वहाँ मुझ जैसे फकीर की क्या जरूरत हो सकती है? तब तो मैं 'महात्मा' भी नहीं था। उस समय भी मालवीयजी की कृपा मुझ पर थी।"

उन्होंने आगे कहा, "कहीं भी कोई सेवक हो, मालवीयजी उसे ढूँढ़ निकालते हैं और किसी-न-किसी तरह अपने पास खींच लाते हैं। उनकी सादगी, उनकी सरलता, उनकी पवित्रता और उनके प्रेम से मैं भली-भांति परिचित हूँ। उनके इन गुणों में से आप जितना ले सकें, जरूर लें। मगर मुझे डर है कि उनसे जितना सीखना चाहिए, हमने सीखा नहीं। यह आपका और हमारा दुर्भाग्य है। इसमें उनका कोई कसूर नहीं। धूप में रहकर भी कोई सूरज का तेज न पा सके तो इसमें सूरज बेचारे का क्या दोष? वह तो अपनी तरफ से सबको गरमी पहुँचाता रहता है। अगर कोई उसे लेना ही न चाहे और ठंड में ठिठुरता ही रहे तो सूरज भी उसके लिए क्या करे? मालवीयजी महाराज के इतने निकट रहकर भी अगर आप उनके जीवन से सादगी, त्याग, देशभक्ति, उदारता और विश्वव्यापी प्रेम आदि सद्‌गुणों का अपने जीवन में अनुकरण न कर सकें तो कहिए, आप से बढ़कर अभागा और कौन होगा?"

□

काशी मैं गांधीजी के 12 प्रवास में से तीन प्रवास में मुझे उन्हें नजदीक से देखने और सुनने का मौका मिले। मैं उनसे कभी आमने-सामने प्रत्यक्ष रूप से मिल नहीं सका, लेकिन दूर से ही उनकी आभा अपलक निहारता रहा। गांधीजी के विचारों के प्रति मेरी आस्था और उनके व्यक्तित्व के सम्मिलन से मेरे अंदर 'फैंटेसी' का जन्म हुआ, जिसका प्रकटीकरण फरवरी 1992 से मार्च 1994 तक 'आज' अखबार में हुआ, जो बाद में 'गांधी लौटे' पुस्तक के रूप में आई है। लगभग दो वर्षो के कालखंड के भीतर देश जिन राजनीतिक और सामाजिक परिस्थितियों से गुजरा, उसने जिन-जिन प्रश्नों को जन्म दिया, उनमें से अधिकांश मैंने गांधी के समक्ष रखे हैं और गांधी ने अपने विचारों के अनुसार उसका समाधान दिया।

मैंने पूरा खयाल रखा कि उनके वाङ्मय से उनकी जो तसवीर उभरती है, वह कहीं से कटने या फटने न पाए। इसलिए बहुत कुछ तो उनका 'कहा' कहा गया है। बहुत कुछ उनके 'कहे' जैसा कहा गया है और जो कुछ इन दोनों स्थितियों से हटकर कहा गया है, उसमें पूरा ध्यान रखा गया है कि एक शब्द भी गांधी से हटकर न हो। इसके प्रति भी पूरी सजगता बरती गई है कि सत्य, अहिंसा, सत्याग्रह, ईश्वर, साधना, साधना की पवित्रता, ट्रस्टीशिप तथा उनके व्यक्ति-समाज और राज्य की परिकल्पना को कहीं से चोट न पहुँचे। मनुष्य और समाज की उनकी अवधारणा कहीं से घायल न हो। अभिव्यक्ति के क्षेत्र में मेरा काम एक 'कैमरा मैन' का ही रहा है। मैंने बड़े सहज भाव से 'ज्यों-की-त्यों-धर दीन्हीं चदरिया'। हम गांधी को समझने की चेष्टा करें। निश्चय ही आज उनकी पहले से अधिक सार्थकता है और प्रासंगिकता भी।

□

बनारसी अड़ी में मिली जिंदगी

काशी में शास्त्रार्थ की परंपरा प्राचीन काल से ही चली आ रही है। काशी के पंडित प्राय: नित्य ही संगोष्ठियों का आयोजन करते थे। काशी में आदिगुरु शंकराचार्य और मंडन मिश्र का शास्त्रार्थ इतिहास प्रसिद्ध है। दूसरा शास्त्रार्थ करीब 150 साल पहले सन् 1869 में आज के दुर्गाकुंड के पास स्थित आनंदबाग में काशी के सनातनी पंडितों और स्वामी दयानंद सरस्वती के मध्य हुआ था। काशी का मूल चरित्र ही ऐसे पांडित्यपूर्ण शास्त्रार्थ से परिपूरित है। वर्तमान में बनारस की साहित्यिक अड्डेबाजी, जिसे 'अड़ी' कहते हैं, बहुत कुछ उस शास्त्रार्थ परंपरा का ही विस्तार है। यहाँ जीत-हार तो नहीं होती, लेकिन बहस जमकर होती है। साहित्य से लेकर समाज तक, राजनीति से लेकर इतिहास तक और धर्म से लेकर संस्कृति तक—सबकुछ 'अड़ी' का विषय है।

जाने-अनजाने, बचपन से ही मैं 'बनारसी अड़ी' का हिस्सा बन गया और जैसे-जैसे बड़ा होता गया, मेरी अड़ी का विस्तार भी होता चला गया। इतिहास, राजनीति और साहित्य के प्रति मेरी चेतना अड्डेबाजी का ही परिणाम है। मेरे जीवन में तीन अड़ी ऐसी रहीं, जिसने मेरा विकास किया। पेट और मन की भूख को शांत कर मेरी जिंदगी की गाड़ी को चलाने का कार्य किया।

जीवन के जिस ऊबड़-खाबड़ रास्ते से मैं गुजरा हूँ, उसमें मेरी पहली अड़ी की शुरुआत तब हुई, जब मैं मुश्किल से 10-11 साल का रहा हूँगा। मोहल्ले में रामधन सरदार की दुकान पर रोज शाम मेरा काम था, अखबार बाँचना था। रामधन सरदार इसकी एवज में एक गिलास दूध देता था और जीऊत साव उस दूध में डालने के लिए बुंदिया देता था, जिससे मेरा पेट भर जाया करता था। उस वक्त तो पेट भरने का ही सवाल सबसे बड़ा था। लेकिन देश आजादी की जिस लड़ाई से गुजर रहा था, उसे नजदीक से देखने और अखबार के जरिए उसे समझने

की शुरुआत यहीं से हुई। मेरे मोहल्ले में ही गंगाराम नाम का व्यक्ति रहता था, वह उस वक्त 'आज' अखबार में कंपोजिटर था। 'आज' का कार्यालय लोहटिया में था। गंगाराम को एक अखबार निःशुल्क मिलता था। वह प्रतिदिन शाम को अखबार के कार्यालय से अखबार लेकर आता था और लोग उसे बाँचने के लिए मेरा इंतजार करते थे। कोई और पढ़ने की कोशिश करता, तो सभी रोक देते कि 'नहीं, 'मन्नू' को आने दो। उसके खबर पढ़ने में एक रस है।' मैं स्कूल से पहले घर पहुँचता था, कपड़े बदलता था और हाथ-मुँह धोकर सीधे रामधन सरदार की दुकान पर पहुँच जाता था। मेरे पेट में भूख होती और लोगों को जानकारी पाने की। खबर पढ़ लेने के बाद मध्यमेश्वर चबूतरे पर अड़ी लगती और उस पर देर तक बहस चलती। मध्यमेश्वर चबूतरे पर काफी लोग इकट्ठे हो जाते थे। बिना किसी को सभापति बनाए बहस छिड़ जाती। बीच में पान, बीड़ी और सिगरेट से भरी एक थाली रखी होती थी, जिसे जो पसंद हो, उठा ले।

स्वराज की लड़ाई, द्वितीय विश्व युद्ध, सुभाष चंद्र बोस के देश छोड़ने, भारत छोड़ो आंदोलन, भारत का विभाजन, सत्ता का हस्तांतरण और गांधी की हत्या को मैंने काशी की नजरों में देखा है। गांधी, सुभाष, मालवीयजी को नजदीक से देखा और सुना है। यह सब अधूरा होता, यदि मैं सभी को जोर-जोर से पढ़कर अखबार नहीं सुनाता और उसके बाद देश की राजनीतिक हालत पर मध्यमेश्वर के चबूतरे पर होनेवाली चर्चा में भाग नहीं लेता। अखबार बाँचने के कारण भाषा की समझ, उसका व्याकरण, विचार, भाव और उसका गठन—सब मेरे अंदर स्वतः निर्मित होता चला गया। मेरे अंदर पढ़ने और समझने के बीज मध्यमेश्वर की पहली अड़ी में ही पड़ गए थे।

□

काशी की पत्रकारिता के इतिहास और देश के स्वतंत्रता संग्राम में 'आज' अखबार की महत्त्वपूर्ण भूमिका रही है। हिंदी प्रेमी शिवप्रसाद गुप्त 1914 में दुनिया-भ्रमण पर निकले। लंदन में उन्होंने 'द लंदन टाइम्स' देखा और उनके मन में खयाल आया कि हिंदी भाषा में भी इस स्तर का एक अखबार निकालना चाहिए। काशी पहुँचकर उन्होंने 5 सितंबर, 1920 को 'आज' अखबार शुरू किया। दैनिक 'आज' के प्रथम संपादक श्रीप्रकाश और सहायक संपादक बाबूराव विष्णु पराड़कर थे। 'आज' प्रकाशन के पूर्व पराड़करजी लोकमान्य तिलक से मिले और उनके निर्देशानुसार स्वराज-प्राप्ति को इसका प्रधान लक्ष्य बनाया। 'आज' ने जहाँ एक ओर स्वतंत्रता की लड़ाई लड़ी। हिंदी भाषा को एक नई दिशा दी, वहीं काशी

की सांस्कृतिक चेतना को भी झकझोरा। मेरी राजनीतिक-सामाजिक-साहित्यिक चेतना जाग्रत् करने में उसका सर्वप्रथम योगदान है ही।

□

26 जनवरी, 1941, 'स्वतंत्रता हमारा जन्मसिद्ध अधिकार है।' तिलक की अमर वाणी गलियों में गूँज रही थी। आजादी के लिए छटपटाती शाम अचानक एक दहशत में डूब गई। सुभाष बाबू गोरी पलटन के पहरे से निकल भागे। कमाल कर दिया बंगाल के इस जादूगर ने! धरती निगल गई या आसमान उठा ले गया? ऐसा तो नहीं कि अंग्रेजों ने उन्हें खुद गायब कर कहीं मार डाला हो? इस समय वे ब्रिटिश सरकार के सबसे बड़े दुश्मनों में से एक हैं। कुछ भी हो सकता है। तरह-तरह की आशाएँ और आशंकाएँ उठती टकराती रहीं।

तब मैं छात्र था। स्कूल के हेडमास्टर प्रार्थना के बाद अपने भाषण में बोल गए, "एक ओर दुश्मन वार-पर-वार किए जा रहा है (द्वितीय विश्व युद्ध में धुरी राष्ट्रों का हमला), तो दूसरी ओर सुभाष जैसे लोगों ने गद्दारी की हद कर दी है। वह काबुल होते हुए जर्मनी जाकर हिटलर से मिल गया। जब अपना राजा (ब्रिटिश राजा) मुसीबत में हो तो क्या हमें ऐसा करना चाहिए? ऐसे गद्दार, धूर्त और बेईमान हिंदुस्तानियों पर अंग्रेज विश्वास न करें तो आश्चर्य कैसा?"

इससे पूर्व भी सुभाषचंद्र बोस को देशद्रोही कहने पर हम कुछ लड़के हेडमास्टरजी को बंद कमरे में चेतावनी दे चुके थे, लेकिन आज उन्होंने हद ही कर दी थी। भरी सभा में हमारे नेता सुभाष बाबू, को गद्दार कह दिया! मुझसे रहा नहीं गया। मेरी नसों में एक अजीब उत्तेजना सुरसुरा गई और एक झटके से मैं उठ खड़ा हुआ—"बंद कीजिए अपना भाषण। हम आपको नहीं सुनना चाहते।"

एक 'करंट' सी उस सभा में दौड़ गई। मेरा विरोध सामूहिक रूप से फनफनाया। बहुत से लड़के उठ खड़े हुए—"नहीं सुनेंगे आपको। नहीं सुनेंगे आपको। हेडमास्टर मुर्दाबाद। अंग्रेजी शासन मुर्दाबाद। भारत माता जिंदाबाद। सुभाष बाबू जिंदाबाद। गांधीजी जिंदाबाद।"

लड़के नियंत्रण से बाहर थे। अध्यापक चिल्लाते रह गए, पर कोई माननेवाला नहीं था—"हमारे नेता को हेडमास्टर साहब ने गद्दार, धूर्त और बेईमान कहा है। जब तक वे अपनी बात वापस नहीं लेते, तब तक पढ़ाई नहीं होगी।" उस दिन स्कूल में पढ़ाई नहीं हुई। देखते-ही-देखते स्कूल खाली हो गया। शाम होते-होते इस मामूली सी चिनगारी का धुआँ सारे शहर में फैल गया—मिडिल स्कूल बंद हो गया। लड़कों ने हेडमास्टर के खिलाफ विद्रोह कर दिया।

हेडमास्टर का जिस तरह मैंने मंच के नीचे विरोध किया था, वह आदत आगे पूरे जीवन मेरे साथ चलती रही। तत्काल ऐसी दो घटनाएँ याद आती हैं। मैं जब अध्यापक और स्थापित लेखक हो गया, यह उस समय की बात है। साल तो मुझे याद नहीं है। जयपुर में 'ऑथर्स गिल्ड' के वार्षिक अधिवेशन की बात है। उस वक्त के राजस्थान के मुख्यमंत्री जगन्नाथ पहाड़िया कार्यक्रम के मुख्य अतिथि थे। लेकिन वे दो घंटे विलंब से पहुँचे थे। उनका कहना था कि अध्यापकों ने उनका घेराव कर रखा था, जिसकी वजह से उन्हें आने में विलंब हुआ।

एक घंटे की लंबी प्रतीक्षा के बाद अध्यक्ष डॉ. लक्ष्मीमल सिंघवी ने कार्यक्रम आरंभ कर दिया। जगन्नाथ पहाड़ियाजी को शायद यह नागवार लगा। उन्होंने अपना स्वागत भाषण तो आरंभ किया, पर अपने मस्तिष्क का संतुलन वे खो बैठे थे। वे क्या बोल रहे थे, इसका उन्हें ही पता नहीं था। कदाचित् उन्हें इसका भी ज्ञान नहीं था कि वे भारतीय भाषाओं और विदेशों से आए कुछ लेखकों के सामने बोल रहे थे। अपने भाषण के बीच में उन्होंने महादेवी वर्मा के संबंध में भी कुछ अपमानजनक शब्द कहे। यह असहनीय हो चुका था। बहुत नियंत्रण के बाद भी मैं स्वयं को रोक नहीं पाया। मैं उठ खड़ा हुआ और विरोध करते हुए कहा—''बोलना बंद कीजिए, वरना हम लोग यहाँ से उठकर चल देंगे।'' मेरे इतना कहते ही पीछे से एक आवाज पत्थर की तरह मारी गई—''बोलना बंद करो, हम तुम्हारा भाषण सुनना नहीं चाहते।'' मैंने मुड़कर देखा, यह आवाज एस.वी.एस. तमिल पत्रिका अर्थात् एस.वेंकट सुब्रह्मण्यम् की थी। वे क्रोध में काँप रहे थे। एस.वी.एस. तमिल पत्रिका 'कातिक' के पुराने संपादक और ऑर्थर्स गिल्ड के बेहद वरिष्ठ सदस्य थे। सभा के बाद मैं और एस.वी.एस जिगरी दोस्त बन गए। एस.वी.एस ने मुझे छाती से लगा लिया और कहा, ''शर्मा तमिल होने के कारण पहले मैं उस मूर्ख के भाषण को समझ नहीं पाया था, जब तक मैं विस्फोटक स्थिति में आता, तब तक तुमने चिनगारी लगा दी थी।''

मुझे उस दिन भी अपने बचपन की वह घटना याद आ गई थी, जब सुभाष बाबू को 'गद्दार' कहने पर मैंने हेडमास्टर को ललकारा था। बचपन में जहाँ मेरी देशभक्ति और अपने राष्ट्रनायक के सम्मान का सवाल था। वहीं जयपुर में संपूर्ण देश की साहित्यिक चेतना और रचनाधर्मिता अपमानित हुई थी। दरअसल बचपन में सुभाष बाबू ने मेरे अंदर जो प्रेरणा पैदा की थी, वह मेरे पूरे जीवन काम आती रही।

□

द्वितीय विश्व युद्ध के दौरान अंग्रेज सरकार ने अखबारों को भी सेंसर करना शुरू कर दिया था। सुभाष बाबू या धुरी राष्ट्रों की जीत से संबंधित खबरें अखबार

में काफी कम होती थीं। उन दिनों रात नौ से साढ़े नौ बजे के बीच 'रेडियो बर्लिन' से रोज हिंदी में एक कार्यक्रम आता था। नेताजी के बारे में जो खबरें अखबार में नहीं छपती थीं, वह 'रेडियो बर्लिन' से पता चल जाती थी। नेताजी के कारण हिंदुस्तानियों को जर्मनी अपना दोस्त समझता था। 'बर्लिन रेडियो' इसी तरह की खबरें और प्रचार किया करता था। 'बर्लिन रेडियो' पर खबर आती थी, ''हिंदुस्तानियों, तुम आर्य हो। हमारा-तुम्हारा खून एक है। तुम स्वस्तिक को पूजते हो। हमारे झंडे में भी स्वस्तिक है (यद्यपि नाजी झंडे में उलटा स्वस्तिक होता था।)। हमारी-तुम्हारी संस्कृति एक है। हम दोनों के दुश्मन ये अंग्रेज हैं। हम इन्हें खत्म करके ही दम लेंगे। तुम भी इसी समय आजादी के लिए जिहाद बोल दो।''

ऐसे भाषण सुनकर सुभाष बाबू के समर्थक कहते, ''सुभाष शेर हैं। देखना, जर्मनी की मदद से वे देश को आजाद करा देंगे। स्वराज भीख माँगने की चीज नहीं है और न वह माँगने से मिलेगी। गांधीजी ने इतनी आरजू-मिन्नत की, पर अंग्रेज गांधीजी की सुन ही नहीं रहे हैं।''

सुभाष बाबू के एक समर्थक भारतीयजी ने मुझे एक पुस्तक पढ़ने को दी। उन्होंने कहा, ''मेरे पास इस पुस्तक की एक ही प्रति रह गई है। इसमें 45 प्रकार से बम बनाने की विधि लिखी है।'' मैंने फौरन पुस्तक उलटकर देखी। लेखक का नाम सावरकर लिखा था। मेरे मुँह से अनायास निकल गया, ''यह वही सावरकर हैं न, हिंदू महासभा वाले?''

हिंदू महासभा वाले नहीं, वीर सावरकर कहो, 'क्रांतिकारी सावरकर।' भारतीयजी ने गुस्से से कहा। वे गुस्से से एकदम चीखने के अंदाज में बोले, ''इस देश में न कोई हिंदू है, न मुसलमान। केवल गुलाम हैं। सबके सब गुलाम हैं और गुलामों का कोई संप्रदाय नहीं होता। महज एक धर्म होता है—आजादी के लिए लड़ना, माँ की बेड़ियाँ काटना।'' मुझे लगा। जैसे मैंने कोई नाजुक तार छू दिया, जिसके कारण वह झनझना उठे।

मध्यमेश्वर के चबूतरे पर लगी अड़ी में सुभाष बाबू पर चर्चा जोरों पर थी। ''ठीक कहते हो भइया। नेताजी गजब के आदमी निकले। देखो, काबुल होते हुए हिटलर से जाकर मिल गए। अब वे भारत को आजाद कराकर ही दम लेंगे।'' एक ने कहा।

दूसरे का जवाब था, ''अंग्रेज लड़ाई में फँस गए हैं। वे भारत को अधिक दिनों तक गुलाम नहीं रख सकते। राजनीतिक क्षितिज रंग ला रहा है।''

'अरे, तुम लोगों को पता चला कि नहीं, सुभाष बाबू 'बर्लिन रेडियो' से हिंदुस्तानियों को संबोधित करेंगे। यद्यपि अंग्रेज सरकार ने देश के अंदर 'बर्लिन रेडियो' सुनना अपराध घोषित कर रखा है, फिर भी लोग छिपकर सुनते ही हैं। भले ही रेडियो दो-चार लोगों के पास ही हो, लेकिन हमें सुभाष बाबू का भाषण जरूर सुनना चाहिए। मैं दारानगर के अपने एक पहचानवाले व्यक्ति के यहाँ आप सभी के रेडियो सुनने की व्यवस्था कर दूँगा।'' अड़ी के बीच में बैठे व्यक्ति ने सभी को सुभाष बाबू का भाषण सुनने का न्योता दिया।

मेरे लिए समस्या थी। यह तो निश्चित था कि रेडियो की अंग्रेजी मेरे पल्ले नहीं पड़ेगी, फिर भी सुभाष बाबू को सुनने की प्रबल इच्छा थी। मुझे याद है, 19 जनवरी, 1940 को नेताजी काशी में पधारे थे। इससे पूर्व 1931 में नेताजी सुभाषचंद्र बोस प्रथम बार काशी में आए थे। दशाश्वमेध स्थित चितरंजन दास पार्क में अभिमन्यु दल द्वारा उन्हें मानपत्र दिया गया था। उस वक्त भी उन्होंने टाउनहॉल के मैदान में 'नव जवान भारत सभा' के कार्यक्रम में हिस्सा लिया था। 1931 वाली बात तो मुझे अड़ी पर बैठे बुजुर्गों ने बताई थी।

लेकिन 1940 के टाउनहॉल में हुए उनके भाषण को मैंने जाकर सुना था, उन्हें नजदीक से देखा था। उस रोज उन्होंने हिंदी में भाषण दिया था। लेकिन बर्लिन से तो वह अंग्रेजी में ही बोलेंगे, फिर सोचा, समझ में आए चाहे न आए कम-से-कम उनकी आवाज तो पहचान ही लूँगा। रात साढ़े दस बजे माँ से झूठ बोलकर घर से निकला। मेरी माँ मुझे लेकर बहुत सचेत थी, बहुत डरती थी कि कहीं सुराजियों के साथ दिखने पर पुलिस मुझे उठाकर न ले जाए।

□

मैंने पहली बार जब रेडियो से सुभाष बाबू को सुना तो गजब की अनुभूति हुई थी। हजारों मील दूर से आती आवाज हमें छूकर जैसे साकार हो उठी थी। लग रहा था, सुभाष बाबू बिल्कुल हमारे सामने बोल रहे थे। बीच-बीच में रेडियो में खड़खड़ाहट होती तो लोग कहते, अंग्रेज वैज्ञानिक जानबूझकर यह अवरोध पैदा कर रहे हैं।

दारानगर में उस व्यक्ति के यहाँ लोग रेडियो को चारों ओर से घेरकर बैठे थे। बाहर के दरवाजे बंद कर दिए गए थे। हम सभी को जमीन पर बैठा दिया गया था। यह अवसर फिर दोबारा मुझे नहीं मिला। बाद में माँ को इसका पता लग गया। वह बहुत दु:खी हुई, पर कुछ बोलीं नहीं। उन्होंने समझ लिया था कि जिस

रास्ते को मैं सदा बंद करती रही, नियति की अदृश्य डोर उसके बेटे को उधर ही खींचे लिये चली जा रही है। बाद में उन्होंने परिस्थितियों से समझौता करने की मानसिकता बना ली।

□

गंगाराम उस दिन बेहद खुशी से चहकते हुए अखबार लाया। मध्यमेश्वर चौराहे पर खबर सुनने के लिए अड्डा जमाए लोगों ने कहा, ''अरे क्या बात है आज बहुत खुश हो।'' गंगाराम ने कहा, 'हाँ, ''वो तो हूँ, मन्नू कहाँ है।''

''उसे हमने पहले ही बुला लिया है। भाई युद्ध चल रहा है। इसे कह दिया है कि स्कूल से आते ही सीधे यहाँ चला आए। उसके खाने-पीने की व्यवस्था यहीं है।'' जीऊत हलवाई ने कहा।

मैंने जोर-जोर से पढ़ना शुरू किया, ''जापान ने हमला कर दिया है। उधर से जर्मनी चढ़ता चला आ रहा है।''

गली में लैंप जलानेवाले सरकारी कर्मचारी पीपा ने कहा, ''सुना है कि जापान के हमले से घबराकर अंग्रेज सरकार, सरकारी बिजली के बल्बों पर काला चोंगा पहनाएगी, ताकि रात को पूरी तरह से अँधेरा पसर जाए। यह सब हवाई हमले से बचाव के लिए किया जा रहा है, जिससे रात में यदि दुश्मन के हवाई जहाज आएँ तो वे धोखा खा जाएँ, उन्हें बस्ती और उजाड़ का भान न हो।''

''लगता है, भारत को आजाद करने के सिवा अब अंग्रेजों के पास कोई अन्य चारा नहीं है।'' एक नौजवान ने कहा।

''परिस्थिति तो ऐसी ही है। पर वे कमीने इस 'सोने की चिड़िया' को ऐसे ही छोड़नेवाले नहीं हैं। इसके लिए हमें कुछ करना ही पड़ेगा। अपनी मीटिंग और तेज करनी होगी।'' एक बुजुर्ग ने कहा। वह कांग्रेस कमेटी से जुड़े थे।

''पर आप मीटिंग करके करेंगे क्या? आपको तो करना वही होगा, जो गांधीजी कहेंगे।'' सुभाष समर्थक एक नौजवान ने चुटकी ली।

''गांधीजी ने साफ कह दिया है कि हम नाजीवादी शासन और बरतानवी शासन में फर्क नहीं करते। बिना देशवासियों की राय लिये भारत को युद्ध में नहीं झोंकेंगे।'' उस बुजुर्ग कांग्रेसी कार्यकर्ता ने प्रतिउत्तर दिया।

दरअसल जापान के युद्ध में कूदने से अंग्रेज सरकार काफी परेशान थी। अंग्रेजों को सूचना मिली थी कि सुभाष बाबू सिंगापुर पहुँच गए हैं और रासबिहारी बोस से मिले हैं। अड़ी पर लोग कहते, ''देखना, दोनों के मिलने से कोई-न-कोई गुल जरूर खिलेगा।''

दरअसल जापान ने दिसंबर 1941 में पर्ल हार्बर पर अचानक आक्रमण कर दिया और युद्ध में धुरी राष्ट्रों की ओर से शामिल हो , या। फिर क्या था फिलीपिंस, हिंदचीन, इंडोनेशिया, मलेशिया, बर्मा—एक के बाद एक जापान के समक्ष धराशायी होते गए। अंत में फरवरी 1942 में सिंगापुर पर और मार्च में रंगून पर जापानियों का कब्जा हो गया।

इससे पहले हिटलर की युद्ध लोलुप मदांधता ने जून 1941 में रूस पर आक्रमण कर दिया। जिस विशाल देश की निष्ठुर प्रकृति ने नेपोलियन के भी हौसले पस्त कर दिए थे, हिटलर उसी को विजित करने का दुस्साहस कर बैठा।

अंग्रेजों की प्रत्येक पराजय पर न केवल सुभाष बाबू के समर्थक, बल्कि प्रत्येक सुराजी जमकर मिठाई बाँटते। अपने घर से सूजी का हलुआ बनवाकर लोगों को खिलाते। जीऊत हलवाई की तो चाँदी थी। उसके यहाँ से जलेबी का पूरा थाल खरीद लिया जाता और मोहल्ले के सारे लड़कों में बाँट दिया जाता।

जो लोग महात्मा गांधी के समर्थक थे, वे खुलकर अंग्रेजों की हार पर खुश भी नहीं हो सकते थे। उनका मानना था कि गांधीजी, युद्ध नहीं, हृदय परिवर्तन में विश्वास करते हैं। वह अंग्रेज और नाजियों को एक समान समझते हैं। इस तर्क पर युवा सुराजी चिढ़ जाते और गांधी समर्थक से कहते, ''गांधीजी हृदय परिवर्तन की बात तो करते हैं, पर वे एक जिन्ना का हृदय परिवर्तन तो कर नहीं पाए।'' गांधीवादी चुपचाप वहाँ से उठ जाते।

उस समय काशी का कलेक्टर अंग्रेज फिनले था। उसके मुरझाए चेहरे को देखकर लोग मुसकराते और फुसफुसाते, ''जापान ने इन अंग्रेजों का हुलिया दुरुस्त कर रखा है। अब ये चाहते हैं कि हिंदुस्तानियों को किसी तरह मिलाया जाए। 'क्रिप्स मिशन' आया था, एक लुभावना सपना लेकर पर उन्हें बैरंग लौटना पड़ा। गांधीजी ने भी 'क्रिप्स मिशन' के प्रस्ताव को पोस्ट डेटेड चेक कह दिया।'' कलेक्टर साहब किसी कार्यक्रम में जाते और संचालक जब उनसे पानी के लिए पूछते, या उनके लिए ठंडी बीयर का इंतजाम किया जाता तो जनता के बीच खुसर-फुसर शुरू हो जाती, ''कितना भी ठंडा पिलाओ, पर उसका कलेजा तर होनेवाला नहीं। कलेजे में तो आग लगी है, चेहरा धुआँ-धुआँ हुआ जा रहा है।''

द्वितीय विश्व युद्ध में अंग्रेजों की हालत यह हो गई थी कि शहर के किसी कार्यक्रम में अंग्रेज कलेक्टर फिनले अंग्रेजी टोन में ऐंठते हुए हिंदी में बोलता, ''आपका एक होना जरूरी है—आजादी के लिए भी और आजादी की रक्षा के

लिए भी। आज 'क्रिप्स मिशन' को कामयाबी नहीं मिली, न मिले; पर किसी-न-किसी मिशन को तो कामयाबी मिलेगी ही और आप आजाद होंगे ही।'' देश के अंदर अंग्रेजों ने हिंदुस्तानियों पर होनेवाली सख्ती रोक दी थी। युद्ध में अपनी लगातार पराजय से परेशान अंग्रेज हिंदुस्तानियों को नाराज करने के जोखिम से हर हाल में बचना चाहते थे।

सुभाषचंद्र बोस के कदम और अंग्रेजों की लगातार हार से उत्साहित काशी की जनता देश के अंदर कांग्रेस के अहिंसक आंदोलन से निराश होने लगी थी। अड़ी पर बहस छिड़ जाती। अड़ी में शामिल कई मुसलिम युवक तो यहाँ तक कहने लगे थे, ''कांग्रेस का आंदोलन कुछ लोगों का आंदोलन है। अधिकांश लोग इसमें तटस्थ या उदासीन हैं। जब तक यह आंदोलन धरती का आंदोलन नहीं होगा, आम आदमी इससे जुड़ेगा नहीं; गरीब, किसान और मजदूरों की इसमें हिस्सेदारी नहीं होगी, तब तक आजादी की लड़ाई जीती नहीं जा सकती।'' इसका समर्थन करते हुए हिंदू युवक भी बोल उठते, ''सही बात है, कहने से कोई भारत थोड़े ही छोड़ देगा। आजादी खून बहाने से मिलती है—जैसाकि नेताजी कहते हैं—हाथ जोड़कर गिड़गिड़ाने से नहीं।''

इस पर गांधी समर्थक बुजुर्ग व्यक्ति ने बड़े तैश में आकर कहा, ''गांधीजी बिना देशवासियों की राय लिये भारत को युद्ध में झोंकने के सख्त खिलाफ हैं। वे हमारे नेता हैं। हमें उनके अगले कदम का इंतजार करना ही चाहिए।''

बहस को गांधी-सुभाष में बँटता देख, 'आज' अखबार में काम करनेवाले गंगाराम ने अपनी चुप्पी तोड़ी, ''हो सकता है, अब आंदोलन तेज हो जाए और गांधीजी अंग्रेजों से भारत छोड़ने के लिए कहें। अखबार के कार्यालय में इसकी चर्चा थी।''

□

आसमान आग उगल रहा था। धरती तप रही थी। माहौल उबल रहा था, जून की गरमी से नहीं, वरन् खौलती हुई भारतीय राजनीति से। अजीब घुटन-सी थी। तूफान से पहले की घुटन। धुआँ उठने लगा था। ज्वालामुखी फूटने को था। हर जगह बैठकों का दौर था। सुबह सिर पर कचौड़ी-छोले लेकर बेचनेवाला व्यक्ति भी शाम को कंपनी बाग की घास के लॉन में बैठकर सुराजी बहस झाड़ता। कोई कहता, ''हमारा एक नेता है गांधी और जो वह कहेगा, हम उसका पालन करेंगे। तो सुभाष समर्थक कहता, ''जापान या धुरी राष्ट्र (जर्मनी, इटली और जापान)

अंग्रेजों के दुश्मन हो सकते हैं, हमारे तो दुश्मन नहीं हैं। यदि दुश्मन होते तो सुभाष बाबू उनसे मिलकर भारत को आजाद करने की बात क्यों सोचते?''

रँगून और सिंगापुर से पीछे हटते समय अंग्रेजी सेना ने वहाँ की सारी संपत्ति नष्ट कर दी, जिससे दुश्मन उसका उपयोग न कर सके। इसे वे 'सुरक्षा' की अर्थनीति कहते थे। भारत पर हमले की आशंका से अंग्रेज काफी घबराए हुए थे। युद्ध के भय से ही अंग्रेजों ने बंगाल की नदियों में पड़ी हजारों नावें नष्ट कर दी थीं। बंगाल की अर्थव्यवस्था बुरी तरह लड़खड़ा गई थी। खाद्यान्न के बँटवारे में भी संकट उत्पन्न होने लगा था। सन् 1942 में बंगाल में भयंकर अकाल पड़ा था। लाखों आदमी उस अकाल में भूखों मर गए थे। वहाँ लोगों के मन में दहशत थी। बंगालियों की दहशत बनारसियों की अड्डेबाजी में भी किसी-न-किसी का शब्द पा ही जाती, ''दुश्मन द्वारा तो हम मारे ही जाएँगे, अब अपने सैनिकों (अंग्रेज सैनिक) द्वारा भी बरबाद किए जा सकते हैं।''

अड्डेबाजी में शामिल कांग्रेस कमेटी का सदस्य बोला, ''इसीलिए गांधीजी ने कहा है कि अब अंग्रेजों को चाहिए कि सत्ता हम लोगों को सौंप दें। याद रखिए, गांधीजी यह नहीं कहते कि अंग्रेजी सेना भारत से चली जाए। वे हमें आजाद कर दें, हम दुश्मन को देख लेंगे। क्या यह स्थिति ऐसी है कि हम अंग्रेजों को भारत छोड़ने के लिए कहें? जवाहरलालजी का कहना है कि ऐसा करने से नाजी ताकतों को शक्ति मिलेगी।''

''किंतु अब भारतवासी दोहरी मार सहने के पक्ष में नहीं हैं। उधर से दुश्मनों की भी मार खाएँ और इधर हारकर पीछे हटते समय अंग्रेज भी हमारा सत्यानाश करें। देश का गिरा हुआ मनोबल अब केवल स्वराज से ही उठ सकता है।'' काफी देर से गुमसुम बैठा व्यक्ति बोला।

नागरिकों में लगातार हताशा फैल रही थी। इस हताशा को देखकर गांधीजी ने निर्णय लिया कि कांग्रेस वर्किंग कमेटी की बैठक शीघ्र हो। ताकि लोगों की हताशा दूर हो सके। कांग्रेस पदाधिकारियों का कहना था, ''निर्णय स्पष्ट है, जो गांधीजी चाहेंगे, वही होगा।''

सबकी नजरें अब केवल गांधीजी की ओर थीं क्योंकि गांधीजी ने स्पष्ट चेतावनी दे दी थी कि ''यदि उनकी बात नहीं मानी गई तो वे देश में ऐसा आंदोलन खड़ा करेंगे, जो कांग्रेस से भी बड़ा होगा।''

लोगों में यह विश्वास घर कर चुका था कि आसानी से जाएँ या मुश्किल से जाएँ, अंग्रेजों को जाना तो पड़ेगा ही। इसे अंग्रेज भी अब जानने लगे हैं। देश की

आर्थिक स्थिति खोखली है। कर्मचारियों की तनख्वाह भी समय पर नहीं मिल पा रही है। यहाँ तक कि काशी का कलेक्टर फिनले साइकिल की सवारी करने लगा था। उसका अर्दली दो साइकिलों के साथ खड़ा रहता था। एक उसकी खुद की और एक उसके साहब की होती थी। लड़ाई के कारण पेट्रोल की कमी हो गई थी। जनता को पेट्रोल मिलता नहीं था। उन दिनों मोटरों और बसों में एक भट्ठी जलती थी और उसी के सहारे वे चलती थीं।

पर अंग्रेज अफसरों को पेट्रोल मिल सकता था, लेकिन वे उसका उपयोग नहीं करते थे, क्योंकि उनके लिए पेट्रोल के नागरिक उपयोग का मतलब था, अपनी सैनिक गतिविधियों को कमजोर करना। अपने देश (ब्रिटेन) के प्रति गद्दारी करना। अंग्रेज हमारे लिए चाहे जो रहे हों, पर अपने देश के प्रति गद्दार नहीं थे।

अखबार से मैंने लोगों को पढ़कर सुनाया कि हर वार्ड में कांग्रेस कमेटियों का पुनर्गठन किया जा रहा है। उनके लिए अलग से कार्यालयों की व्यवस्था भी की जा रही है। लोगों ने कहा, ''लगता है बूढ़े (गांधीजी) ने कोई बड़ा निर्णय ले लिया है, जिसकी घोषणा शीघ्र होनेवाली है।''

□

9 अगस्त, 1942 का ऐतिहासिक दिन। रविवार था। स्कूल बंद, पर मेरी छुट्टी नहीं। फाइनल की पढ़ाई थी, किंतु आज कक्षा कुछ जल्दी छोड़ दी गई। मैं घर की ओर लपका चला आ रहा था। संध्या भीगी और नम थी। 'आज' कार्यालय के नीचे भीड़ लगी थी। बोर्ड पर चिपकाए गए अखबार के चारों ओर लोग जमा थे, जैसे देश में कोई बहुत बड़ी बात हो गई है। कहीं अखबार बिकता भी नजर नहीं आ रहा था।

जिनके पास अखबार था, उस पर कई आँखें एक साथ लगी थीं। ऐसे कई झुंड कंपनी बाग के भीतर और बाहर दिखाई पड़े; पर कहीं कोई कोलाहल नहीं, कहीं अशांति नहीं, महज एक हलचल-मौन अंतर्मुखी हलचल। तूफान से पहले की शांति।

मैं घर पर बस्ता पटककर सीधे अड़ी पर पहुँचा। 'आज' अखबार के बाहर लगी भीड़ ने मेरे अंदर भी उत्सुकता जगा दी थी कि आज कुछ-न-कुछ बड़ी बात हुई है। जब मैं पहुँचा तो लोगों की भीड़ तो इकट्ठी थी, लेकिन गंगाराम नहीं पहुँचा था। लोग उसकी व्यग्रता से प्रतीक्षा कर रहे थे। कुछ ही देर बाद गंगाराम अखबार लेकर आया और बड़े उत्साह से छूटते ही बोला, ''लड़ाई शुरू हो गई है।''

''शुरू हो गई, अरे वह तो चल ही रही है।'' मैंने कहा।

गंगाराम ने बताया कि उसका मतलब अंग्रेजों की लड़ाई से नहीं है। वह तो आजादी की लड़ाई के विषय में कह रहा है कि वह शुरू हो गई है। बंबई के कांग्रेस महाधिवेशन में गांधीजी ने देश को एक महामंत्र दिया है—' करो या मरो।' अब यदि जीवित रहना है तो आजाद होकर ही जीवित रहो, वरना देश के लिए मर जाओ।

मैंने कहा, ''तभी इस खबर को लेकर सारा काशी उबलने लगा है।''

'भारत छोड़ो' प्रस्ताव पर अखबारवालों ने उतना जोर नहीं दिया था, जितना उस प्रस्ताव पर गांधीजी द्वारा दिए गए भाषण पर। भाषण क्या था, विस्फोट था। एक शांत ज्वालामुखी को आग उगलते मैं पहले-पहल देख और पढ़ रहा था। बातें सीधी और साफ तरीके से कही गई थीं।

अखबार मेरे हाथ में था ही, मैं अपनी जगह से खड़ा हुआ और जोर-जोर से गांधीजी का वह भाषण पढ़ने लगा, ''अब हमारे और अंग्रेजों के बीच कोई समझौता नहीं है। मैं नमक की सुविधाएँ या शराबबंदी लेने नहीं जा रहा हूँ। मैं जो चीज लेने जा रहा हूँ, वह आजादी है। नहीं देना है तो कत्ल करें। मैं वह गांधी नहीं, जो बीच में कुछ चीजें लेकर आ जाए। मैं आपको मंत्र देता हूँ—'करो या मरो।' अब जेल को भूल जाओ। आप सुबह-शाम यही कहें कि खाता हूँ, पीता हूँ, साँस लेता हूँ तो गुलामी की जंजीर तोड़ने के लिए। जो मरना जानते हैं, उन्हें ही जीने की कला आती है। आज से तय करें कि आजादी लेनी है। नहीं लेनी है तो मरेंगे। आजादी डरपोकों के लिए नहीं है।··· जिनमें करने की ताकत है, वही जिंदा रहेंगे। हम चीटियाँ नहीं, जो मसल दी जाएँ। हम हाथी से भी बड़े हैं, हम शेर हैं।''

यह क्या कह दिया अहिंसक गांधीजी ने! हम सबको आश्चर्य था। मार खाकर भी हाथ न उठाने की बात कहनेवाले गांधी के मुख से मरने की बात पहले-पहल निकली थी। जरूर आग लग जाएगी। अड़ी पर सन्नाटा पसर गया। काफी समय तक सभी खामोश सिर झुकाए बैठे रहे। किसी को कुछ समझ में नहीं आ रहा था कि आखिर गांधी करना क्या चाहते हैं, कार्यक्रम क्या देना चाहते हैं?

सन्नाटे को गंगाराम ने तोड़ा, ''अब लगता है देश में कुछ होकर रहेगा।''

लोग इस पर कुछ चर्चा शुरू करते कि कांग्रेस वर्किंग कमेटी का एक कार्यकर्ता हाँफता हुआ अड़ी पर आया और बोला, ''गजब हो गया! गांधीजी आदि देश के सभी बड़े नेता गिरफ्तार कर लिये गए हैं। यह भी नहीं पता कि वे कहाँ रखे गए हैं। देश में क्रांति हो गई है।''

मैंने अखबार को उलटते-पलटते हुए कहा, "आज के अखबार में तो यह सब नहीं लिखा है। हो सकता है किसी ने अफवाह उड़ाई हो।"

"नहीं, ऐसी बात नहीं है। रेडियो से खबर आई है। आज रात इसी संबंध में रेडियो से लॉर्ड एमरी बोलने भी वाले हैं।" उस कार्यकर्ता ने दम लेते हुए जोर देकर कहा।

हमारे दिल धड़कने लगे। विचित्र सी अनुभूति होने लगी। लगा, जैसे सचमुच हम आजाद होने जा रहे हैं। हम सभी एक-दूसरे का मुँह ताक रहे थे। अचानक कांग्रेस का वही कार्यकर्ता बोल पड़ा, "थोड़ी देर बाद कांग्रेस वर्किंग कमेटी ने मीटिंग बुलाई है।"

"मीटिंग किसलिए?" बैठक से आवाज आई।

"बात यह है कि गांधीजी गिरफ्तार हो गए हैं। लेकिन गिरफ्तार होने से पूर्व उन्होंने कोई कार्यक्रम दिया नहीं है। आखिर जनता कल क्या करेगी, यह किसी को कुछ मालूम नहीं है। इसलिए कांग्रेस को अपना कोई कार्यक्रम तो बनाना ही होगा। लड़के उतावले हैं। देश का नया खून खौल रहा है।"

"गांधीजी ने कार्यक्रम तो दिया है—करो या मरो।" यह मेरी माँ की आवाज थी। मैंने सिर उठाकर देखा तो मध्यमेश्वर के चबूतरे पर वह भी महिलाओं की भीड़ के साथ खड़ी थी। माँ को आजादी के लिए बोलता देखकर मैं बहुत खुश हुआ।

"बस यही तो एकमात्र कार्यक्रम है हमारे पास और कुछ नहीं।" उस कार्यकर्ता ने कहा।

लोग कह उठे, "लगता है, अब देश कल-परसों में ही आजाद हो जाएगा। फिर हम किसी के गुलाम नहीं रहेंगे। आजादी मिलते ही हमारे सारे मसले हल हो जाएँगे।"

रामधन ने मुझे दूध का बड़ा गिलास थमाते हुए कहा, "अब तुम्हारी जिम्मेदारी और बढ़ जाएगी। स्कूल से कल जरा जल्दी आना, ताकि समय पर हमें खबर सुना सको। और हाँ, गंगाराम तुम भी जरा जल्दी अखबार लेकर पहुँच जाना।" रामधन सरदार खुशी से चिल्लाते हुए बोला।

कांग्रेस वर्किंग कमेटी की बैठक में बताया गया कि सभी नेता गिरफ्तार हो गए। जो नहीं हुए हैं, वे आज रात-बिरात हो जाएँगे। गांधीजी ने 'करो या मरो' का मंत्र दिया है; पर किसी के पास कोई कार्यक्रम नहीं है। नेहरूजी को बंबई के ग्वालिया तालाब के मैदान में झंडा फहराना था। पुलिस ने उन्हें गिरफ्तार कर मैदान

के चारों ओर पहरा लगा दिया। कड़ी चेतावनी के बाद भी अरुणा आसफ अली ने झंडा फहरा दिया था। स्थिति विषम हो चुकी है। सुना है, अच्युत पटवर्धन बनारस में हैं, लेकिन उनसे किसी का कोई संपर्क ही स्थापित नहीं हो सका है। उड़ती-उड़ती खबर है कि गिरफ्तार होते समय जब प्यारेलालजी ने गांधीजी से जनता के लिए कोई संदेश माँगा, तब वे कुछ नहीं बोले। केवल इतना कहा—''कल से लोग 'करो या मरो' का बैज बाँधें और इसी मंत्र पर चलें।''

बनारस में कांग्रेस वर्किंग कमेटी ने तत्काल ऐसे बैज बनवाने का आदेश दिया। 'करो या मरो', 'अंग्रेजों भारत छोड़ो', 'अब हम आजाद हैं', 'कोई भी ताकत हमें गुलाम नहीं रख सकती' के नारोंवाली तख्तियाँ भी लिखकर तैयार की गई।

□

अब चिर प्रतीक्षित घड़ी आ पहुँची। लॉर्ड एमरी का रेडियो पर संबोधन आनेवाला है। सभी ने बी.बी.सी. पर रेडियो की सूई जमा ली थी। एक भर्राई सी आवाज में विलायती अंग्रेजी सुनाई पड़ी। हर एक के कान उधर लग गए, पर शायद ही कोई उसे समझ रहा हो। मैं भी बड़े गौर से सुन रहा था। इंडिया, गांधी, रिवोल्यूशन, रेल, टेलीफोन, डू ऑर डाई आदि शब्दों के अतिरिक्त मेरे पल्ले कुछ नहीं पड़ा। किसी के कुछ समझ नहीं आ रहा था, लेकिन सबने अपनी मुखमुद्रा ऐसी बना रखी थी, मानो वे कोई बड़ी बात सुन रहे हों। डिप्टी हरनारायण के यहाँ हम लोग रेडियो सुनने गए थे। वे सुनते हुए कागज पर नोट करते जा रहे थे। हम लोगों ने तभी समझ लिया था कि अंत में वे भाषण का सारांश सुनाएँगे—और उन्होंने सुनाया भी।

एमरी का भाषण समाप्त होते ही रेडियो बंद कर दिया गया। डिप्टी साहब बड़ी गंभीरता से बोलंने लगे, ''पहली बात तो आप लोग यह समझ लीजिए कि सरकार आपको आजादी नहीं देने जा रही है। लॉर्ड एमरी का कहना है कि सरकार इन नेताओं को गिरफ्तार करने के लिए विवश हो गई थी, क्योंकि गांधीजी के नेतृत्व में इन लोगों ने बगावत की योजना बनाई थी। अगर उन्हें गिरफ्तार नहीं किया जाता तो देश में अराजकता फैल जाती। इन लोगों की योजना थी कि रेल रोक लो, संचार माध्यमों को नष्ट कर दो, टेलीफोन के तार उखाड़ दो, सरकारी संपत्तियों को नष्ट कर डालो, पुलिस स्टेशनों पर कब्जा कर लो, सरकारी भवन पर यूनियन जैक हटाकर तिरंगा फहरा दो।''

डिप्टी साहब ने आगे पढ़ा, ''लॉर्ड एमरी का कहना है कि जब देश पर दुश्मन मँडरा रहे हैं, ब्रिटिश साम्राज्य संकट में है, तब जनता को इस तरह भड़का कर गांधीजी ने अच्छा नहीं किया, बल्कि हमारे विश्वास की पीठ में छुरा भोंका है। फिर भी हम भारतीय जनता के साथ विश्वासघात नहीं कर रहे। वे शांति और धैर्य से काम लें। उनके नेता बड़े आराम से रखे गए हैं।''

लॉर्ड एमरी के इस संबोधन के बाद लोगों का असमंजस और बढ़ गया। विचार-विमर्श के बाद यह तय हुआ कि अब नेता कोई नहीं है, जो हैं भी, वे कल तक अवश्य गिरफ्तार हो जाएँगे। गांधीजी और कांग्रेस ने लोगों को कोई कार्यक्रम तो दिया नहीं। कांग्रेस केवल 'भारत छोड़ो' प्रस्ताव ही पास कर सकी। लॉर्ड एमरी के वक्तव्य से लग रहा था कि सरकारी भवनों पर कब्जा करने, रेल की पटरियाँ उखाड़ने, तार व टेलीफोन आदि को ठप करने की योजना शायद कांग्रेस के पास थी। लेकिन लोगों को यह भरोसा नहीं हो रहा था कि यह योजना अहिंसक गांधीजी ने बनाई होगी। सुभाष समर्थकों का कहना था कि गांधीजी अब बदल चुके हैं और अब वह सुभाष बाबू के रास्ते पर आ रहे हैं। लेकिन इस पर कोई सहमति नहीं थी। आखिर में तय किया गया कि आंदोलन का नेतृत्व छात्रों को दे दिया जाए। देश का भविष्य अब उन्हीं के हाथ में है। वे जो चाहें करें, जिस ओर चाहें आगे बढ़ें।

नेताओं की गिरफ्तारी पर अगले दिन काशी में पूर्ण हड़ताल थी। सभी दुकानें बंद थीं। सड़क भिखारियों की हथेलियों की तरह खुलीं और सुनसान तो थीं, पर उदास नहीं। नई आजादी की धड़कन से भरी हुईं। धीरे-धीरे लोग गलियों से सड़कों पर निकल आए थे। पुलिस का कहीं कोई नामोनिशान नहीं था। ऐसा लग रहा था कि कहीं कोई शासन नहीं है। सारी ब्रिटिश सत्ता कपूर की तरह उड़ गई है। छात्रों का जोश चरम पर था। उन्होंने निर्णय लिया कि कचहरी पर लहराता यूनियन जैक उतारकर भारत का तिरंगा टाँगा जाए। सुबह के नौ बज चुके थे। घंटे भर में ही कई सारे स्कूल, कॉलेज के लड़के इकट्ठे होकर कचहरी की ओर चल पड़े। हर छात्र में यही उत्साह था कि 'कचहरी पर झंडा टाँगूँगा। मारा गया तो भी इतिहास में जिंदा रहूँगा।'

सड़क पर भीड़ बढ़ती जा रही थी। अब इक्का-दुक्का पुलिसवाले दिख रहे थे। ज्योंही कोई पुलिसवाला दिखता, लोग नारे लगाते—'अंग्रेजों भारत छोड़ो', 'पुलिस हमारे भाई हैं।' कचहरी के पास जुलूस जमा हो गया। कलेक्टर फिनले जुलूस के सामने आ गया। उसने पूछा, ''आप लोग क्या चाहते हैं।''

भीड़ ने समवेत स्वर में कहा, "हम कचहरी पर झंडा लगाना चाहते हैं?"

फिनले ने पूछा, "आपके झंडा लगाने से क्या ब्रिटिश हुकूमत समाप्त हो जाएगी।"

"जरूर समाप्त हो जाएगी"—भीड़ चिल्लाई।

"तो जाओ, लगाओ अपना झंडा। तिरंगा टाँगना है तो टाँग दो; पर यूनियन जैक का अपमान मत करना। जैसे तुम्हारे लिए तिरंगा जान से प्यारा है, वैसे ही हमारे लिए हमारा यूनियन जैक भी प्यारा है।" फिनले ने कहा।

फिनले ने भीड़ को संबोधित किया, "आपको जो करना हो, शांतिपूर्वक कीजिए; पर याद रखिए, कचहरी का एक भी रिकॉर्ड नष्ट न होने पाए, क्योंकि आजादी के बाद भी आपको उन रिकॉर्डों की बड़ी आवश्यकता पड़ेगी।"

लोगों को भरोसा ही नहीं हुआ। वे तो टकराव की आशा लेकर आए थे, लेकिन यहाँ खुद अंग्रेज कलेक्टर कह रहा है, "ऊपर जाओ, यूनियन जैक उतारो, उसे सम्मान से हमारे हवाले करो और अपना तिरंगा टाँग लो।" उस समय दुनिया के दो-तिहाई भाग में लहरानेवाला यूनियन जैक काशी की कचहरी से आसानी से उतार लिया गया।

यूनियन जैक उतरने तक तो जनता शांत रही, लेकिन ज्योंही यूनियन जैक उतारकर वहाँ तिरंगा टाँगा, लोगों ने यूनियन जैक झपट लिया। उसे जूतों से रौंदा और फाड़कर चिथड़े-चिथड़े कर दिए। उसकी चिंदियाँ बड़ी बेरहमी से जलाई गईं, मानो वह ब्रिटिश राज की क्रूरता का प्रतीक हो।

अब फिनले मौन न रह सका। अपने राष्ट्रीय झंडे का अपमान एक देशभक्त कैसे सह सकता था? उसने आँसू गैस के गोले छोड़ने और लाठियाँ बरसाकर भीड़ को तितर-बितर करने का हुक्म दिया। बड़ी बेरहमी से पुलिस के डंडे चलने लगे। 'पुलिस हमारे भाई हैं'—का नारा बेअसर हो गया। भगदड़ मच गई। सोचता हूँ, फिनले सचमुच भला आदमी था। इस स्थिति में भी उसने गोली चलाने का आदेश नहीं दिया।

□

13 अगस्त, 1942 की वह संध्या अब भी मेरे मन में तैर जाती है, जब वह इनकलाबी जुलूस दशाश्वमेध घाट से निकला था। ढेड़सी के पुल तक आते-आते गोरी पलटन पहुँच गई थी। जुलूस को खत्म करने और तितर-बितर करने का आदेश अंग्रेज अफसर दे रहे थे। 'शूट एट साइट' यानी 'देखते ही गोली मार दो' का ऑर्डर जारी हो चुका था। जुलूस के आगे बढ़ते ही गोली चलाने का हुक्म था। सिपाही

बंदूक के घोड़े पर उँगली रखे, अपने अफसर के आदेश की प्रतीक्षा कर रहे थे। ज्योंही जुलूस आगे बढ़ा, 'फायर' का आदेश हुआ। लेकिन आजादी के दीवानों को इसकी क्या परवाह! जुलूस आगे बढ़ता रहा और गोली चलने लगी। पटापट चार व्यक्ति वहीं ढेर हो गए। मुझे ठीक याद है, उनमें एक मल्लाह था, जो मेरे पैर के पास ही गिरा था। आह तक न निकली। छाती से खून का फव्वारा फूट पड़ा था, पर हाथ से तिरंगा नहीं छूटा, बल्कि वह उसी के रक्त से लाल हो चला था।

हमीं नहीं, गाय-साँड और कुत्ते भी भागते जा रहे थे। अजीब भागमभाग। आदमी और पशु दोनों साथ-साथ। कुछ दूर और निकल जाने पर हम लोग शिव मंदिर में पहुँचे, तब जान में जान आई। सरकार ने आंदोलन को कुचल देने का दृढ निश्चय किया था। शासन की पाशविकता अपनी चरम सीमा पर आ गई। कहीं-कहीं दस-पंद्रह दिनों तक भारतीयों का ही शासन रहा, किंतु यह आंदोलन घायल सर्प की तरह कुचल दिया गया। हाथ में आई आजादी उँगलियों के बीच से बालू की तरह झर गई। एक-एक सुराजी बीन-बीनकर जेल में ठूँस दिया गया। कुछ भूमिगत हो गए।

ऐसा लगा कि कुछ समय के लिए राष्ट्रीय आंदोलन खूँटी पर टाँग दिया गया हो। अब शाम को जब गंगाराम अखबार लाता तो उसे पढ़ने में कोई मजा नहीं रहता, क्योंकि खबरों पर सेंसर था। सरकार जो चाहती थी, वही छपता था। लड़ाई के समाचारों में भी हर जगह मित्र राष्ट्रों की ही जीत दिखाई देती थी और कहीं-कहीं बड़ी बहादुरी से उनकी सेनाएँ पीछे हटती मालूम पड़ती थीं। किंतु राष्ट्रीय आंदोलन उन दिनों अखबारों में दफना दिया गया था। सभी नेता जेल में थे। कौन कहाँ है, इसका भी पता नहीं था। मध्यमेश्वर के चबूतरे की अड़ी की रौनक बुझ चुकी थी। इक्का-दुक्का लोग ही वहाँ आते थे। एक साथ और एक जगह कोई दिखना नहीं चाहता था। सभी को अपनी गिरफ्तारी का डर सताने लगा था। जगह-जगह सी.आई.डी के लोग छोड़ दिए गए थे, ताकि नागरिकों पर नजर रखी जा सके। हालात ऐसे बने कि 'वंदेमातरम्' का नारा लगाने और खादी का कपड़ा पहनने पर भी गिरफ्तारी हो जाती थी।

□

क्षितिज का रंग बदलने लगा था। यूरोप के फ्रंट पर मित्र राष्ट्रों की विजय ने अंग्रेजों के हौसले बुलंद कर दिए थे। भारत भी उसके प्रभाव से मुक्त न रह सका।

'वी' माने विक्टरी अर्थात्—विजय। चर्चिल ने दो उँगलियों को मिलाकर 'वी' बनाने का नया रिवाज निकाला था। अंग्रेज-भक्त उँगलियों के इसी 'वी' से

अब अभिवादन भी करने लगे थे। हमारे स्कूल में 'वी' के बड़े-बड़े पोस्टर लगाए गए थे। रोज अखबार बस विजय के ही समाचार छापते थे। उँगलियों पर गिने-चुने लोग उनके विजय पर्व में शामिल होते थे; किंतु हमें ऐसा लगता था कि हमारी पराजय हो रही है। साधारण जनता के दिल बुझने लगे थे।

हमारी आजादी की उम्मीद का चिराग तूफान झेल रहा था तभी बंगाल में भीषण अकाल पड़ा। सरकारी आँकड़ों के अनुसार, मृतकों की संख्या 15 लाख तक पहुँची पर प्रो. के.सी. चट्टोपाध्याय की गैर-सरकारी रिपोर्ट के अनुसार 35 लाख लोगों को दुर्भिक्ष निगल गया था। उन्हें बचाया जा सकता था, पर सरकार ने कारगर कदम नहीं उठाए। देश की आत्मा कराह उठी; किंतु कोई क्या कर सकता था। छोटे कार्यकर्ता से लेकर नेता तक जेल में ठूँस दिए गए थे। निराशा और रिक्तता बोध ने अजीब स्थिति पैदा कर दी थी।

जमी हुई नदी और थमी हुई जिंदगी किस काम की। इन दिनों एक थमी हुई जिंदगी मैं जी रहा था। स्कूल जाना, घर आना, यही रह गया था। अड़ी पर अखबार पढ़ने का सुख भी सेंसरशिप के कारण जाता रहा। मुझे याद है, मेरे एक मास्टर साहब थे रामदास माणिक। एक दिन वह मुझसे बोले, "तुम आजकल बहुत उदास दिखते हो।" मैंने कहा, "क्या करूँ। लड़ाई में अंग्रेजों की जीत हो रही है और नेता भूमिगत हैं या फिर गिरफ्तार हैं। आंदोलन को बेतरह कुचल दिया गया है, अखबारों पर सेंसरशिप है, आखिर किया क्या जा सकता है।" मेरी आवाज में पराधीन मन की हताशा थी।

मास्टर साहब मुझे अपने घर ले गए। वहाँ मुझे सुंदरलाल की लिखी 'भारत में अंग्रेजी राज' नामक पुस्तक पढ़ने को दी। "तुमने यह पुस्तक देखी। इसमें अंग्रेजों की क्रूरता का और हमारी वास्तविकता का यथार्थ चित्र है। इसे हर व्यक्ति को पढ़ना चाहिए।" वे बोलते रहे, "इसीलिए सरकार ने इसे जब्त कर रखा है।"

फिर उन्होंने मुझे बताया कि "सरकार से छुपकर शहर से एक बुलेटिन निकाली जा रही है 'रणभेरी'। ब्रिटिश शासन की दृष्टि में इसे निकालना, पढ़ना और यहाँ तक कि इसे वितरित करना भी गुनाह है। हम लोग चाहते हैं कि इसे अधिक-से-अधिक लोग पढ़ें। सुना है तुम बहुत अच्छा अखबार पढ़ते हो। इसकी खबर लोगों तक पहुँचाओ, रात में छिपकर इसे स्कूल-कॉलेज या ऐसी जगह जहाँ अधिक लोग इकट्ठे होते हों—वहाँ इसे चिपकाओ। भारत हमें पुकार रहा है। भारत की राजधानी दिल्ली हमें पुकार रही है। इस देश की 40 करोड़ जनता हमें पुकार रही है। हमारा खून हमें पुकार रहा है। उठो, यह वक्त खोने का नहीं

है। तुम्हारे सामने एक ही रास्ता है, जिसे आजादी के दीवानों ने बनाया है। तुम उस रास्ते पर चलो। दिल्ली का रास्ता ही आजादी का रास्ता है। दिल्ली चलो।'' रामदास माणिक मास्टर साहब सुभाषचंद्र बोस से बहुत प्रभावित थे।

मेरे जीवन में एक नई अड़ी, एक नई बहस लेकर आ गई थी। मैं रात के अँधेरे में जगह-जगह 'रणभेरी' चिपकाने लगा। इसके लिए सबसे पहले मैंने अपना पहला स्कूल—अन्नपूर्णागंज प्राइमरी स्कूल का गेट चुना। इस कार्य में मेरी माँ ने भी मेरी मदद की। वह गली में दुबकी खड़ी मुझे देखती रहती। आजादी की लौ उनके अंदर भी जल चुकी थी। उन्हें अपने बेटे पर गर्व था।

□

रामधन सरदार की अड़ी पर आज गंगाराम बता रहा था कि ''भारत की कम्युनिस्ट बिरादरी अंग्रेज सरकार के पक्ष में हैं और धुरी राष्ट्रों के खिलाफ इक्के पर प्रचार करने सड़क पर उतर आया है। ये लोग सुभाषचंद्र बोस का खुलकर विरोध करते हैं और उनके बारे में अंड-बंड बकते हैं। इक्के पर वे प्रचार करते हैं कि यूरोप में हमारी सरकार (अंग्रेजी सरकार) जीत रही है, लेकिन बर्मा के फ्रंट पर सुभाषचंद्र बोस के कारण हमारी (अंग्रेज सैनिकों की) हार हो रही है। मणिपुर तक 'आजाद हिंद' फौज चली आई है। कलकत्ते में इस बात से भगदड़ मची है। अंग्रेजों की जीत पर कम्युनिस्ट विचारधारा के लोग लड्डू बाँट रहे हैं और कहते हैं हनुमानजी की कृपा होगी तो बर्मा के फ्रंट पर भी हम ही (अंग्रेज सैनिक) जीतेंगे।''

''हनुमानजी की कृपा, क्या हमारे हनुमानजी पराधीन भारत में रहना चाहते हैं—'' एक चुभती हुई बात जीऊत साव ने कही।

''ये कम्युनिस्ट तो भगवान् को नहीं मानते, आज हमारे नेताजी को हराने के लिए हमारे ही भगवान् से गुहार लगा रहे हैं—''यह रामधन सरदार की व्यंग्यात्मक आवाज थी।

गंगाराम की बात से अड़ी पर बैठे लोग बेहद गुस्से में थे और इसकी प्रतिक्रिया तत्काल जीऊत साव व रामधन ने दे भी दी थी। वहाँ बैठे लोग एक-एक कर बोलते चले गए और लगभग सभी ने कम्युनिस्टों को खूब खरी-खोटी सुनाई। सुभाष बाबू के खिलाफ कोई कुछ नहीं सुनना चाहता था, और यहाँ तो इक्के पर सवार होकर कम्युनिस्ट विचारधारा के लोग सुभाष बाबू के खिलाफ नारेबाजी कर रहे थे, फिर किसी को कैसे बर्दाश्त होता।

''कम्युनिस्टों का विचार था कि सुभाष बाबू ने अंग्रेजों को हराने के लिए गलत राह चुनी है। उन्होंने फासिस्टों से हाथ मिलाया है और उसके सहयोग से

देश को आजाद कराना चाहते हैं। उन्होंने उनसे दोस्ती की है, जो अंग्रेजों से भी ज्यादा खतरनाक हैं।''

कम्युनिस्ट लोग जब भी किसी को सुभाष बाबू के बारे में इस तरह से समझाने की कोशिश करते, उन्हें जवाब मिलता, ''अंग्रेजों से कौन अच्छा है और कौन खतरनाक, इसे क्या तुम लोग ही समझते हो? क्या इसे समझने की ताकत सुभाष बाबू में नहीं?''

मुझे याद है, एक कम्युनिस्ट जब इक्के पर मुँह में लाउडस्पीकर लगाए सुभाष बाबू के बारे में इसी तरह अंड-बंड बोल रहा था तो लोगों ने कॉलर से पकड़कर उसे नीचे खींच लिया और लात-जूतों से उसकी खूब खबर ली।

□

राजनीति फिर रंग बदलने लगी। कलकत्ता में भगदड़ मच गई थी। अड़ी पर यह चर्चा थी कि वहाँ जापानियों ने हवाई जहाज से परचे गिराए थे, जिसमें लिखा था, ''हम हिंदुस्तानियों के दुश्मन नहीं हैं, आप हमारे मित्र हैं। हमारे असली दुश्मन तो अंग्रेज हैं। हम हिंदुस्तान से उन्हें भगाकर ही दम लेंगे। इसलिए आप लोग कलकत्ता खाली कर दीजिए, नहीं तो हारकर भागते हुए अंग्रेज आपको नष्ट करते जाएँगे। इनकी यही नीति रही है। स्कार्चड की नीति।'

लोग कलकत्ता छोड़कर भागने लगे थे। उनमें से बड़ी संख्या में लोग बनारस भी पहुँचे थे। आतंक की बढ़ती छाया उनका पीछा करती मालूम हो रही थी। मालगाड़ी तक में लोग लदे-फदे चले आ रहे थे। अंग्रेजपरस्तों के चेहरे एक बार फिर मुरझाने लगे। और सामान्य जनता के मुरझाए मन पर हरियाली का एक झोंका आ गया। एक दूसरा ही माहौल बनने लगा। एक दिन शाम को अड़ी पर एक आदमी कम्युनिस्ट विचारधारा के एक युवक को वहाँ पाकर उस पर चीखते हुए दौड़ पड़ा। उसने उसे इक्के पर सुभाष बाबू के खिलाफ प्रचार करते देखा था। लोगों ने उसे पकड़ा, उसे शांत किया। उसका कहना था कि ''जनता बेचारी कलकत्ता से भाग रही है। प्राणों के लाले पड़े हैं और ये साले मारे खुशी में हनुमानजी का लड्डू बाँट रहे हैं।'' बेचारा वह कम्युनिस्ट दुम दबाकर वहाँ से भागा।

मेरे मास्टर साहब माणिकजी इस भगदड़ को प्रत्यूष वेला की हलचल कहते थे। जागरण का पूर्वाभास। सूर्य निकलनेवाला है, आजादी का सूर्य, जिसका प्रकाश हमारे हर दुःख और दारिद्रय को सोख लेगा। उनकी 'रणभेरी' और आग उगलने लगी थी। माँ इसे चिपकाने के लिए लेई बनाती और मैं रात भर इसे जहाँ-तहाँ चिपकाता। एक तो मैंने मध्यमेश्वर चबूतरे के पास पेड़ पर भी चिपकाया, जिसकी

अगले शाम अड़ी पर खूब चर्चा हुई। मैंने ही सबको पढ़कर सुनाया और मैं ही खूब मुसकरा रहा था। किसी को पता नहीं चला कि वहाँ बुलेटिन कौन चिपका गया है! मैंने जब माँ को बताया तो वह खूब हँसी।

एक बार अन्नपूर्णागंज स्कूल के फाटक पर 'रणभेरी' चिपकाते हुए मुझे सी.आई.डी. के एक आदमी ने पकड़ लिया। मुझे पकड़कर वह कोतवाली ले जाने लगा। मैंने उसे आजादी का मतलब समझाया और समझाया कि "अपनी रोटी के लालच में उसका यह कृत्य देशद्रोह के समकक्ष है। जिसे वह देशद्रोह कहता है, वह केवल अंग्रेजद्रोह है, लेकिन जिसे मैं द्रोह कह रहा हूँ, वह असली देशद्रोह है, क्योंकि मैंने और उसने इसी धरती की पेट से जन्म लिया है। वह अपनी धरती माँ से द्रोह कर रहा है।"

उसने कहा, "अच्छा तो यदि मैं तुम्हें छोड़ दूँगा तो मैं देशद्रोही नहीं कहलाऊँगा?"

मैंने कहा—"नहीं"। उसने कहा—"तो मैं तुम्हें छोड़ता हूँ।" स्वतंत्रता की आग उस वक्त अंग्रेजों की नौकरी करनेवालों के मन में भी जलने लगी थी।

अपनी बातों से लोगों को प्रभावित करने का यह सिलसिला उस दिन जो शुरू हुआ, तो फिर पूरी उम्र चलता रहा। छात्रों ने मेरी कक्षा में शत-प्रतिशत उपस्थिति दर्ज करा कर मेरे एक अच्छे अध्यापक होने का प्रमाण दिया। अच्छे वक्ता का प्रमाण काशी के हर कार्यक्रम में मुझे मिला। मैं जाता था मुख्य वक्ता बनकर और लोग कहते, 'मास्टर साहब को ही मंच संचालन करने दीजिए। वह जितना कुछ कहते हैं, बड़ा सारगर्भित और मीठा लगता है।'

मुझे हमेशा लगता रहा है कि उस सी.आई.डी की आत्मा मेरे प्रत्येक छात्र और श्रोता में घुस गई है, जो केवल मेरे कहने मात्र से ही खुद को देशभक्त समझने लगा था, जबकि सच्चाई यह थी कि मेरी कोशिश हर हाल में गिरफ्तारी से बचने की थी, जिसके लिए मैं उसकी भावनाओं से खेलने में सफल रहा। उस रात मेरी माँ मेरा इंतजार कर रही थी। मैं नहीं चाहता था कि उस रात मेरे घर न पहुँचने पर मेरी माँ की आँखों की नींद हमेशा के लिए गायब हो जाए और उसकी आँखें लगातार भीगती रहे। उसकी आँखों में आँसू लाकर मैं अपने ईश्वर को नाराज नहीं कर सकता था।

☐

यूरोप की आग बुझ चुकी थी, पर पूर्व एशिया में राख के नीचे युद्ध की चिनगारी अभी सुगबुगा रही थी। उम्मीद की धरती पर चिंता का जहरीला पानी

अचानक फिर गया। पूरे काशी की मानसिकता एक अप्रत्याशित तूफान से झकझोर दी गई। सुबह से ही लोग अखबार के दफ्तरों के पास जमा होने लगे। दोपहर होते-होते 'आज' कार्यालय के बाहर इतनी भीड़ हो गई कि लोहटिया की सड़क जाम हो चली थी। पुलिस व्यवस्था में लगी थी, वह फिर भी कुछ कर नहीं पा रही थी। अंत में 'आज' कार्यालय से एक घोषणा हुई—'हमें खेद के साथ सूचित करना पड़ रहा है कि नेताजी सुभाषचंद्र बोस अब नहीं रहे। रँगून से टोकियो जाते समय उनका विमान दुर्घटनाग्रस्त हो गया।'

बाद में यही सूचना बड़े-बड़े अक्षरों में छापकर कार्यालय के बाहर अखबार चिपकाने के बोर्ड पर लगा दी गई। भीड़ हटने-बढ़ने लगी। लेकिन लोगों को इस खबर पर जरा भी विश्वास नहीं था। लोगों का मानना था कि अंग्रेज सरकार की आँख में धूल झोंककर वे जिस तरह देश से भागने में सफल रहे थे, उसी तरह फिर से निकल भागे हैं। समय आने पर प्रकट होंगे।

मुझे ठीक याद है, 18 अगस्त, 1945 को इस दुर्घटना की खबर आई थी। इसके एक दिन बाद 19 अगस्त को रविवार था। स्कूल-कॉलेज बंद, इसलिए इस भीड़ में विद्यार्थी अधिक थे। छात्रों का मन तो सुभाष बाबू की मृत्यु को मानने को बिल्कुल भी तैयार नहीं था, पर दुःखी सब दिखाई दे रहे थे। दशाश्वमेध के चितरंजन पार्क में शोकसभा रखी गई थी। शोकसभा की घोषणा होते ही लोग उबल पड़े। लोगों के गुस्से को देखते हुए इस सभा को शोकसभा की जगह नेताजी के जीवन पर प्रकाश डालनेवाली सभा का नाम दे दिया गया।

शाम को मध्यमेश्वर चबूतरे की अड़ी पर सभी बेसब्री से गंगाराम के आने का इंतजार कर रहे थे। गंगाराम केवल अखबार ही नहीं लाता था, बल्कि बाबूराव विष्णु पराड़करजी जैसे संपादक के साथ काम करते हुए उसे बहुत सारी जानकारी भी रहती थी। वह जानकारी, जो अखबार के कार्यालय में टेलीप्रिंटर के जरिए आती थी, लेकिन किसी कारणवश छप नहीं पाती थी, वह जानकारी, जो सूत्रों के जरिए अखबार के संपादक व संवाददाताओं को मिलती थी, वह जानकारी, जो हर बड़े अखबार के दफ्तर में तो होती है, लेकिन सबूत के अभाव में कई बार खबर नहीं बन पाती है।

हाथ में अखबार लिये अड़ी पर पहुँचते ही गंगाराम ने कहा, "हो सकता है कि विमान दुर्घटना की बात मनगढ़ंत हो।"

"किस आधार पर तुम कह रहे हो ऐसा।" एक चिंतित व्यक्ति ने पूछा।

गंगाराम ने मेरी तरफ अखबार बढ़ाते हुए कहा, "अखबार में विस्तृत सूचना

है कि स्वयं अंग्रेज भी इस पर विश्वास नहीं कर रहे हैं कि नेताजी की मौत हो गई है। कार्यालय में भी चर्चा थी कि संभव है युद्धबंदी होने से बचने के लिए नेताजी ने यह नाटक रचा हो।'' परेशान लोगों के मुख पर थोड़ी राहत दिखी।

चितरंजन पार्क वाली सभा में 'आज' अखबार का वह अंक पढ़कर सुनाया गया, जिसका आशय यह था कि हिंदुस्तानियों की कौन कहे, अंग्रेजों को भी यह यकीन नहीं है कि सुभाष बाबू की मौत हो चुकी है।

विश्व युद्ध में धुरी राष्ट्रों की बुरी तरह से हार हुई। 'आजाद हिंद फौज' के बहुत सारे सैनिक गिरफ्तार कर लिये गए थे। उनपर लाल किले की फौजी अदालत में सुनवाई शुरू हुई। आजाद हिंद फौज के अफसरों—सहगल, ढिल्लो और शाहनवाज को फौजी अदालत ने फाँसी की सजा सुनाई थी। अंग्रेज सरकार की दृष्टि में ये देशद्रोही थे, लेकिन जनता की दृष्टि में परम देशभक्त। सरकारी वकील उन सैनिकों पर जो आरोप लगाते, वह हमारी राष्ट्रीयता और देशभक्ति की बारूद पर चिनगारी का काम करते।

उन खबरों को पढ़ते-पढ़ते हम उत्तेजित हो उठते। उस समय अखबार ऐसी ही खबरों से भरे रहते थे। मुझे जोर-जोर से उसे बाँचना होता था। पढ़ने की गति के साथ लोगों की भाव-भंगिमा भी बदलती रहती थी। मैं भी कई बार खबर पढ़ते-पढ़ते आवेशित हो जाता। अनेक वर्णन ऐसे होते थे, जिसे सुनकर ये लोग तालियाँ बजाने लगते थे।

यह फरवरी 1946 का ठंडा महीना था, लेकिन अड़ी पर लोगों की संख्या में जरा भी कमी नहीं। अखबार समाप्त होने से पहले ही वहाँ आग की बोरसी रख दी जाती। अड़ी जम जाती और बहस छिड़ जाती। रात के प्रथम प्रहर तक बहस जारी रहती। बहस में बहुमत की यही राय होती कि जनता को अंग्रेजी सरकार पर दबाव बनाना चाहिए, ताकि आजाद हिंद फौज के अफसरों को फाँसी की सजा देने से वह डरे।

आजाद हिंद फौज के अफसरों के समर्थन में जनता आंदोलन के मूड में थी। देशव्यापी हड़ताल का आह्वान किया गया था। लोग पहले ही नमक आदि घर में जमा कर रहे थे। यह हड़ताल पता नहीं कब तक चले। हम लोग कैंट स्टेशन पर गए। हमारा काम था, अलग-अलग शहर से रेलगाड़ी से काशी में आनेवाले यात्रियों के लिए सुविधाएँ जुटाना। जब वे गाड़ी से उतरें तो उन्हें बताएँ कि आज शहर में हड़ताल है। इक्के-ताँगे नहीं चलेंगे।

सैकड़ों लोग स्टेशन पर जमा होते थे और यात्रियों का सामान गंतव्य तक

ढोकर पहुँचाते थे। यह वह दौर था, जब हर किसी का खयाल हर किसी को था। आज तो हड़ताल की घोषणा हो जाती है, जनता को उसके हाल पर मरने के लिए छोड़ दिया जाता है। कोई हड़ताली पार्टी अपने कार्यकर्ताओं को लोगों की परेशानी कम करने के लिए नहीं लगाती। लेकिन तब जनता स्वत: स्फूर्त ढंग से हड़ताल के कारण मुसीबत में फँसे लोगों की मदद करने के लिए आगे आती थी।

मुझे याद है, उस हड़ताल में स्टेशन पर सेवा समिति का कैंप लगा था, अच्छी व्यवस्था की गई थी। यह एक जनआंदोलन था, इसलिए जनता लोगों के सहयोग के लिए उमड़ पड़ी थी। जो शहर के यात्री थे, उनकी समस्या तो किसी तरह हल हो जा रही थी, किंतु जो दूसरी जगहों के यात्री थे और ट्रेन बदलने के लिए स्टेशन पर पड़े थे, उनके भोजन, जलपान, चाय आदि की व्यवस्था का पूरा इंतजाम था, क्योंकि हड़ताल ऐसी थी कि कुछ भी मिलनेवाला नहीं था।

□

एक दिन गंगाराम खुशी में उछलता हुआ आया और अखबार देते हुए बोला, ''आजाद हिंद फौज के लेफ्टिनेंट रशीद की फाँसी की सजा के खिलाफ भारतीय नौसेना ने बंबई में विद्रोह कर दिया है। नौसैनिक बेड़ों से यूनियन जैक उतारकर फेंक दिए गए हैं। नौ घंटे तक गोलाबारी हुई। इंग्लैंड की नई लेबर पार्टी सरकार इसे लेकर बेहद चिंतित हैं।

सेना में विद्रोह से अंग्रेज विचलित थे। विस्फोटक स्थिति का कँपन हमारे बीच से गुजरा। बुझे हुए शोले भी आँच देने लगे। उस दिन अखबार पढ़ते-पढ़ते मेरा जोश उफान पर आ गया। आवाज तेज होती चली गई, जिससे वहाँ अच्छी खासी भीड़ लग गई। लोग कहने लगे, ''देखा नेताजी का करिश्मा! जो चिनगारी बर्मा के फ्रंट पर बुझी-बुझी जान पड़ी, वही बंबई में विस्फोट कर बैठी।'' कुछ लोगों ने तो यहाँ तक कयास लगा लिया कि 'जरूर नेताजी दुश्मनों को चकमा देकर बंबई पहुँच गए हैं। तभी यह ज्वालामुखी फटा है। अरब सागर उबल पड़ा है।'

बड़ी बात यह थी कि यहाँ अंग्रेज सांप्रदायिकता भड़काने की पूरी कोशिश में थे। पाकिस्तान निर्माण की माँग बढ़ती जा रही थी। हर होली-मुहर्रम में दंगे हो जाया करते थे, वहीं कैप्टन रशीद की फाँसी की सजा के विरोध में न केवल नौसेना, बल्कि देश की जनता भी एक हो गई थी।

जनआंदोलन के दबाव में अंग्रेज सरकार ने सहगल, ढिल्लो और शाहनवाज की फाँसी की सजा माफ कर दी। इतना बड़ा नौसेना विद्रोह होने के बावजूद

कैप्टन रशीद की फाँसी की सजा सात साल के कठोर कारावास में बदलकर रह गई।

लोगों का मानना था कि ऐसा इसलिए हुआ, क्योंकि नौसेना ने अपना विद्रोह वापस ले लिया था। यदि उनका विद्रोह जारी रहता तो कैप्टन रशीद को यह सजा भी नहीं मिलती। वहीं लोगों का यह भी कहना था कि महात्मा गांधी और मोहम्मद अली जिन्ना; दोनों की राय थी कि कैप्टन रशीद की सजा माफ होनी चाहिए और यह अंग्रेजों पर दबाव बनाने के बहुत काम आया।

□

परिस्थितियाँ खौलती गईं। उनकी भाप के उष्ण-नम झोंकों में दिन उड़ते चले गए। गांधीजी के न चाहने पर भी भारत का विभाजन हो गया। जिन लोगों की आशा सुभाष बाबू पर टिकी थी, उनका तर्क था कि ''सुभाष बाबू नहीं रहे, वरना देश कभी नहीं बँटता। ''फिर मन को दिलासा देने के लिहाज से ऐसे लोग कहते, खैर कोई बात नहीं; जब भी सुभाष बाबू आएँगे, दोनों देश एक हो जाएँगे।''

प्रस्तावित पाकिस्तान से हिंदुओं की वापसी और जगह-जगह हिंदू-मुसलिम दंगे आजाद हिंदुस्तान की हमारी कल्पना की नींव ही हिला दे रहे थे। इस गंभीर माहौल में रात 12 बजे तक अड़ी जमी रहती। लोग भयातुर थे।

अगस्त, 1947 का महीना शुरू हुआ। बरसाती माहौल में स्वतंत्रता की गंध पसरती चली। स्वप्न तैरने लगे। मुसलिम बहुल प्रदेश, जो पाकिस्तान के अस्तित्व के मूल में था, सांप्रदायिकता से जलने लगा था। हिंदू वहाँ से निकाले जा रहे थे। इस खबर से काशी के मुसलमान डरे हुए थे। उन्हें डर था कि पाकिस्तान की प्रतिक्रिया यहाँ न होने लगे। बड़ी संख्या में लोग अपने समुदाय बहुल क्षेत्र में आसरा ढूँढ़ने लगे थे। कुछ लोग अपने मूल गाँव लौटने की तैयारी में थे। मोहल्ले के दुकानदार अपनी दुकानों से मिट्टी का तेल हटाने में जुटे थे, क्योंकि शरारती तत्त्व इस तेल का उपयोग दूसरे समुदाय के लोगों के घर जलाने में कर सकते थे। लोग कह रहे थे, 'भाड़ में जाए अइसन आजादी, जिसमें दुई रोटी की कमाई भी मुहाल हो जाए।'

गंगाराम हाँफता हुआ आ रहा था। अड़ी पर सब उसका इंतजार कर रहे थे। बिना कुछ पूछे ही वह बोल पड़ा, ''आज की ताजा खबर है कि पाकिस्तान में हिंदुओं का कत्लेआम हो रहा है। सारा अखबार हिंदुओं की हत्या और लूट की खबरों से भरा है। प्रेस से छुट्टी मिलते ही इस दर्दनाक खबर को आप सबको दिखाने के लिए ही मैं भागा-भागा चला आ रहा हूँ।''

चर्चा शुरू हो गई। "हाँ यह बड़ी भारी समस्या है। वहाँ से भागकर बहुत सारे हिंदू इस देश में आ रहे हैं। आज की यह भयानक राष्ट्रीय आपदा है। हमारे बड़े-बड़े नेता इस पर विचार कर रहे हैं।" कांग्रेस कमेटी के सदस्य ने कहा।

मेरे मोहल्ले में दिल्ली में दंगे का शिकार हुआ मूलचंद नामक एक व्यक्ति रहने आया था। वह मूल रूप से बनारस के ही कोयला बाजार का रहनेवाला था, लेकिन सन् 1936 के दंगे में उसे वहाँ से जान बचाकर भागना पड़ा था। कोयला बाजार मुसलिम बहुल क्षेत्र है। फिर बँटवारे में दिल्ली का दंगा, जहाँ उसके मुसलमान फैक्टरी मालिक और पूरी फैक्टरी को आग के हवाले कर दिया गया था। यही नहीं, 'लाहौर मेल' की घटना उसने आँखों देखी थी। दंगों ने उसे इतना विचलित कर दिया था कि कभी-कभी उसे दौरे पड़ने लगते थे। जो कुछ उसने देखा, उसका उसके मन पर गहरा प्रभाव पड़ा था। जब भी वह अकेला होता, यही सब सोचता था। कुछ-न-कुछ बड़बड़ाने भी लगता। मोहल्लेवाले उसे आधा पागल कहते थे, पर वह लोगों से बातें करते समय अत्यंत सामान्य लगता था। बनारस आने के बाद उसके पास कोई काम-धाम भी नहीं था। उसके परिवार में पत्नी, दो बच्चे और एक छोटा भाई था।

गंगाराम रोज अखबार लाता, जो सांप्रदायिकता हिंसा की खबरों से भरा रहता। उसे मैं जोर-जोर से पढ़ता, पर मेरे पढ़ने में वह बातें पैदा नहीं होती थीं, जो मूलचंद के कहने में थी। मैं जो पढ़ता, वह अखबारी खबर थी। कागज की लेखी थी, पर मूलचंद 'आँखों की देखी' कहता था। अखबारों की खबरें तो अनेक बुद्धि और बंदिशों से छनी हुई होती हैं। पर यह उसका भोगा हुआ यथार्थ था— छना हुआ नहीं, वरन् कुछ नमक-मिर्च लगाया हुआ भी। मुझे याद है, 1936 के दंगे के बाद अंग्रेज सरकार ने रॉएट टैक्स यानी 'दंगा कर' लगाया। सार्वजनिक संपत्ति के नुकसान पर लोगों पर भारी जुरमाना लगाया गया था, जिसका लोगों ने खूब विरोध किया था, रैलियाँ निकाली थीं। लेकिन आज हालत यह थी कि अंग्रेजों की शह पर ही जिन्ना जैसे लोगों के कारण यह सबकुछ हो रहा था।

'लाहौर मेल' की घटना के बारे में मूलचंद ने बताया था, "वे सारे हिंदू पाकिस्तान से भागकर भारत आ रहे थे। बेचारे जान बचाकर, अपना सबकुछ छोड़कर किसी तरह भाग निकलना चाहते थे कि रास्ते में सबका काम तमाम कर दिया गया। पूरी ट्रेन में एक भी आदमी जिंदा नहीं था। बस लाशें ही लाशें। बड़ी बेरहमी से उनकी हत्या की गई। लगभग सबके अंग-भंग थे। कुछ की तो सूरत इतनी बिगाड़ दी गई थी कि उन्हें पहचानना मुश्किल था। कुछ तो उनके संदूकों

पर लिखे नाम से पहचानी गईं और कुछ उनके कपड़ों से। हे भगवान्। औरतों की नंगी लाशें! उनके साथ कौन से जुल्म नहीं किए गए! जनता ने जो कुछ किया, वह तो किया ही, बाकी काम को पाकिस्तान की सेना ने अंजाम दिया। गाड़ी पर लिखा था—'पाकिस्तान से भारत को सौगात।'

मूलचंद का ही कहना था, "उसे देखकर अमृतसर के हिंदुओं का खून खौल गया। उन्होंने अमृतसर से लाहौर जानेवाली गाड़ी से भागनेवाले मुसलमानों की ऐसी ही गति बनाई और उस ट्रेन पर लिख दिया—'पाकिस्तान को भारत की सौगात'।

चुपचाप खबर सुनता पीपा बोल उठा, "जब पाकिस्तान से हिंदू निकाले जा रहे हैं। तब हिंदुस्तान से मुसलमान क्यों नहीं निकाल दिए जाते? यह देश हिंदुओं का है, यहाँ केवल हिंदुओं को ही रहने का अधिकार है। मुसलमानों ने हमारी मातृभूमि को काटकर अपना देश बना लिया। उन्हें वहीं चले जाना चाहिए।"

"लेकिन गांधीजी इसके एकदम खिलाफ हैं। उनका कहना है कि लोग यदि पागल हो जाएँ तो क्या हम भी पागल हो जाएँ?" कांग्रेस समिति का एक सदस्य बोला। वहाँ उपस्थित कुछ लोगों को छोड़कर अधिकांश लोगों ने कांग्रेस समिति के उस सदस्य का समर्थन किया।

□

15 अगस्त, 1947, सत्ता हस्तांतरण का दिन। पिछली रात भले ही कुछ क्षणों के लिए माँ सोई हो, पर मैं एकदम नहीं सो पाया। मुझे लग रहा था कि हम कितने भाग्यशाली हैं। हम स्वतंत्रता का प्रकाश देखेंगे। हम देखेंगे मुक्त आकाश, जिसमें हमारी कल्पना नए पंख लगाकर उड़ेगी। हम देखेंगे मुक्त जीवन, जिसमें किसी की दासता, किसी की गुलामी नहीं होगी; जिसमें अत्याचार नहीं, उत्पीड़न नहीं, अमीर-गरीब नहीं, हिंदू-मुसलमान नहीं, तेरा-मेरा नहीं; जिसमें सबकुछ अपना, हर चीज अपनी।

सुबह तक जगे ही रहे, जिससे प्रभात फेरी निकाल सकें। कोतवाली के गजर ने चार घंटे बजाए कि बिस्तर छोड़ दिया। आसमान साफ था और मौसम सुहाना। मैं माँ को सोता छोड़कर धीरे से घर से बाहर निकला और आजाद भारत में विचरण करने लगा। गलियाँ सुनसान। दो-एक लावारिस गायों और कुत्तों के अतिरिक्त एक बुढ़िया अवश्य राम-राम कहती गंगास्नान के लिए जाती हुई मिली और कहीं कुछ नहीं। मुझे थोड़ी हैरानी जरूर थी। जिस आजादी के आगमन के उल्लास ने हमें सोने नहीं दिया, उसी में सारा शहर सो रहा है!

मेरा एक सुराजी मुसलमान दोस्त था। मैं उसके घर पहुँचा। मैंने दरवाजा

पीटा। काफी देर बाद उसकी अम्मीजान ने दरवाजा खोला। दरवाजा खुलते ही मैंने कहा, "अम्मीजान, आजादी की पहली सुबह आपको मुबारक।"

कुछ देर वो मुझे घूरती रहीं और पास आकर बोलीं, "मिला करे आजादी। ऐसी आजादी से क्या लाभ? हिंदुओं को पाकिस्तान से निकाला जा रहा है, "तब भला हिंदू हमें इस देश में क्यों रहने देंगे? वह आजादी हमारे लिए किस काम की, जिसमें हमारा देश हमारा नहीं रह गया?"

मैं खामोश हो गया। यह सचमुच अधूरी आजादी थी। मैंने उनका डर कम करने के लिए कहा, "नहीं अम्मी, यह देश केवल हिंदुओं का नहीं, बल्कि उन सबका है, जो देश में रहते हैं।" मेरा दोस्त भी अपनी माँ से बोल उठा, "तुम भी पागलों की बातों में आ जाती हो। पैदा यहीं हुआ, जिंदगी यहीं गुजारी, बाप-दादे यहीं रहे। अब जाऊँ तो कहाँ जाऊँ? क्या बाप-दादों की कब्रें भी उखाड़कर ले जाई जा सकती है?"

मेरा मन बोझिल हो गया, मैंने कहा, "दोस्त चलता हूँ प्रभात फेरी निकालनी है। तुम भी आना।" वैसे दोस्त की अम्मी ने बात तो सही कही थी, 'ऐसी आजादी का क्या लाभ?'

अन्नपूर्णागंज स्कूल से ही प्रभात फेरी शुरू हुई। कुछ मुसलमानों ने इस स्वतंत्रता दिवस की प्रभात फेरी पर काला झंडा दिखाने का निर्णय किया था। उनका मानना था कि इस निर्णय में मुसलमानों के साथ न्याय नहीं हुआ है। न्याय तो खैर पूरे देश के साथ नहीं हुआ था। हमारी प्रभात फेरी में काला झंडा लेकर कोई नहीं आया। मेरे कई मुसलमान दोस्त तिरंगा लेकर इस प्रभात फेरी में शामिल हुए।

'आज' अखबार ने कार्यालय आज भी खोला था। पहले बंद करने का निर्णय लिया गया था। लेकिन बाद में संपादकों ने सोचा कि "जैसे देश के इतिहास में यह दिन फिर कभी नहीं आएगा, वैसे ही अखबार के जीवन में यह दिन फिर आनेवाला नहीं है। आज के अखबार की एक-एक लाइन इतिहास बन जाएगी।" संपादकों की इस सोच का खुलासा हम लोगों के बीच गंगाराम ने किया। मैंने कहा, "संपादकों की यह सोच सही साबित होगी।"

आजादी का मतलब कुछ लोगों ने मुफ्तखोरी भी मान लिया था। प्रभात फेरी में शामिल महिलाएँ कह रही थीं, "अब रेलगाड़ी में चढ़ने के लिए टिकट नहीं खरीदना होगा, क्योंकि रेलगाड़ी अब अपनी हो जाएगी। अब लगान नहीं लगेगा, जमीन अपनी हो जाएगी।" कॉलेज के लड़के कहते, "अब सिनेमा में टिकट नहीं खरीदना होगा।"

वहीं गाँव-देहात से बड़ी संख्या में लोग बनारस में उमड़े चले आए थे। पूछने पर कहते, 'आजादी देखने आए हैं।' मन को बड़ा झटका लगा। भोले-भाले देहाती लोगों के लिए आजादी अनुभव की नहीं, महज देखने की वस्तु थी। जिसे देखने के लिए वे अपना गाँव छोड़कर बनारस चले आए थे। गाँव शायद आजादी से अछूते रह गए थे।

मैं सोच रहा था, "कैसे-कैसे स्वप्न, कैसी-कैसी आकांक्षाएँ और कैसे-कैसे दर्शन! क्या यही आजादी है?"

टाउनहॉल में ही प्रभात फेरी की टोलियों का विसर्जन था। एक संगम था, जहाँ चारों ओर बहती हुई विभिन्न धाराएँ धीरे-धीरे मिल रही थीं। जगह-जगह का पानी दिखाई दे रहा था। शाम को इसी टाउनहॉल में सभा हुई। झंडे और झंडियाँ, नारे और गीत, ढोलक और शहनाई तथा नगाड़े और तुरही की हर्षोल्लसित ध्वनियों के बीच गुजरता हुआ मशाल जुलूस टाउनहॉल पहुँचा।

वह शुक्रवार था। शुक्रवार को ही ईसा पैदा हुए थे, शुक्रवार को ही महात्मा गांधी पैदा हुए थे और शुक्रवार को ही भारत की आजादी भी पैदा हुई थी। एकाएक माइक से आवाज आई, "जो जेल न गया हो, वैसा कोई भी व्यक्ति मंच की ओर न बढ़े।" पीछे खड़े एक बुजुर्ग के मुँह से निकला, "लगता है, अब आजाद हिंदुस्तान में जेल जाना एक सर्टिफिकेट हो जाएगा।"

उस बुजुर्ग की बात सुनकर लगा पैदा होने से पूर्व ही हमारी आजादी मंच पर बैठे कुछ ऑक्टोपसनुमा लोगों के पंजों में फँसकर रह गई थी। कुछ ऑक्टोपस हिंदू-मुसलमान बनकर एक-दूसरे का खून पी रहे थे। दोनों तरफ दंगा जारी था। भारत में दंगा रोकने के लिए गांधीजी ने आमरण अनशन पर जाने की धमकी दे दी थी। लाहौर से कटी हुई लाशों की जो गाड़ी आई थी, उससे पूरा देश उबल रहा था। लेकिन गांधीजी ने उस उबलती केतली पर ढक्कन रखने के लिए अपने प्राण दाँव पर लगा दिए थे।

□

आज रविवार था। छुट्टी का दिन। रविवार को अड़ी पर अन्य दिनों से ज्यादा भीड़ होती है। गुलाम भारत में मेरे अखबार बाँचने का जो सिलसिला शुरू हुआ था, आजाद भारत में भी वह अनवरत जारी रहा। गंगाराम के जिम्मे खबर कंपोजिंग के साथ 'संपादक के नाम पत्र' भी कंपोज करने का काम आ गया था, इसलिए वह आजकल अखबार लेकर थोड़ी देर से पहुँचता था।

गंगाराम ने बताया, "संपादकीय विभाग से छँटकर आए अधिकतर पत्र हिंसा

के विचार के समर्थन से ही भरे होते हैं। लाशों से पटी गाड़ी जब से लाहौर से आई थी, तब से ऐसे पत्रों की भरमार हो गई थी।''

फिर गंगाराम ने एक घटना सुनाई। उसने बताया, ''आज हमारे संपादक बाबूराव विष्णु पराड़करजी बड़े व्यथित थे। आज उनकी स्लिप में बड़ी कट-पिट थी। मैं सोच में था कि क्या बात है। अचानक उन्होंने चपरासी से मुझे बुलवा लिया। मुझे देखते ही गंभीर मुद्रा में बोले, ''भाई, जरा मेरी पेंसिल की नोक फिर ठीक कर दो।'' मैंने वहीं रखे चाकू से नोक ठीक की। इसी बीच मेरे मुँह से निकला—आज पहली बार दोबारा नोक ठीक कर रहा हूँ।''

'क्या करोगे गंगाराम?' पराड़करजी बोले, ''आदमी को अपनी आत्मा के विरुद्ध जब लिखना पड़ता है, तब यही स्थिति होती है। कुछ सोच नहीं पा रहा हूँ कि आज मैं 'आज' के संपादकीय की कौन सी दिशा लूँ? देश कहाँ जा रहा है? अब गांधीजी ने घोषणा की है कि यदि भारत में दंगा बंद नहीं हुआ तो मैं आमरण अनशन करूँगा। एक ओर तो हमारा 55 करोड़ रुपया उन्होंने पाकिस्तान को दिला दिया—यह महज उनकी जिद थी और वहाँ से एक पैसे भी पावना हमें नहीं मिला। उलटे लाशों की सौगात मिली। अब यह दूसरी विपत्ति उन्होंने खड़ी कर दी।''

गंगाराम ने बताया कि 'पराड़करजी गांधीजी के इस कदम से बेहद दुःखी थे।'

मुझे एक दूसरी और इसके उलट घटना याद आ रही है। नाम तो याद नहीं आ रहा, लेकिन मोहल्ले के एक व्यक्ति के बच्चे की बरही थी, लेकिन उसने 10 दिन में ही बच्चे की बरही मना ली। लोगों ने जब उससे पूछा तो उसने कहा, ''क्या करता, रोज ही तो महात्माजी द्वारा दंगा रोकने के लिए अनशन की धमकी आ रही है। न जाने कब से उनका अनशन शुरू हो जाए! ऐसे में दावत देना क्या ठीक होता? एक ओर बूढ़ा महात्मा अन्न त्यागकर बैठता और दूसरी ओर हम दावतें उड़ाते, क्या यह अच्छा लगता?''

इसी बीच एक दिन 'आज' अखबार की बैनर हेडिंग्स थी—'पटना में दंगाइयों को देखते ही गोली मारने का आदेश'। शीर्षक पढ़ते ही लोगों में भयंकर प्रतिक्रिया हुई।

''देख सारे क। पटना में गोली मारल जाई और लाहौर में दंगाइयन के इनाम दिहल जाई। सारे झगड़े की जड़ तो ऊ बूढ़वा हौउ। अब ऊ अनसन पर बैठी।''

''पाकिस्तान के शहरों में तो शैतान का नंगा नाच हो रहा है, वह भी लुक्कारा लेकर। हिंदुओं के घरों की होली जलाई जा रही है। हिंदू पुरुषों व बूढ़ी औरतों को

तो मार-मारकर भगाया जा रहा है और जवान औरतों व लड़कियों को जबरदस्ती वहीं रख लिया जाता है। यदि वे जरा भी विरोध करती हैं तो उनकी अस्मत तार-तार कर दी जाती है, अंग-भंग कर दिया जाता है।''

हेडिंग पढ़ते ही लोगों की ऐसी प्रतिक्रिया देखी तो मैं घबरा उठा। आगे पढ़ूँ या न पढ़ूँ? यह सोच ही रहा था कि बगल की गली से गुस्साए और चिल्लाते हुए इनकलाबियों का एक दल गुजरा। ये लोग शरणार्थी शिविर में पाकिस्तान से जान बचाकर भाग आए हिंदुओं से मिलकर आए थे। इनका गुस्सा देश के अखबारों के प्रति था कि अखबार बहुत छिपा-दबाकर खबर छाप रहे हैं, जबकि पाकिस्तान में घिनौना और नंगा नाच् चल रहा है। इंकलाबी हमारी अड़ी पर पहुँच गए।

उनमें से एक ने बताया, ''पाकिस्तान सीधे-सीधे हिंदू आबादी का स्थानांतरण कराना चाहता है। वह चाहता है कि सारे हिंदू हमारे देश से चले जाएँ।''

'ऐसा ही हमें भी करना चाहिए।' बीच से आवाज आई।

इधर पटना की घटना ने गुस्से में दबे लोगों को और उग्र कर दिया। पटना का लावा पूरे देश में फैल गया। दिल्ली की नेहरू सरकार के निर्देश पर पटना में दंगाइयों को देखते ही गोली मारने का आदेश दिया गया था। यह राजनीतिक आदेश था, पर भावनात्मक स्तर पर। कुछ भले मुसलमान ज्यादा परेशान थे तो कुछ दंगा होने की आशंका से तैयारी कर रहे थे। अड़ी पर काशी का एक-एक दंगा गिनाया जा रहा था।

'काशी में जितने भी दंगे हुए थे, सब मुसलमानों के मोहल्ले से ही शुरू होते थे। अब तक दंगा कभी कोयला बाजार से शुरू हुआ, कभी कच्ची सराय से, कभी दाल मंडी से तो कभी रेवड़ी तालाब से। बदमाशी उन्हीं मोहल्लों से शुरु होती थी, पर इस बार सब ठंडा है।' गुस्से में एक नौजवान खड़े होकर आँकड़े गिना रहा था। जनता उबल रही थी।

□

जनवरी, 1948। संप्रदायिकता की ज्वाला से देश का क्षितिज अब और लाल हो गया था। पाकिस्तान यही चाहता था। उसका तो नारा था—'हँसकर लिया है पाकिस्तान, लड़कर लेंगे हिंदुस्तान'। इस सपने को साकार करने के लिए सांप्रदायिकता को भड़काने के सिवाए उसके पास और कोई चारा नहीं था। पाकिस्तान के अंदर हिंदुओं पर और जघन्य अत्याचार आरंभ कर दिए गए थे। इसके पीछे दो ही कारण थे—एक, हिंदू पीड़ित होकर पाकिस्तान से भाग जाएँ, दूसरे, यहाँ की घटनाओं से उत्तेजित होकर हिंदुस्तान के हिंदू वहाँ के मुसलमानों

से बदला लेंगे, मुसलमानों पर अत्याचार करेंगे; जिसे प्रचारित कर संसार की 'इसलामी दुनिया' को बरगलाया जा सकेगा और कहा जा सकेगा कि हिंदुस्तान में इसलाम खतरे में है।

आदमी की लाश पर राजनीति की इस पाकिस्तानी चाल को हमारे नेता खूब पहचानते थे। उन्होंने देश की जनता को काफी समझाया, पर उनका समझाना खौलते खून पर पानी के छींटे जैसा ही रहा।

आखिरकार एक थरथराती शाम, अखबार लेकर दूर से ही चिल्लाता गंगाराम अड़ी पर आया और बोला, 'गांधीजी आज से अनशन पर बैठ गए।'

मैंने तुरंत अखबार लेकर बाँचना शुरू कर दिया। इसी संदर्भ में देश में हो रहे दंगों की विस्तार से चर्चा थी। यह भी छपा था कि गांधीजी ने पंजाब, बिहार और बंगाल का सघन दौरा किया। लोगों के बीच सांप्रदायिकता के खिलाफ सद्भावना का अथक प्रचार किया, पर जब लोगों ने उनकी बात नहीं सुनी, तब वे अनशन पर बैठे।

अड़ी पर बैठे एक पंडितजी बोल पड़े, ''जब सब जगह गांधीजी गए, तब उन्हें पाकिस्तान भी जाना चाहिए था और वहाँ के लोगों को अहिंसा का पाठ पढ़ाना चाहिए था। यहाँ दिल्ली में बैठकर बेकार जान गँवाने से क्या फायदा।''

पंडितजी की हाँ में हाँ मिलाते हुए एक युवक बोल उठा, ''केवल हमें दबाकर गांधीजी अन्याय कर रहे हैं।''

अब मेरा स्कूल भी, कॉलेज हो गया था। अगले सत्र से इंटर प्रथम वर्ष की पढ़ाई आरंभ हो जाएगी। इसकी खुशी देश के बिगड़े हुए माहौल में दब गई थी। कक्षाएँ चल तो रही थीं, पर न अध्यापक पहुँच रहे थे और न छात्र। हाजिरी के बाद लोग या तो मैदान में या फिर झुंड बनाकर बरामदे में बहस करते थे। गांधीजी के अनशन से सभी चिंतित थे।

हर ओर केवल गांधी के अनशन की चर्चा थी। बूढ़े ने देश को हिलाकर रख दिया था। गांधी के सामने इसके सिवाए कोई दूसरा रास्ता ही नहीं था। शायद इसी से पूरे देश का हृदय परिवर्तन हो जाए। हमारे स्कूल में एक प्रस्ताव पारित किया गया, जिसमें यह कहा गया कि 'हम महात्माजी के गिरते स्वास्थ्य से चिंतित हैं। उनसे आग्रह है कि वे अपना अनशन समाप्त कर दें। देश की जनता से भी निवेदन है कि वह उनके बताए मार्ग पर चले।'

इस प्रस्ताव के खिलाफ अधिकांश शिक्षकों की यह प्रतिक्रिया भी आई कि इसमें पाकिस्तान में हिंदुओं पर हो रहे अत्याचार के बारे में कुछ नहीं कहा गया।

लेकिन अंत में सभी का यही मानना था कि 'हमें सबसे पहले उस बूढ़े की जान बचानी चाहिए'।

टाउनहॉल में कांग्रेस कमेटी ने गांधी की अनशन पर चिंता व्यक्त करते हुए सभा का आयोजन किया था। शहर में गांधीजी के समर्थन में मौन जुलूस निकाला गया, जिसमें डी.ए.वी के भी सभी शिक्षक व छात्रों ने हिस्सा लिया। मौन कितना भारी पड़ता है, शोर से, इसका मैं अपने जीवन में पहली बार अनुभव कर रहा था। इसमें गंभीरता और अनुशासन भी अधिक था और दर्शकों पर इसका प्रभाव भी नारेबाजी से कहीं अधिक। 'हिंदू-मुसलिम भाई-भाई', 'सांप्रदायिकता हमारा सबसे बड़ा दुश्मन है', 'महात्माजी अपना अनशन समाप्त करें' के नारों से सजी तख्तियाँ ज्यादा असरकारी साबित हो रही थी।

टाउनहॉल की सभा में सर्वसम्मति से तारापद भट्टाचार्य को सभापति चुना गया। अंत में छोटा प्रस्ताव पारित किया गया, "काशी के नागरिकों की यह सभा महात्मा गांधी के अनशन से बहुत चिंतित है। देशवासियों से यह आग्रह करती है कि वे शीघ्रातिशीघ्र महात्माजी के आदेश का पालन करें। हिंदू-मुसलमान एक-दूसरे को भाई-भाई समझें और पाकिस्तान के बहकावे में न जाएँ। इससे देश का हित नहीं होगा।

"इस सभा का यह भी मत है कि पाकिस्तान की अपेक्षा सांप्रदायिकता हमारा सबसे बड़ा शत्रु है। हमें उसका समूल नाश करना चाहिए। यह सभा महात्माजी से पुनः आग्रह करती है कि वे अपने अनशन के निर्णय पर पुनः विचार करें। पूरा देश उनके साथ है।"

इस सभा का जितना प्रभाव होना चाहिए था, वैसा नहीं दिखाई दिया। हिंदू-मुसलमान गले मिलते तो दिखे, लेकिन एक-दूसरे के प्रति दोनों सशंकित भी थे। लोगों की सोच बन चुकी थी कि गांधीजी कितना भी अनशन करें, पर इस देश में हिंदू-मुसलमान अब कभी एक दिल होनेवाले नहीं हैं। यह सत्य काशी की गली-गली में दिख रहा था।

□

उस शाम अड़ी पर सभी गंगाराम की व्यग्रता से प्रतीक्षा कर रहे थे। आते ही गंगाराम ने मेरे हाथ में अखबार पकड़ाते हुए बैठक में मौजूद लोगों से मुखातिब होकर कहा, "आज गांधीजी की हालत बहुत खराब हो गई है। उनके पेशाब से एसीटेट 'ए' जा रहा है। उनसे किसी से मिलने और बात करने पर भी डॉक्टरों ने पाबंदी लगा दी है।"

सारा अखबार गांधीजी के अनशन और उनपर व्यक्त की गई लोगों की प्रतिक्रियाओं से भरा था। मुख्य हेडिंग था—'आज गांधीजी की हालत बिगड़ी, उनके स्वास्थ्य को लेकर डॉक्टर घबराए।'

'अनेक दलों के बड़े-बड़े हिंदू-मुसलिम नेता उनका हाल जानने के लिए व्याकुल, स्वयं वायसरॉय माउंटबेटन ने भी अनशन त्यागने की अपील की।'

अखबार की बॉटम स्टोरी थी—'सारा देश महात्मा के अनशन से हिल उठा। उनके जीवन की सुरक्षा के लिए मंदिरों और मसजिदों में प्रात: से ही सामूहिक प्रार्थनाएँ की जा रही हैं।' इन समाचार की हेडिंग को सुनकर खामोशी छा गई। सब एक-दूसरे का मुँह देखने लगे।

काशी में शरारती तत्त्वों द्वारा पत्र लिखकर विरोधी समुदाय के लोगों के मोहल्लों और घरों में फेंका जाने लगा। दहशत का माहौल गहराता जा रहा था। कांग्रेस कमेटी ने अफवाहों और दहशत भरे पत्र लिखनेवालों से होशियार रहने की मुनादी कराई और अखबारों में उस तरह के इश्तहार भी छपवाए।

स्कूल-कॉलेज के शिक्षक व विद्यार्थी भी अलग-अलग गुटों में बँट चुके थे। मुसलिम बहुल स्कूलों से हिंदू छात्र नदारद रहने लगे और हिंदू बहुल स्कूल में मुसलमान छात्रों ने जाना बंद कर दिया।

गांधीजी के अनशन को लेकर काशी में साफतौर पर दो गुट देखे जा सकते थे। एक गुट उन लोगों का था, जो यह सोचता था कि गांधी के बिना भारत की कल्पना नहीं की जा सकती है और दूसरा बड़ा वर्ग उन लोगों का था, जिसकी सोच के अनुसार अब इस देश को गांधी की आवश्यकता नहीं थी। पर गांधी के जीवन की चर्चा सब जगह थी। उस बूढ़े का व्यक्तित्व पूरे देश पर छाया था। लोग चाहे जैसे भी सोचें, पर सोचते उन्हीं के संबंध में थे।

मुसलमान दहशत से भर उठे। कांग्रेस कमेटी के लोग मुसलमान मोहल्ले में सबकी खैरियत पूछने के लिए एक ही दिन में दो-दो चक्कर लगाने लगे। मुसलमानों को भरोसा देने लगे कि 'घबराइए नहीं, जब तक गांधी जीवित हैं, तब तक कुछ नहीं होगा।'

मुसलमानों का मानना था कि गांधीजी को अब सुरक्षा ले लेनी चाहिए। जबकि वे जानते थे कि गांधीजी ने अपनी सुरक्षा के लिए कभी पुलिस नहीं ली थी। वे हमेशा यही कहते रहे कि 'मेरी सुरक्षा तो भगवान् करेगा।'

□

20 जनवरी, 1948। उस दिन गंगाराम का संदेश लेकर एक व्यक्ति मोहल्ले

में दौड़ा-दौड़ा आया और कहा, 'महात्माजी पर बम फेंका गया है। टेलीप्रिंटर पर यह खबर आई है। 'आज' कार्यालय के सामने भीड़ लगी है।' उसने यह भी बताया कि 'गंगाराम आज इसीलिए देर से आएगा।'

मैं भागकर वहाँ पहुँचा, बोर्ड पर मोटे-मोटे अक्षरों में एक वाक्य चिपका था, ' महात्मा गांधी पर बम फेंका गया, वे बाल-बाल बच गए।' नीचे लिखा था, 'विशेष जानकारी के लिए अखबार की प्रतीक्षा करें।' हाँ, एक बात तो बताना भूल ही गया। उस वक्त 'आज' अखबार का संध्या संस्करण निकलता था।

शाम को अड़ी पर गंगाराम की प्रतीक्षा में बैठे लोग अधीर हो रहे थे। उसके आने से पूर्व ही तरह-तरह की चर्चा शुरू हो गई।

'चलो अच्छा हुआ कि बुड्ढा बच गया, नहीं तो पूरे देश में आज आग लग जाती।'

'भगवान जो करता है, वह अच्छा ही करता है। अब गांधीजी को समझ लेना चाहिए कि लोग उनसे कितने नाराज हैं। वह जो कर रहे हैं, उससे हिंदुओं का हित नहीं, बल्कि अहित हो रहा है।'

'आप लोग देखिएगा, यदि बूढ़ा और जिंदा रहा तो हम फिर मुसलमानों के गुलाम हो जाएँगे।'

अजीब बात थी। गांधीजी पर जानलेवा हमला हुआ था, लेकिन अड़ी पर कोई भी गांधी की नीति का समर्थक दिखाई नहीं दे रहा था। इतना बड़ा हादसा हुआ था, पर गांधीजी के पक्ष में कोई नहीं दिखता था।

इन्हीं चर्चाओं में हमने देखा कि गंगाराम दौड़ता-हाँफता चला आ रहा है। उसने आते ही कहा, 'गांधी पर बम फेंकनेवाला पकड़ा गया।'

एक पंडितजी बोले, 'चलो अच्छा हुआ। दंगे भी अब शांत हो ही जाएँगे।'

'शांत'—एकाएक कई स्वर टकराए।

'शांति नहीं, नेहरू की सरकार ने उसे बंदूक के बल पर दबा दिया। कई जगह तो 'शूट एट साइट', देखते ही गोली मारने का ऑर्डर दिया गया है।'

मैंने अखबार पढ़ना आरंभ किया। खबर के एक-एक वाक्य पर लोगों का कमेंट आता रहा—'पकड़े गए व्यक्ति का नाम मदनलाल है। बिरला भवन में, संध्या को बापू की सभा में यह हादसा हुआ। बम प्रार्थना सभा से दूर पीछे की ओर फटा।'

बस इतना काफी था, वहाँ के लोगों के विचार-विमर्श के लिए।

'देखा, मारनेवाला हिंदू निकला।'

'मुसलमान क्यों होता? आज उन्हीं की बदौलत तो मुसलमान हमारे देश में

सुख चैन की वंशी बजा रहे हैं और पाकिस्तान में हिंदुओं का सफाया हो रहा है।'

'आज बच गया यह बुढ़वा। एक-न-एक दिन जरूर मारा जाएगा और हिंदुओं द्वारा ही मारा जाएगा।'

'ऐसा मत बोलिए। गली-गली में सी.आई.डी के आदमी आँखें गड़ाए हैं।'

'बड़ी अफवाह है कि बम फेंकनेवाला कट्टर हिंदूवादी और राष्ट्रीय स्वयंसेवक संघ का व्यक्ति है।'

'क्यों वह पाकिस्तान से भागकर आया हुआ कोई भुक्तभोगी नहीं हो सकता?'

'चाहे जो भी कहो, बम फेंकनेवाले की नीयत गांधी को मारने की नहीं थी। यदि मारना ही होता तो वह सभा में बम फेंकता, उसके बाहर क्यों फेंका?'

'केवल उन्हें सावधान करने के लिए कि वे अपनी राष्ट्रीय नीति पर पुनः विचार करें।'

'मदनलाल मारकर भागा नहीं, बड़े आराम से स्वयं को गिरफ्तार करा दिया।'

'उसका बम फेंकना लगभग वैसा ही है, जैसा भगतसिंह का असेंबली में बम फेंकना था। किसी की जान लेना दोनों का उद्देश्य नहीं था।'

'मुझे लगता है मदनलाल का एकमात्र उद्देश्य हिंदुओं के आक्रोश को व्यक्त करना था।'

अड़ी का माहौल अब एक भी पल रुकने जैसा नहीं था। धीरे-धीरे लोग हटने-बढ़ने लगे।

देश के हालात से दुःखी गांधी ने अपना अनशन समाप्त कर दिया। यदि कहीं कुछ हो जाता तो जनता ऐसी भड़कती कि सरकार के सँभाले न सँभलती। स्थिति लगभग ऐसी ही थी। ऊपर-ऊपर अस्थायी शांति बिछा दी गई थी, पर नीचे 'लावा' धधक रहा था।

□

30 जनवरी, 1948—भारतीय इतिहास का सबसे काला दिन। मैं स्कूल में था। स्कूल में शिक्षकों-छात्रों के बीच बहस इस पर होती रही कि 'बम फेंकनेवाले मदनलाल को गांधीजी ने छुड़वा क्यों दिया? क्या सरकार से ऊपर हैं गांधी या इस देश के कानून से भी?'

जितने लोग, उतने विचार और उतनी ही स्थापनाएँ।

किसी ने कहा, 'गांधीजी ने अपने हत्यारे को क्षमा कर एक आदर्श स्थापित किया।' किसी का विचार था, 'इससे तो अराजकता ही फैलेगी।' कोई कहता—

'अहिंसा के पुजारी का यह निर्णय बताता है कि उनकी कथनी और करनी में जरा भी अंतर नहीं है। हत्या का जवाब हत्या नहीं हो सकता है।'

बहसों में भाग लेना मुझे अच्छा नहीं लगता। वही बासी मुद्दा, बासी तर्क और बासी निष्कर्ष। मैं 'रिसेस' के बाद ही घर चला आया।

सूरज पश्चिम की ओर लुढ़क चुका था। धूप खपरैल की आड़ में आ चुकी थी। मैंने बाहर पड़ी चौकी धूप की ओर खिसकाई और छाँव में सिरहाना करके ढुलक गया। जाड़े की शाम की मुलायम धूप में शरीर गरमाया और झपकी लगने लगी।

अचानक घर के बाहर से मेरे एक दोस्त की घबराई आवाज सुनाई पड़ी। वह लगातार मेरा नाम लेकर पुकार रहा था। मैं घबराया हुआ उसके पास पहुँचा। मुझे देखकर वह 'फफक' कर रो पड़ा। मैं कुछ पूछता, उससे पहले ही सिसकियों के बीच उसने बताया, ' गांधीजी नहीं रहे।'

मैं अवाक्! इससे पहले कि कुछ पूछता, हिचकियाँ लेते हुए उसने कहा, 'उन्हें गोली मारी गई, वह भी प्रार्थना सभा में।'

मेरा मन इसे मानने को तैयार नहीं था कि महात्मा हमारे बीच से इतनी जल्दी चले जाएँगे। उसने ही बताया कि अभी नेहरू रेडियो पर बोलनेवाले हैं। हमलोग डिप्टी साहब के यहाँ रेडियो सुनने के लिए दौड़े। वे रिटायर्ड डिप्टी कलेक्टर थे, जिनके यहाँ हम रेडियो सुनने के लिए भागे-भागे पहुँचे थे। उनके चबूतरे के बाहर भीड़ जमा थी और रेडियो बीच में रखा था।

नेहरूजी अंग्रेजी में बोल रहे थे, 'ए लाइट हैज गॉन, वी आर इन ए सीवियर डार्कनेस।' इसके बाद वह कुछ समय तक बोल नहीं पाए। फिर लड़खड़ाती आवाज में जो कहा, उसका सारांश यह था कि एक पागल हिंदू ने प्रार्थना सभा में बड़े करीब से उन्हें गोली मारी और वे 'हे राम' कहते हुए गिर गए।

मेरे मुँह से अचानक निकला, 'इसका मतलब है कि सबकुछ समाप्त हो गया।' अचानक एक तेज रुलाई ने मेरे भीतर धक्का मारा, जिसे मैंने दोनों होंठ दबाकर भीतर ही ढकेल दिया और मुँह पर हाथ रखकर सीधे घर की ओर भागा, वहाँ खड़ा हर व्यक्ति रो रहा था।

घर के भीतर घुसते ही मेरे होंठों का बाँध टूट गया और मैं फूट-फूटकर रोता रहा उस एकांत में, उन सुनसान में, उस अँधेरे में। अपने जीवन में शायद ही मैं कभी इतना रोया होऊँ। चौकी पर निढाल हो गया। मेरे अंदर की सारी शक्ति सूख

चली थी। उठने तक की हिम्मत नहीं थी, फिर दीया कैसे जलता? पूरे देश की रोशनी चली गई थी।

गांधीजी की मौत की खबर सुनकर दिल्ली के लिए रेला उमड़ पड़ा। जिसे देखो, उनके अंतिम दर्शन के लिए दिल्ली चला जा रहा था। प्लेटफॉर्म ठसाठस भरा था। न कोई टिकट माँगनेवाला और न किसी गेट पर कोई काली कोटवाला। अजीब अराजकता थी। 'अपर इंडिया' प्लेटफॉर्म पर रुकी ही थी। लोग कूद-कूदकर उसमें चढ़ने लगे। गजब की धक्का-मुक्की। गाड़ी रुकने से पहले ही लगभग भर गई। लोग अचार की तरह उसमें फँसने लगे। जिन्हें जगह नहीं मिली, वे छत पर चढ़कर बैठ गए। जरा भी भय नहीं, डर नहीं। केवल हंगामा और कोहराम। मैं इस भीड़ से घबराकर दिल्ली नहीं गया।

गांधी की हत्यावाले दिन आइंस्टीन ने कहा था, 'आज से हजारों वर्षों बाद भी लोगों को विश्वास नहीं होगा कि हाड़-मांस का कभी ऐसा पुतला भी इस धरती पर चला-फिरा होगा।'

सचमुच गांधी बड़े थे और बड़े हैं। आज 87 साल की उम्र के बाद भी देख रहा हूँ कि गांधी आज भी सबसे बड़े हैं। उन्हीं के विचारों में इस देश का भविष्य छिपा है। मानवता के उस वटवृक्ष को जानने, समझने की क्षमता बचपन की उस पहली अड़ी पर मिली और जिसने हर क्षेत्र में मेरी समझ की नींव रखी। मेरी पहली अड़ी का यह है इतिहास, जिसमें देश का इतिहास गुँथा पड़ा है, और जो समय-समय पर मेरी रचनाओं में प्रस्फुटित भी होता रहा है।

□

मेरी दूसरी अड़ी मेरी साहित्यिक गतिविधियों का विस्तार लेकर आया। पहली अड़ी ने मेरे अंदर समझ का बीज वपन किया और दूसरी अड़ी ने उस बीज को पौधे के रूप में बड़ा किया। गुरु कृष्णदेवप्रसाद गौड़ 'बेढब बनारसी' की कृपा से मुझे डी.ए.वी कॉलेज में मिली। अब मैं पुस्तकालय की पुस्तकों के बीच रहकर बेढबजी के शोध में हाथ बँटाने के साथ-साथ शाम को उनके घर में होनेवाली साहित्यिक बैठकों में भी हिस्सा लेने लगा। बेढब बनारसी मन से ही रईस नहीं थे, बल्कि व्यावहारिक धरातल पर भी वे रईस थे।

बड़ी पियरी स्थित उनके घर पर प्रतिदिन शाम संपूर्णानंद, भैयाजी बनारसी, बेधड़क बनारसी, भानुशंकर मेहता, कांतानाथ पांडे 'चोंच', बाबू गुलाब राय, नजीर बनारसी, शंभुनाथ सिंह, विश्वनाथ मुखर्जी, सीताराम चतुर्वेदी, श्रीनारायण चतुर्वेदी आदि का जुटान होता। खूब गोष्ठी जमती थी। श्री नारायण चतुर्वेदी कभी

गांधी टोपी तो कभी हैट लगाए अड़ी में प्रवेश करते थे। लेकिन उनके माथे पर लंबा टीका जरूर लगा होता था। उन्हें भारतीयता से प्यार था। वे उत्तरप्रदेश में शिक्षा प्रसार के अधिकारी थे और गजब की धाक उनकी थी। शिक्षा विभाग में उनके बिना पत्ता तक नहीं खड़कता था। हिंदी के कई कवि उनके कवि सम्मेलनों के कारण ही चर्चा में आए। कवि सम्मेलन की उन्होंने ऐसी परंपरा स्थापित की कि यदि देश के कवि सम्मेलनों का कभी इतिहास लिखा जाए तो शायद ही श्रीनारायण चतुर्वेदी के बिना वह पूरा हो। उनके कवि सम्मेलन के प्रमुख मंच से पाठकों ने बेढब बनारसी, बेधड़क बनारसी, पंडित सोहनलाल द्विवेदी, जगमोहन अवस्थी, श्याम नारायण पांडेय, कांतानाथ पांडेय 'चोंच' आदि को खूब सुना है। कई गीतकार भी चतुर्वेदीजी का मंच प्राप्त करने के लिए चिरौरी करते मिलते थे। गीतकारों को भी बढ़ाने का उन्होंने खूब काम किया है। श्रीनारायण चतुर्वेदी गजब के 'अड़ीबाज' थे। उनकी 'अड़ी' में किसी को नहीं बख्शा जाता था। गप्पबाजी से लेकर आलोचना-प्रत्यालोचना खूब होती थी। उनकी 'अड़ी' से कई साहित्यकार निकले। उनकी 'अड़ी' में अकसर मैं बेढबजी के साथ ही जाता था।

पंडित विश्वनाथ प्रसाद मिश्र उस समय काशी हिंदू विश्वविद्यालय में रीडर थे। वह हिंदी के प्रकांड विद्वान थे। किसी अखबार में कंपोजिंग का काम करते-करते वे इस मुकाम पर पहुँचे थे। उनके गुरु लाला भगवानदीन की उनपर विशेष कृपा हुई और स्वाध्याय के प्रति उनकी ऐसी रुचि जगी कि उनकी गिनती रीति काव्य के प्रमुख विद्वानों में होने लगी। उनकी पंडित हजारीप्रसाद द्विवेदी से नहीं पटती थी। दोनों का अहम् टकराता था। नागरी प्रचारिणी सभा का झगड़ा काशी हिंदू विश्वविद्यालय तक पहुँच गया था, जिसमें पंडित विश्वनाथ प्रसाद ने खुलकर हजारीप्रसाद द्विवेदीजी की मुखालफत की थी। पंडितजी ने सुधाकर पांडेय की ओर से मोरचा सँभाला था। बाद में हजारी प्रसाद द्विवेदीजी ने नागरीप्रचारिणी से खुद को अलगकर लिया। उसके बाद नागरीप्रचारिणी सभा शनैः-शनैः अपने उद्देश्य से भटकती चली गई।

श्रीकृष्णचंद बेरीजी के यहाँ अकसर मेरी मुलाकात डॉ. जगन्नाथ प्रसाद शर्मा से हो जाया करती थी। जिस वक्त पंडित हजारीप्रसाद द्विवेदी काशी हिंदू विश्वविद्यालय के हिंदी विभाग के अध्यक्ष चुने गए, उस वक्त डॉ. जगन्नाथ प्रसाद शर्मा भी हजारीप्रसाद द्विवेदी के प्रतिद्वंद्वी थे। वे हिंदी विभाग का अध्यक्ष बनना चाहते थे। यह बात सुधाकर पांडेय जानते थे। उन्हें हजारी प्रसाद द्विवेदी के खिलाफ डॉ. जगन्नाथ प्रसाद शर्मा में संभावना नजर आई थी। जहाँ तक मुझे

याद है, सुधाकर पांडेय ने ही कृष्णचंदबेरीजी से सिफारिश करके डॉ. जगन्नाथ प्रसाद शर्मा की पहली पुस्तक का प्रकाशन कराया था। उस वक्त हिंदी जगत् में हजारीप्रसाद द्विवेदीजी की तूती बोलती थी। यही कारण है कि हजारी प्रसाद द्विवेदी विरोधी को सुधाकर पांडेय मंच देने में जुटे थे। यह लड़ाई नागरीप्रचारिणी सभा में खुलकर सामने आ गई। मैं इन सब से दूर ही रहता था।

एक और साहित्यकार थे शांतिप्रिय द्विवेदी। उनका मूल नाम मुच्छन द्विवेदी था। लेकिन उन्होंने साहित्य में अपना नाम शांतिप्रिय द्विवेदी रख लिया था। सुनने में आता है कि उनका यह नाम पंडित रामनारायण मिश्र ने रखा था। खैर, शांतिप्रिय द्विवेदी ने हिंदी साहित्य सम्मेलन की परीक्षा दी, जिसमें उनके परीक्षक कृष्णदेव प्रसाद गौड़ उर्फ बेढबजी थे। बेढबजी की जाँच में उन्हें इतने कम अंक प्राप्त हुए कि वे फेल हो गए। तब से सभी से वे यही कहते थे कि बेढबजी ने उनकी जिंदगी बरबाद कर दी। शांतिप्रिय द्विवेदी महाकवि जयशंकर प्रसाद के यहाँ भी 'अड़ी' जमाते थे। बनारस में उस वक्त प्रचलित था कि वे जयशंकर प्रसादजी के यहाँ सुरती की गोली बनाने का काम करते हैं। प्रसादजी के यहाँ उनका सान्निध्य एक-से-एक साहित्यकारों से होता चला गया और वह उच्चकोटि के साहित्यकार बन गए। बाद में संपूर्णानंदजी उनके साहित्य संरक्षक बन गए, जिस कारण वे खूब फले-फूले।

संपूर्णानंदजी के सान्निध्य और उनकी 'अड़ी' में बैठ-बैठकर न जाने कितने लोग साहित्यकार बन गए। इसी में एक नाम नजीर बनारसी का भी आता है। नजीर बनारसी का पंडित कमलापति त्रिपाठी से मधुर संबंध था। नजीर साहब अच्छी शायरी करते थे, इसलिए कवि सम्मेलनों में उनकी खूब पूछ होती थी। उस समय जब किसी कवि को कवि सम्मेलन में कविता पाठ के लिए 500 से 1000 रुपए मिलते थे तो नजीर बनारसी 2000 रुपए से अधिक पाते थे। वे काफी मिलनसार स्वभाव के थे।

अपने कहानी संग्रह 'बहती गंगा' के कारण प्रसिद्ध हुए शिवप्रसाद मिश्र 'रुद्र काशिकेए', नागरीप्रचारिणी सभा की 'आकर ग्रंथमाला' के संपादक थे। कहानी के साथ कविता, गजल, नाटक, हास्य-व्यंग्य आदि सब पर उनकी अच्छी पकड़ थी। शिवप्रसाद मिश्र 'रुद्र' हरिश्चंद्र कॉलेज में हिंदी के अध्यापक थे। अच्छे गुरु के रूप में पूरे बनारस में उनकी ख्याति थी। उस वक्त प्रख्यात कवि कांतानाथ पांडेय 'चोंच' हरिश्चंद्र कॉलेज के हिंदी के विभागाध्यक्ष थे। कांतानाथ पांडेय 'सन्मार्ग' के संपादक भी थे। 'रुद्र' भी 'सन्मार्ग' में 'गुरु बनारसी' के नाम से हास्य-व्यंग्य

लिखा करते थे, जिसकी बहुत चर्चा होती थी। 'सन्मार्ग' करपात्रीजी महाराज का पत्र था, काशी की पत्रकारिता जगत् में जिसका बेजोड़ दखल था। उस समय बनारस से निकलनेवाले 'आज' व 'संसार' कांग्रेसी समाचार-पत्र थे, जिसके जवाब में करपात्रीजी महाराज के 'रामराज्य परिषद्' के मतों का प्रचार 'सन्मार्ग' करता था। उस वक्त 'आज' व 'संसार' में बेढबजी, बेधड़कजी, मोहनलाल गुप्ता 'भैयाजी' के प्रकाशित 'छींटे' का जवाब, 'सन्मार्ग' के जरिए शिवप्रसाद 'रुद्र' दिया करते थे।

शिवप्रसाद मिश्र 'रुद्र' भोजपुरी के अच्छे कवि भी थे। आतिथ्य का उन्हें बड़ा खयाल रहता था और उनके घर जो भी जाता था, बिना खाए-अघाए नहीं लौटता था। शिष्यों का जमघट हर वक्त उनके घर देखा जा सकता था।

काशी का 'अस्सी घाट' सदा से साहित्यकारों के जमघट के लिए मशहूर रहा है। हिंदी साहित्य की यात्रा अस्सी घाट की चर्चा किए बिना कभी पूरी ही नहीं हो सकती है। तुलसीदासजी से लेकर नामवर सिंह तक अस्सी घाट के केंद्र में रहे हैं। उसी अस्सी घाट की साहित्यिक परंपरा में एक नाम आता है पद्मनारायण आचार्य का। पद्मनारायण आचार्य आधुनिक हिंदी के निर्माताओं—आचार्य रामचंद्र शुक्ल, केशवप्रसाद मिश्र, श्यामसुंदर दास के शिष्य परंपरा में थे। वे काशी हिंदू विश्वविद्यालय में अध्यापक थे। जयशंकर प्रसादजी से लेकर आचार्य रामचंद्र शुक्ल तक उनकी विद्वत्ता का लोहा मानते थे। पद्मनारायण आचार्य प्रसादजी की 'कामायनी' के रसिक थे और मानते थे कि 'रामचरित मानस' और 'कामायनी' का गायन जुलूस निकालकर करना चाहिए। वह 'कामायनी' के इतने दीवाने थे कि यह मानने लगे थे कि 'कामायनी' के कुछ अंश के पाठ से सर्वसिद्धि होती है। 'रामचरित मानस' व 'कामायनी' का ऊँचे स्वर में गायन करते-करते कई बार वह बेसुध हो जाते थे और समाधि में चले जाते थे। लोग उन्हें 'हठयोगी' कहते थे।

अपने समय के गीतकारों में जिन कई नामों की प्रतिष्ठा थी, उनमें एक नाम डॉ. शंभुनाथ सिंह का था। कवि सम्मेलन में उनका जादू चलता था। वे उदयप्रताप कॉलेज और बाद में काशी विद्यापीठ में अध्यापक रहे। वे 'प्रसाद परिषद्' की गोष्ठियों में अकसर जाते थे। उनका बेढबजी से संपर्क था, जिस कारण मुझसे से भी उनका संपर्क बना। वे कवि, कहानीकार और नाटककार थे। बाद में उनके अंदर 'कला भवन' स्थापित करने की धुन सवार हुई। उनकी प्रसिद्धि कृति 'हिंदी महाकाव्य के स्वरूप का विकास' कृष्णचंद्र बेरीजी ने प्रकाशित की थी। आलोचना के क्षेत्र में यह एक महत्त्वपूर्ण ग्रंथ है। बेरीजी के यहाँ अकसर मेरी उनसे मुलाकात

हो जाती और हमारी लंबी साहित्यिक चर्चा होती।

सन् 1962 में जब चीन ने भारत में हमला किया तो बनारस में एक बड़े कवि सम्मेलन का आयोजन किया गया। साहित्यकारों की दृष्टि में इससे बड़ा कवि सम्मेलन बनारस में कभी नहीं हुआ था। डी.ए.वी.कॉलेज का मैदान श्रोताओं से खचाखच भरा था। दो रातों तक यह सम्मेलन चला, जिसमें एक रात मुशायरा और दूसरी रात कवि सम्मेलन हुआ। इस सम्मेलन में श्रोताओं के लिए शुल्क लगाने की व्यवस्था की गई थी और जो शुल्क वसूला गया, उसे भारत सरकार को युद्ध में सहयोग के लिए भेजा गया। काशी की जनता ने इसमें बढ़-चढ़कर अपना सहयोग दिया। इस कार्यक्रम के मंत्री 'बेढब बनारसी' थे।

इस आयोजन को लेकर 'आज' अखबार ने बहुत ही नकारात्मक खबर प्रकाशित की। उस समय 'आज' के संपादक सत्येंद्र कुमार गुप्त थे। बेढबजी 'आज' अखबार की खबर से बेहद क्रुद्ध हुए और उन्होंने कठोरता से इसका प्रतिवाद किया और 'आज' की खबरों को निराधार व झूठ का पुलिंदा करार दिया। 'बेढब' जी ने जब तथ्य सामने रखा तो सत्येंद्र कुमार गुप्त ने इसे अपने संवाददाता की गलती मानते हुए माफी माँगी और उस कवि को 'आज' में छपने से प्रतिबंधित कर दिया, जिसने यह सारा झूठ फैलाया था। सत्येंद्र कुमार गुप्त का आतंक सभी पर छाया रहता था, लेकिन जिस विनम्रता से उन्होंने बेढबजी से क्षमा माँगी, वह बेहद अनुकरणीय था। उन दिनों 'आज' अखबार में छपना साहित्यकारों के लिए सम्मान की बात होती थी।

बाद में बेढब बनारसी, अन्नपूर्णानंदजी एवं पांडेय बेचैन शर्मा 'उग्र ने' संयुक्त रूप से 'भूत' नामक एक पत्रिका निकाली। हास्य व व्यंग्य की यह अनूठी पत्रिका थी। सच कहूँ तो बेढब बनारसी ही आधुनिक साहित्य में हास्य व व्यंग्य परंपरा के वाहक हैं। बेढब बनारसी के कारण बनारस में अनेक बनारसी हो गए, जिनमें एक बेधड़क बनारसी भी थे। बेधड़क बनारसी सामयिक विषयों पर कविता करने के धनी थे। कवि सम्मेलनों में उनकी माँग अखिल भारतीय स्तर पर होती थी। बेधड़क बनारसी का पूरा नाम पंडित काशीनाथ उपाध्याय 'भ्रमर' था, इसलिए वह 'भ्रमरजी' के नाम से भी मशहूर हुए।

बेधड़क बनारसी साप्ताहिक 'संसार' के संपादक थे। पत्रकारिता में उन्हें बेहद रूचि थी। 'संसार' से ही 'आंधी' जैसी मासिक पत्रिकाएँ छपती थीं, जिसके संपादक भी बेढबजी ही थे। बेधड़कजी पंडित कमलापति त्रिपाठी के बेहद करीब थे। दरअसल 'संसार' से छपनेवाली सभी पत्रिकाओं पर प्रधान संपादक के रूप

में कमलापति त्रिपाठी का ही नाम जाता था, लेकिन यह केवल नाम ही होता था, क्योंकि राजनीतिक व्यस्तता के कारण त्रिपाठीजी को पत्रिकाओं से बहुत मतलब नहीं रहता था। बेधड़कजी रोज सुबह छह बजे कमलापति त्रिपाठी के यहाँ जाते और उन्हें पत्रिकाओं से जुड़ी सारी जानकारी दे दिया करते थे। बेढबजी भी अकसर कमलापति त्रिपाठी के यहाँ जाया करते थे।

बेधड़कजी बेहतरीन हास्य कवि थे। कवि सम्मेलन में उनकी रचनाएँ खूब वाह-वाही बटोरती थी। वह उच्चकोटि के संपादक थे। आखिर में वह उत्तरप्रदेश की हिंदी समिति के सचिव बने। बेधड़कजी ने हास्य रस की 'तरंग' नामक एक पत्रिका भी निकाली, जिसे लोगों ने खूब सराहा। रेलवे के हिंदी सलाहकार समिति की बैठक में भाग लेने वे मुंबई गए थे, जहाँ हृदय गति रुकने से उनका निधन हुआ।

और किस-किस को याद करूँ! संपूर्ण बनारस जिन्हें 'मास्टर साहब' कहता था, वह मेरे गुरु, कृष्णदेवप्रसाद गौड़ बेढब बनारसी ही थे, जिनके कारण अपने-अपने क्षेत्र के महापंडितों का सान्निध्य मुझे मिला। इन सबकी संगत में मेरे अंदर भी साहित्यिक प्रतिभा का प्रस्फुटन होता चला गया। यहीं बनारस के अलबेले 'ठलुआ क्लब' की स्थापना हुई। यह क्लब बनारसी रसतत्त्व का प्रतिनिधित्व करता था। बनारस की मस्ती का प्रवाह ही, 'ठलुओं' का मूल मंत्र भी था।

'ठलुआ' उन्हें माना जाता था, जो निर्लिप्त भाव से जीवन जीते थे। राग-द्वेष से परे, आशा-निराशा के बिना, कार्य-कारण से इतर, केवल मस्ती बिखेरनेवाले लोग ही 'ठलुए' हो सकते थे। ऐसे 'ठलुओं' का बाकायदा अभिनंदन किया जाता था। अपनी भाषा में उसे वे 'मुंडन' करना कहते थे। 'ठलुआ क्लब' का दर्शन था—"दुःखी होने पर रोवे नहीं, अगर रोवे तो हँसने का आनंद लें। अपने सिवा संसार को मूर्ख समझें'। लंठई और ठंडई 'ठलुओं' को प्रिय थी। पंडित कमलापति त्रिपाठी भी इसके संस्थापक सदस्य थे।

शिवप्रसाद मिश्र रुद्र ने कहा है, 'ठलुआ' शब्द की व्युत्पत्ति समझना साधारण बात नहीं है। जिस प्रकार तरकारी में अलुआ, सावन में झलुआ, शाखामृग में भलुआ, कुत्तों में कलुआ, सेनापति में नलुआ, पकवान में हलुआ, जंगली जानवर में भलुआ, रिश्ते में पलुआ, शरीर के अंगों में तलुआ, सौदा सुलुफ में घलुआ का महत्त्व है, उसी प्रकार सर्वसाधारण में ठलुआ का महत्त्व है।"

'ठलुआ क्लब' महाकवि सुमित्रानंदन पंत, महादेवी वर्मा, उस्ताद बिस्मिल्ला खाँ, पंडित हजारी प्रसाद द्विवेदी, रामधारी सिंह दिनकर जैसे विभूतियों का विधिवत्

'मुंडन' कर चुका है। बनारस का यह एकमात्र क्लब है, जिस पर दो-दो शोधपत्र लिखे गए हैं। जीवंत बनारस का जीवंत 'ठलुआ क्लब' ने मुझे 'खो जाने का आनंद' दिया। कृष्ण के लेखन के बाद 'खो जाने का आनंद' बढ़ता गया, लेकिन इसका बीज वहीं पड़ा।

समर्पित होने में कुछ भी पाने की आकांक्षा नहीं होती, वरन् सबकुछ खोने की ही होती है। वस्तुतः यह सबकुछ खोना ही हमें पाने के निकट पहुँचाता है। मीरा ने कृष्ण की भक्ति में खोकर अपने परम प्रिय को पा लिया। कबीर भी कहते हैं—'हेरत हेरत हे सखी, मैं भी गई हेराय'। उनका 'हेराय' जाना ही गंतव्य को पा जाना था। यही खोना अनुरक्ति है, तपस्या है, साधना है; जिसकी प्रक्रिया भी आनंदमय है। ज्यों ही हम साधना की ओर बढ़ते हैं, रस की अनुभूति करने लगते हैं। संपूर्ण खो जाने पर हमें कुछ पाने को नहीं रहता। दूसरे शब्दों में कहें तो सबकुछ बिना पाए ही पा जाते हैं। साहित्य की तपस्या, साधना और उस साधना से उत्पन्न रस की अनुभूति और उसकी चेतना मेरे अंदर यहीं विकसित हुई।

बेढबजी के सानिध्य से मैंने उसी तरह सबकुछ खोकर सब पा लिया, जैसे कबीर ने रामानंद को पाकर पाया। गुरु-शिष्य के बीच का रिश्ता अनुभूति का रिश्ता होता है, हृदय के आनंद का रिश्ता होता है। आनंद की यह अवस्था मात्र सुख की अवस्था नहीं है। 'सुख' का विलोम 'दुःख' होगा, 'हर्ष' का विलोम 'विषाद' होगा; पर 'आनंद' का विलोम क्या? जहाँ विलोम-अनुलोम है वह तो संसार है। गुरु-शिष्य का रिश्ता 'संसार' नहीं है। मेरा और बेढबजी का रिश्ता असंसारी है। इसकी अभिव्यक्ति शब्दों की सीमा से बाहर है। उन्होंने काट-छाँट-तराशकर जो मूर्ति बनाई, उसकी शक्ल मेरी तरह दिखती जरूर है, लेकिन उसके अंदर की प्राण-प्रतिष्ठा बेढबजी ने ही की है।

मेरी इस दूसरी अड़ी का वर्णन शब्दातीत है। भाषा की अपनी सीमा है। भाषा स्वयं उस सीमा को पहचानती है। अपनी सीमा का उसे अहसास है। वह अपनी असमर्थता स्वयं स्वीकार करती है। यदि ऐसा न होता तो 'अवर्णनीय', 'अकथनीय', तथा 'अवर्चनीय' जैसे शब्दों को वह जन्म न देती। हर गोष्ठी में बेढबजी मेरे अंदर कुछ नया जन्म देते चले गए, जो बाद में मेरे कलम की स्याही के रूप में बहती, बिखरती नए साहित्य का सृजन करती चली गई।

□

मेरी तीसरी साहित्यिक अड़ी थी, 'हिंदी प्रचारक संस्थान' का 'पिशाचमोचन परिसर'। उसके कर्ता-धर्ता श्रीकृष्णचंद्र बेरी साहित्यकारों का बहुत सम्मान करते

थे। बेरीजी के घर पर प्रत्येक शाम छह बजे कुछ साहित्यकार जुटा करते थे, जिसमें डॉ. विश्वनाथ प्रसाद, डॉ. इंदीवर, ठाकुर प्रसाद सिंह, डॉ. रघुनाथ सिंह, डॉ. युगेश्वर, डॉ. त्रिभुवन सिंह, दुर्गाप्रसाद श्रेष्ठ, डॉ. गिरीन्द्रनाथ शर्मा, डॉ. बद्रीनाथ कपूर, डॉ. हीरालाल तिवारी, डॉ. सर्वजीत राय, जगेशजी और मैं होते ही थे। यहाँ हमने 'मट्ठी क्लब' की स्थापना की थी। हम लोगों की बैठकें साढ़े सात बजे तक चलती थीं। काशी के बाहर से आया हुआ हर साहित्यकार इस अड़ी का हिस्सा जरूर बनता था। चाय और मट्ठी की प्लेट बेरीजी का नेपाली नौकर लक्ष्मण लेकर बीच में पहुँचता था। चूँकि मट्ठी इस गोष्ठी का अनिवार्य तत्त्व था, इसलिए इस अड़ी का नाम ही 'मट्ठी क्लब' हो गया था। साढ़े सात बजते ही बेरीजी 'जय श्रीराम' का उदघोष करते और गोष्ठी समाप्त हो जाती थी।

□

बेरीजी के बारे में आपको बताना बहुत जरूरी है। आज भी जिन लोगों की याद बहुधा मुझे आती रहती है तो उनमें एक श्रीकृष्णचंद्र बेरी हैं। वे मेरे निर्माताओं में से एक रहे हैं। वे न होते तो शायद मैं वह न होता, जो मैं आज हूँ।

यों तो तीन कृष्णों ने मेरे निर्माण में अद्‌भुत भूमिका निभाई है। एक कृष्ण तो वे हैं, जो हममें हैं, आपमें हैं, सृष्टि के कण-कण में हैं। सर्वव्यापी हैं—हम नहीं थे, तब भी थे, हम नहीं रहेंगे, तब भी रहेंगे। वे सृष्टि के निर्माता हैं, सृष्टि उनकी निर्मिति है। वे हमारे प्रणम्य हैं।

मेरे जीवन के दूसरे कृष्ण मेरे गुरु श्रीकृष्णदेव प्रसाद गौड़ 'बेढब बनारसी' हैं, जिन्होंने ऐसी परिस्थिति उत्पन्न की कि मैं पढ़-लिख सका। तीसरे कृष्ण श्रीकृष्णचंद्र बेरी हैं, जिन्होंने मुझे पहले-पहल छापा।

हालाँकि मेरे पहले प्रकाशक कल्याणदास थे। लेकिन यह साथ कम दिन ही रहा। एक तरह से मेरे पहले व्यवस्थित प्रकाशक बेरीजी ही रहे। कल्याणदासजी के यहाँ की पुस्तक भी बाद में बेरीजी के प्रकाशन में चली आई। बेरीजी ने मुझे छापा, मुझे पाठक दिए, प्रशंसक और आलोचक दिए और सबसे बड़ी बात यह कि बाजार दिया। वह रास्ता दिया, जिस पर चलकर आज उस स्थान पर पहुँचा, जहाँ पहचान मिली। मैं बड़े प्रणम्य भाव से उन्हें स्मरण करता हूँ।

सही मायने में उनमें महापुरुषों के अनेक गुण थे। कभी 'हितोपदेश पढ़ा था—

विपदि धैर्यमथाम्युदये क्षमा, सदसि वाक्पटुता युधि विक्रमः।
यशसि चामिरूचि व्यसनं श्रुतौ, प्रकृति सिद्धमिंह हि महात्मनाम।

इन गिनाए गए गुणों में से बेरी साहब में बहुत कुछ था। 'हिंदी प्रचारक' से

मैं लगभग 1950 में जुड़ा। मेरी पहली पुस्तक 'राणा सांगा' उनके यहाँ से 1952 में ही छपी। तब से बराबर मेरा संबंध उनसे रहा और जब मेरी सारी पुस्तकें उनके यहाँ से निकलकर प्रभात प्रकाशन, दिल्ली पहुँच गई। तब भी संबंध यथावत रहे।

एक समय था 'हिंदी प्रचारक' का जब पूरे प्रकाशन उद्योग में दबदबा था। यह उनका स्वर्णयुग था। प्रकाशन तो छोड़ें, उत्तरप्रदेश का उनका एकमात्र प्रेस था। आज ऐसा कौन सा प्रतिष्ठित लेखक है, जिसकी कोई-न-कोई कृति इस संस्थान से न छपी हो? मैंने उसका पराभव काल भी देखा है, जब दो भाइयों में बँटवारा हुआ। उनके विरोधियों ने बेरी साहब के खिलाफ अनर्गल प्रचार किए। उस विपत्ति काल में भी उनका धैर्य और धर्म, काबिलेतारीफ था। किस प्रकार डूबती नाव को उन्होंने तूफान से निकालकर पुरानी प्रशस्ति के धार लगाया, यह उनके जैसा संघर्षशील और दूरदर्शी ही कर सकता था। मैंने कभी उन्हें क्रोध करते नहीं देखा। लोग उनके मुँह पर ही अनाप-शनाप कहते थे और वे सुन लेते थे। उस समय उनका मौन कितना गंभीर होता था, वह कैसे बताऊँ?

बेरीजी ने कभी कचहरी का मुँह नहीं देखा। लोग नोटिस देते थे, बेरी जी समझौता कर लेते। मैं कभी-कभी उन समझौतों के खिलाफ होता था, लेकिन वे बड़ी गंभीरता से कहते थे—हमारा काम मुकदमा लड़ना नहीं है। इसका मतलब यह नहीं कि वे इस संघर्ष से भागते थे, बल्कि बड़े सहज भाव से झेल लेते थे।

जब 'प्रकाशक संघ' पहले-पहल बना था और उन्होंने यह अनुभव किया कि उन्हें उचित स्थान उसमें नहीं मिला, तब उन्होंने उसके समानांतर दूसरा प्रकाशक संघ बनाया और न्याय के लिए लड़े। अंत में उन्हें विजय हासिल हुई। वे कई बार प्रकाशक संघ के अध्यक्ष हुए, पर उनपर उसका रोब कभी भी गालिब नहीं हुआ।

उनके भाषण की शैली भी बड़ी प्रभावकारी थी। ऐसे-ऐसे तर्क देते थे कि विरोधी निरुत्तर हो जाते थे। वे तैयारी खूब करते थे और आँकड़े भी खूब जुटाते थे। इन सबके अतिरिक्त बेरी साहब बहुत अच्छे भोजनाकार भी थे। हिंदी प्रकाशक जगत् को उन्होंने कई अच्छी और प्रभावशाली योजनाएँ दी। पेपरबैक एडिशन सबसे पहले उन्होंने ही छापा। संसार के अनेक महत्त्वपूर्ण ग्रंथों का हिंदी अनुवाद इस भोजा के तरत उन्होंने प्रकाशित किया। हिटलर की आत्मकथा 'मेन कॉम्फ' का पहला हिंदी अनुवाद 'मेरा जीवन संग्राम' नाम से उन्होंने ही छापा। फिर 15 आना सिरीज में हिंदी के मौलिक ग्रंथ और अनुदित पुस्तकें छपीं। 'बुक क्लब' योजना भी विख्यात हुई, जो उनके जीवन के अंतिम समय तक चलती रहीं। 'सेनापति' अखबार के सहायक संपादक का भार भी उन्होंने बड़ी कुशलता से

सँभाला। अंग्रेजी शासन ने प्रखर पत्रकारिता के कारण 'सेनापति' अखबार बंद करा दिया और प्रेस भी जब्त कर लिया। लेकिन बेरीजी की यात्रा चलती रही।

अंतिम और सबसे बड़ी बात यह थी कि लेखकों के प्रति वे बड़े संवेदनशील थे। जिसने भी अपना दुःख-दर्द सुनाया, उसी से प्रभावित हो गए। यह नहीं परखा कि वह सत्य कह रहा है या झूठ। ऐसे अनेक लोगों को मैं जानता हूँ, जिन्होंने अपना दर्द बताया, अपनी नई पांडुलिपि देने का वादा किया और कुछ-न-कुछ अग्रिम ले गए। फिर मुँह तक नहीं दिखाया। पर कभी उन्होंने इसकी चर्चा किसी से नहीं की।

□

बेरीजी के यहाँ पुस्तक की कीमत बहुत कम रखी जाती थी। इसकी वजह से लेखकों को भी मूल कीमत (छपे मूल्य से आधी कीमत) का पाँच प्रतिशत ही रॉयल्टी के रूप में मिलता था। मेरी पुस्तक उनके यहाँ से जब छपनी बंद हुई और वह दिल्ली के प्रभात प्रकाशन में चली गई, जहाँ से अब छप रही हैं। दरअसल 'कृष्ण की आत्मकथा' का चौथा खंड उनके यहाँ से प्रकाशित हो चुका था और पाँचवें खंड की तैयारी चल रही थी। मेरे बड़े बेटे शरद शर्मा का विचार था कि 'कृष्ण की आत्मकथा' के सभी पाँच खंड यदि एक साथ छापे जाएँ तो पाठकों में इसकी डिमांड भी होगी और सारे खंड मिलने में सहूलियत भी होगी।

बेरीजी से मिलने शरद गया और उसने अपनी योजना उन्हें बताई। बेरीजी ने अपनी असहमति जताई और कहा कि पाठकों तक एक खंड ही पहुँचाने और उसे बेचने में दिक्कत आती है तो पाँच खंड कहाँ से बिक पाएँगे? शरद के मुँह से अनायास निकल गया, 'तो छोड़ दीजिए'। बेरीजी ने कहा, 'ठीक है। लेकिन पाँचवें खंड की कंपोजिंग हो चुकी है और इसमें 19 हजार रुपए लग चुके हैं। वह कीमत आप दे दीजिए।' शरद तब तक व्यवसाय करने लगा था। घर की स्थिति सँभल चुकी थी। शरद ने 19 हजार का चेक काटकर तत्काल उन्हें दे दिया। जब शरद घर आया, उससे पूर्व ही बेरीजी का फोन मेरे पास पहुँच चुका था।' शरद के आने पर मैंने उससे पूछताछ तो की डाँट भी लगाई। आखिर उसने बिना पूछे एक लेखक से उसका प्रकाशक छीन लिया था। लेकिन उसने यह भी बताया कि बेरीजी ने तत्काल चेक डिपोजिट होने के लिए भेज दिया था, इसलिए इस पर कुछ सोचने का वक्त ही नहीं मिला।

जब मैं बेरीजी के पास पहुँचा तो उन्होंने कहा, 'पता नहीं उस दिन मुझे क्या हो गया था कि बात पैसों तक पहुँच गई थी। मैंने शरद से कहा, कृष्ण के पाँचवें

खंड में जो धन लगा है, वह दे दो। उसने दे दिया। सबकुछ इतनी जल्दी हुआ कि कुछ पता ही नहीं चला।'

मैंने कहा, 'लेकिन आपको चेक डिपोजिट होने के लिए नहीं भेजना चाहिए था।' उन्होंने कहा, 'हाँ गलती हम दोनों के तरफ से ही हुई है।' इस तरह 'राणा सांगा' से लेकर 'कृष्ण की आत्मकथा' के चार खंड तक ही प्रकाशित करनेवाले प्रकाशक से मेरी पुस्तकों का नाता टूट गया। बाद में उन्होंने बिना कुछ कहे अपना अनापत्ति प्रमाण-पत्र दे दिया। मेरी सारी पुस्तकें 'प्रभात प्रकाशन' के पास चली गईं।

मेरा और बेरीजी का नाता केवल लेखक-प्रकाशक बतौर ही टूटा था। कृष्णचंद्र बेरी और मनु शर्मा का व्यक्तिगत रिश्ता उनके अंत समय तक रहा। हमारी अड़ी प्रतिदिन जमती रही और संबंध हमेशा की तरह मित्रवत रहे। ऐसे व्यक्ति का अभाव, जब तक जीवन रहेगा, तब तक खलेगा।

□

बीस साल तक राजनीति में थमी रही लेखनी

आप आज जिस रचनाकर मनु शर्मा को जानते हैं, वह 20 साल तक वह लेखकीय 'कोमा' में रहा। किसी अस्पताल के आईसीयू कक्ष के कोमा में नहीं, बल्कि बनारस की सड़कों पर राजनीति करते हुए वह लेखक के रूप में कोमा में चला गया था। ऐसा लगता था कि 'एक लेखक' जिसने चार साल में लगातार चार उपन्यास लिखे थे, वह या तो मर चुका है या कभी न लौट आने की कसम लेकर गहरी निद्रा में चला गया है। मनु शर्मा 20 साल तक 'कोमा' में रहा। और हनुमान प्रसाद शर्मा हिंदी, शिक्षक संघ और सहकारिता की राजनीति करता रहा।

गुरु बेढबजी की सन् 1968 में मृत्यु के बाद मेरी चेतना नहीं लौटी। मैं कितनी गहरी नींद में था। लगता नहीं था कि मेरी नींद टूट पाएगी। लेकिन भगवान् श्रीकृष्ण को कुछ और ही मंजूर था। मेरे अंदर प्रवेश कर, उन्हें अपनी समग्र कथा आज की भाषा में लिखवानी थी, सो अपनी सखी द्रौपदी को उन्होंने मेरे रणक्षेत्र में भेज दिया। ठीक उसी तरह, जिस तरह द्रौपदी अपने कायर पतियों को ललकारती हुई कुरुक्षेत्र के मैदान तक घसीट लाई थी।

मुझे द्रौपदी पर उपन्यास लिखने के लिए शिक्षा बोर्ड ने कहा और कलम घिसटते-घिसटते मेरी चेतना पर चोट पड़ने लगी। 'द्रौपदी की आत्मकथा' लिखने के दौरान भी मेरी पूर्ण चेतना नहीं लौटी। तभी 'पूर्ण आत्मकथा' की जगह छोटी उपन्यासिका लिखकर मैंने काम चलाने की कोशिश की। लेकिन अंत आते-आते द्रौपदी ने मुझे झकझोर दिया। द्यूत सभा में जिस तरह उसने पाँचों पांडव और भीष्म पितामह सहित पूरे कुरु राजसभा को झकझोरा। उसी तरह मुझे भी झकझोर दिया

और 'महाभारत' के मैदान में मैं भी उतरता चला गया। वह 'महाभारत' तो 18 दिन में समाप्त हो गया था, लेकिन मेरा 'महाभारत' 30 साल तक चला। साहित्य की दृष्टि से यह 30 साल मेरा स्वर्णकाल था और 1957 से 1975 तक का काल मेरा 'कोमा काल'।

□

लेखन से दूर राजनीति की मेरी शुरुआत 1954-55 में उस दिन शुरु हो गई थी, जिस दिन मैंने काशी की नागरीप्रचारिणी सभा की सदस्यता ली। उस वक्त इसका पता नहीं चला, क्योंकि मैंने लगातार चार साल तक चार ऐतिहासिक उपन्यासों की रचना की। मुझे याद है, मेरे सबसे छोटे चाचा बटुक प्रसाद उपाध्याय मुझे बचपन में नागरीप्रचारिणी सभा लेकर जाते थे। मैं यहाँ की पुस्तकों को घंटों निहारा करता, उलटता-पुलटता जबकि चाचा पढ़ते। उन्हें पढ़ते देखकर बहुत अच्छा लगता था। सोचता था, बड़ा हो जाऊँगा तो मैं भी चाचा की तरह यहाँ आऊँगा और रोज घंटों बैठकर पढ़ा करूँगा।

बड़ा हुआ। गुरु बेढब बनारसी की कृपा से डी.ए.वी. कॉलेज का लाइब्रेरियन 1948 में बन गया, लेकिन बचपन की आँखों में बसा नागरीप्रचारिणी सभा का पुस्तकालय अभी भी लुभा रहा था। गुरु को मन की इच्छा बताई और उनकी आज्ञा लेकर 1954-55 में बाकायदा नागरीप्रचारिणी का मैं सदस्य बन गया। सन् 1955 में ही मेरा पहला उपन्यास 'राणा सांगा' आया और 1957 के आखिर तक मैं 'शिवानी का आशीर्वाद', 'तीन प्रश्न' और 'बप्पा रावल' जैसे चार ऐतिहासिक उपन्यास का रचयिता बन गया।

नाम हुआ तो पैसे कमाने का रास्ता खुला। लेखन मजदूरी में बदल गई। मजदूरी के रूप में नागरीप्रचारिणी सभा के बड़े लेखकों के लिए मैं प्रछन्न लेखन (घोस्ट राइटिंग) करने लगा। मेरी साहित्यिक पहचान का विस्तार हुआ। इस विस्तार ने ही मुझे राजनीति में ढकेलने की शुरुआत की। मुझे नागरीप्रचारिणी सभा का कार्यकारी सदस्य मनोनीत किया गया, जिसमें मैं करीब 10 साल तक रहा। मेरे गुरु कृष्णदेव प्रसाद गौड़ 1939 से 1958 तक डी.ए.वी. कॉलेज के प्रधानाध्यापक थे। उनके दो प्रिय शिष्य थे, एक मैं, हनुमान प्रसाद शर्मा और दूसरे सुधाकर पांडेय। मैं हिंदी का प्रवक्ता था और वे कॉमर्स के। बेढबजी सेवानिवृत्त होने के उपरांत नागरीप्रचारिणी के प्रधानमंत्री बने। सन् मुझे ठीक से याद नहीं है। उनके दोनों शिष्य यहाँ भी उनके साथ थे।

नागरीप्रचारिणी में मैं जब कार्यकारी सदस्य बना तो वहाँ भी लंगड़ी

मारने की उनकी आदत नहीं गई। बाद में वे नागरीप्रचारिणी के प्रधानमंत्री बने। नागरीप्रचारिणी का जो बजट था। और सरकार से जो अनुदान मिलता था, वह साहित्य के विस्तार की जगह राजनीति में खर्च होने लगा, जिसका मैं खुलकर विरोध करता था। कार्यकारिणी का काम था कि वह नागरी का बजट पास करे, नए बने सदस्यों के शुल्क का सदुपयोग सुनिश्चित करे, लेकिन कार्यकारिणी का रबड़ स्टांप की तरह उपयोग किया जाने लगा।

सुधाकर पांडेय और उनके समर्थक चाहते थे कि उनकी उचित-अनुचित बातों को कार्यकारिणी आँख बंद कर स्वीकार करे। मैं इसके पक्ष में नहीं था। बिना बहस एक रुपए का खर्च भी मेरी नजर में अनुचित था। मेरा कहना था कि आप अपनी राजनीति कीजिए, कम-से-कम साहित्य की संस्था को इसमें मत घसीटिए लेकिन वहाँ कौन सुननेवाला था?

वहाँ की स्थिति यह हो गई थी कि कौन किससे बातें करता है, कौन किससे मिलता है, कौन किसके साथ आता-जाता है—इस सब पर नजर रखी जाने लगी। देश की सबसे बड़ी साहित्यिक संस्था में साहित्य को छोड़कर बाकी सारे काम होने लगे। पंडित हजारी प्रसाद द्विवेदी सहित सभी बड़े-बड़े सहित्यकारों के सामने ऐसी परिस्थिति पैदा की जाने लगी कि एक-एक कर सभी सभा छोड़कर जाने लगे। मैंने भी आजिज आकर 1965 के आसपास नागरीप्रचारिणी को छोड़ दिया।

इसके बाद शहर में एम.एल.सी का चुनाव हुआ। इसमें सुधाकर पांडेय खड़े हुए। उनके विरोध में जौनपुर हृदयनारायण सिंह खड़े थे। दोनों मेरे मित्र थे। मेरा मानना था कि हृदयनारायण सिंह इस पद के लिए ज्यादा उपयुक्त उम्मीवार हैं वे तिलकधारी कॉलेज जौनपुर के प्राचार्य थे और मैंने उनका खुलकर समर्थन किया था। चुनाव का परिणाम आया। सुधाकर पांडेय करीब 600 वोटों से हार गए। उन्हें लगा कि मेरी वजह से वे चुनाव हारे हैं। इसके बाद वे मेरे साथ गंदी राजनीति करने लगे। मैं इस सबसे बचता रहा। शहर में आज तक कभी किसी ने मुझे किसी से ऊँची आवाज में बात करते या चिल्लाते नहीं सुना है। मैं मार्ग से हट जानेवाले लोगों में रहा हूँ। यहाँ भी मैं अपने बनाए अलग मार्ग पर चलता रहा। लेकिन कहावत है, कालिख की कोठरी से निकलो तो भी कालिख लगेगी ही। पूरे जीवन में मेरा केवल एक व्यक्ति से मन-मुटाव रहा और मेरे लिए यह कालिख की कोठरी से निकलने के समान ही रहा। सुधाकर पांडेय इंदिरा गांधी की लहर में 1971 में चँदौली से सांसद बन गए। लेकिन नागरीप्रचारिणी छोड़ने के बाद मेरा कभी उनसे कोई वास्ता नहीं रहा।

आप यदि नागरीप्रचारिणी के गौरवशाली इतिहास पर नजर डालेंगे तो

आपको अब दुःख होगा। महात्मा गांधी ने कभी यहीं से हिंदी को राष्ट्रभाषा बनाने की वकालत की थी। नागरीप्रचारिणी की स्थापना 1893 में बाबू श्यामसुंदर दास, पंडित रामनारायण मिश्र और शिवकुमार सिंह ने की थी। उस वक्त ये तीनों क्वींस कॉलीजिएट स्कूल के छात्र थे। इनका उद्‌देश्य हिंदी भाषा और देवनागरी लिपि का मानकीकृत विकास करना और उसे आगे बढ़ाना था।

अपनी स्थापना के तुरंत बाद यत्र-तत्र बिखरी हस्तलिखित पांडुलिपियों की खोजकर उसका संस्थान ने ग्रंथ के रूप में प्रकाशन शुरू कर दिया था। लेकिन आज वहाँ की दशा यह है कि न तो वहाँ आपको पुस्तकों की सूची मिलेगी, और न कैटलॉग का कंप्यूटरीकरण ही हुआ है। नागरीप्रचारिणी के इतिहास से संबंधित जानकारी देनेवाली पुस्तक तक वहाँ नहीं है। दुःख होता है यह देखकर कि जिस संस्था ने बनारस और देश को हिंदी के बड़े-बड़े साहित्यकार दिए, राजभाषा व राजलिपि दी, लिपि संस्कार दिया, आर्यभाषा पुस्तकालय दिया, हस्तलिखित ग्रंथों की खोज की, बड़े-बड़े और दुर्लभ ग्रंथों का प्रकाशन किया, हिंदी शब्दसागर दिया, कोशों का संशोधन किया, हिंदी की वैज्ञानिक शब्दावली दी, कचहरी हिंदी कोश दिया, हिंदी व्याकरण को सरल बनाया—धीरे-धीरे आज वह दम तोड़ती नजर आ रही है। बाबू श्यामसुंदर दास के समान ही यदि नई पीढ़ी इसके संरक्षण के लिए आगे आए तो ठीक, अन्यथा हिंदी और खासकर देवनागरी लिपि को जन-जन तक पहुँचानेवाली और काशी के सांस्कृतिक व साहित्यिक आंदोलन की गवाह रही यह संस्था दम तोड़ देगी।

□

मेरी राजनीति का दूसरा पड़ाव उत्तरप्रदेश माध्यमिक शिक्षक संघ रहा। एक समय उत्तरप्रदेश शिक्षक संघ का मैं महासचिव था। शिक्षकों की माँग को लेकर 60 के दशक में बहुत बड़ा आंदोलन हुआ था, जिसका नेतृत्व मैंने किया था। इसके कारण मुझे जेल भी जाना पड़ा। बनारस के चौका घाट जेल में करीब डेढ़ महीने तक मैं रहा था। मेरी पत्नी के भाई वहाँ जेलर थे। उस वक्त लोग यह कहते हुए छेड़ते थे कि 'मास्टर साहब आप तो सचमुच ससुराल पहुँच गए।' मैं हँस देता। शिक्षक राजनीति का हिस्सा बनने के कारण मेरी लिखाई-पढ़ाई एकदम से चौपट हो गई थी।

उन्हीं दिनों संपूर्णानंद संस्कृत विश्वविद्यालय के सीनेट में मैं सदस्य था। इसके अतिरिक्त काशी विद्यापीठ की सीनेट का भी सदस्य था। कई बार इतना खिन्न हो जाता कि क्या कहूँ! कुछ भी रचनात्मक नहीं, लेकिन हर बैठक में भाग

लेना जरूरी था। कई बार वहाँ की समस्याओं में इतना उलझा रहता कि इसका असर अध्यापन पर भी पड़ता साहित्य की रचना तो खैर मैं भूल ही बैठा था। शिक्षक राजनीति के पचड़े में पड़ने के कारण मन कभी-कभी खिन्न हो जाता कि एक लेखक की रचनाधर्मिता आज किन चीजों में उलझी हुई है। फिर भी शिक्षकों के अधिकार, उनके हित और शिक्षा जगत् की गतिविधियों को सुचारू रखने के लिए मुझे हर बैठक में हिस्सा लेना ही पड़ता था।

□

मेरे राजनीति का तीसरा पड़ाव जिला सहकारी बैंक रहा। मैं जिला सहकारी बैंक के निदेशकों में से एक था। ब्रह्मदेव मिश्र और भूलन सिंह जैसे पुरोधा सहकारी राजनीति से जुड़े थे। पूरे दिन इनके साथ मिलकर कोऑपरेटिव की राजनीति करना ही काम था। लेकिन इस राजनीति का बड़ा फायदा मिला। मेरा अपना मकान बन गया। मेरे गुरु बेढबजी की कृपा से कबीरचौरा की बड़ी पीयरी में मुझे सस्ते में जमीन मिल गई थी। उनका कोई जानकार था, जिसने उनके कहने पर मुझे जमीन बेची थी। यह जमीन मैंने 1960 में खरीदी थी। आपको आश्चर्य होगा कि पूरी जमीन मात्र 1,600 रुपए में मिली।

जिला सहकारिता बैंक के निदेशक मंडल में तो मैं था ही, अपनी जमीन पर घर बनाने के लिए उससे करीब साढ़े 13 हजार रुपए का कर्ज मैंने किश्त पर ले लिया। जमीन सहित पूरा मकान करीब 16 हजार रुपए में बन गया था। कर्ज के अतिरिक्त इसमें जो पैसा लगा, उसका बड़ा हिस्सा मेरी पत्नी की जमा पूँजी से आया। घर के राशन से बचा-बचाकर उसने इतने पैसे इकट्ठे कर लिये थे कि वह मकान बनने के काम आ गया। उस समय ऐसा जमाना था कि सात से आठ रुपए प्रति बोरी सीमेंट आता था। मेरे बच्चे तो छोटे थे। मेरा छोटा भाई टन्नू (अमरनाथ प्रसाद शर्मा) अपनी भाभी के साथ मिलकर मकान बनवाने में जुटा रहा। मैं स्कूल आता और जाता। मध्याह्न में कभी-कभी मकान को बनता देखने के लिए चला आता था। कोऑपरेटिव बैंक को प्रति महीने मैं 50 रुपए किश्त भरता था और उस वक्त मेरी तनख्वाह करीब 150 रुपए थी। मकान की किश्त चुकाकर 100 रुपए घर चलाने के लिए बचते थे।

मुझे याद है, मेरी माँ ने कहा था कि "मन्नू तुमने वह काम किया, जो तुम्हारे पुरखों ने नहीं किया। आज तक तुम्हारे खानदान से किसी ने बनारस में अपना मकान नहीं बनवाया, लेकिन तुमने उस अधूरे सपने को पूरा कर दिया।" अभाव में अपने पाँच बच्चों को लेकर पूरी उम्र संघर्ष करनेवाली मेरी माँ के चेहरे पर जो संतोष मैंने गृह-प्रवेश पर देखा था, उसका वर्णन शब्दों में नहीं किया जा सकता है।

मेरा मकान 1962 में बनकर तैयार हुआ। पूरे परिवार के साथ कबीरचौरा के अपने मकान में रहने मैं आ गया। मुझे सबसे ज्यादा इस बात की खुशी थी कि मेरा मकान मेरे स्कूल के नजदीक था, जिससे आने-जाने का काफी समय बच जाता। मुझे साइकिल भी चलाने नहीं आती और रिक्शा-ऑटो का भाड़ा मैं वहन नहीं कर सकता था, इसलिए पैदल ही पूरा बनारस नापता था। मेरी पत्नी खुश थी कि स्कूल और घर के बीच मुझे अब पैदल कम चलना पड़ेगा।

लहुराबीर और मैदागिन मार्ग के मध्य में कबीरचौरा स्थित है, जहाँ मेरा मकान है। यहाँ स्थित कबीरचौरा मठ कभी कबीर का निवास स्थान था। यहीं से वे अपनी उलटबाँसी कहा करते थे। कबीरचौरा का यह 'कबीर मठ' कबीरपंथ की मूल पीठ है। आज भी यहाँ प्रतिदिन संध्या को 'कबीर बीजक' (कबीरपंथ का मुख्य ग्रंथ) का पाठ होता है। कबीरपंथियों के लिए यह एक तीर्थस्थल है।

कबीरचौरा के एक भाग में 'कबीर चबूतरा' और दूसरे भाग में नीरू टीला है। 'नीरू टीला मठ' परिसर के पूर्वी भाग में है, जिसमें कबीर के माता-पिता की समाधियाँ हैं, जो आज भी हैं। शुरू-शुरू में ये सभी हिस्से कच्चे बने हुए थे, लेकिन फिजी के कुछ कबीर भक्तों ने बड़े ही मोहक व सुंदर तरीके से इन्हें पक्के निर्माण में तब्दील कर दिया। मठ और टीले के भवनों को एक ऊँचे और छोटे से पुल से जोड़ दिया है। कोई भी दर्शनार्थी मठ से होकर टीले पर जा सकता है।

मेरे छोटे बेटे हेमंत शर्मा ने अपनी पुस्तक 'तमाशा मेरे आगे' में अपने घर और अपनी गर्भनाल के कबीरचौरा से जुड़े होने का बड़ा ही सुंदर चित्रण किया है। मेरा बेटा है, वह मेरी साहित्यिक विरासत को अपने लेखन से आगे बढ़ाने का काम कर रहा है। उसे पढ़ता हूँ तो खुशी होती है। उसका पूरा बचपन कबीरचौरा में ही गुजरा है, इसलिए उसकी यादें यहाँ से गुँथी पड़ी हैं। वह लिखता है, ''बनारस का कबीरचौरा महज एक मोहल्ला नहीं, समूची संस्कृति है। उसका न धर्म है, न जाति। यहाँ चार सौ साल पहले कबीर चादर बुनते-बुनते आधुनिक समाज का ताना-बाना रच गए थे। व्यवहार और विचार के सिद्धांत गढ़ गए थे।''' कबीरचौरा से हटना सांप्रदायिक सद्भाव के एक हजार साल पुराने इतिहास से कटना है। कबीरचौरा से पीछा छुड़ाना लुकाठी हाथ में लेकर सच कहने की 'कबीरी परंपरा' से मुँह मोड़ना है। कबीरचौरा को छोड़ना ठुमरी, दादरा, कथक और तबले की विरासत को छोड़ना है। साहित्य और संगीत की अनंत परंपरा को अँगूठा दिखाना है।''

सच कहूँ तो जब भी हेमंत के पास मैं दिल्ली आता हूँ तो कबीरचौरा के अपने घर लौटने के लिए छटपटाने लगता हूँ। दिल्ली भी क्या कोई भला शहर है!

वहाँ लोग केवल शोहरत के पीछे भागते हैं। वहीं काशी, राग विराग का शहर है। जहाँ लोग मोक्ष के लिए शरीर तक छोड़ देते हैं। फक्कड़ मस्ती के साथ। मेरी माँ, मेरी पत्नी की यादें कबीरचौरा वाले मेरे मकान से जुड़ी हैं। मेरे पसीने की गंध आज भी उससे आती है, इसलिए अब मणिकर्णिका घाट की यात्रा के बाद ही उसे मैं छोड़ पाऊँगा।

□

उस 'कोमा काल' में हिंदी की राजनीति भी मैं खूब करने लगा था। उन दिनों काशी की एक भी साहित्यिक संस्था ऐसी नहीं थी, जिसके निर्णायक मंडल ने अपने यहाँ मुझे शामिल नहीं किया। मैं पुरानी 'कारमाइकेल लाइब्रेरी' की कार्यसमिति का सदस्य रहा और उसके नीति-निर्धारण व रख-रखाव में भागीदार रहा। इसके अलावा 'प्रसाद परिषद्', 'साहित्यिक संघ' आदि के लिए भी कार्य करता रहा। सन् 1940 में ठाकुर प्रसाद सिंह ने साहित्यिक संघ की स्थापना की थी। अक्तूबर 1993 में ठाकुर साहब दिवंगत हो गए। उसके बाद जितेंद्रनाथजी और कथाकार शिवप्रसाद सिंह के साथ मिलकर इस संस्था को पुनः जीवित किया। 20 साल में इस संस्था ने 20 से 22 पुस्तकों का प्रकाशन किया और पिछले छह साल से 'सोच विचार' नामक पत्रिका यहाँ से सफलतापूर्वक निकल रही है।

इन छोटी-छोटी राजनीति में 20 वर्षों में ऐसा उलझा कि लिखने का मौका ही नहीं मिला। यह लंबा अंतराल एक तरह से मेरे साहित्यिक जीवन का अंधकारकाल है। मैंने इस बीच गंभीर साहित्य की एक भी रचना नहीं की। हाँ, इस दौरान अखबार में विशेष परिशिष्ट वाला कॉलम, फुटकर लेखन, 'सन्मार्ग' अखबार में चंबल के डाकुओं पर एक धारावाहिक और आकाशवाणी के लिए लेखन जरूर किया था, लेकिन इसमें से कोई साहित्य नहीं था।

ऐसा लगता है कि मेरे लेखन की परती पड़ी धरती विविध स्मृतियों से गुजरती हुई अनुभव की शक्ति जुटा रही थी, जिसका प्रस्फुटन 1976 में हुआ और उसके बाद तो मेरी कलम एक के बाद एक रचना करती चली गई। अपने जीवन में 18 उपन्यास, 7000 कविताएँ, 200 कहानियाँ और करीब इतने ही निबंध लिखनेवाले इस लेखक के रचनाकाल में करीब 20 साल ऐसे भी हैं, जो खाली पड़े श्यामपट्ट की तरह है।

□

कुंती ने दिया सहारा

चीनी दार्शनिक लाओत्से ने एक दिन स्वप्न देखा कि वह तितली है और फूलों का रस ले रहा है। वह हर फूल पर जाता है, उसे चूसता है और आनंदित होता है। थोड़ी देर बाद ही जहाँ वह सोया था, वहाँ एक बिल्ली कूदी और स्वप्न भंग हो गया। पुनः वह अपने जगत में ही लौट गया और पहले जैसा आदमी हो गया।

वह सोचने लगा, ''कुछ ही क्षण पहले तो मैं तितली था, फूलों का रस लेता था, मस्ती से फूलों के साथ अठखेलियाँ करता था। कितना आनंदमय जीवन था! कोई फिक्र नहीं, कोई चिंता नहीं। एक तितली की अनुभूति मेरी अनुभूति थी। और अब मैं आदमी हूँ, चिंता-फिक्र से घिरा आदमी, दुःख-सुख का भोक्ता आदमी। एक आदमी की अनुभूति मेरी अनुभूति है। वास्तविकता क्या है ? क्या मैं वास्तव में आदमी हूँ, जिसने तितली होने का स्वप्न देखा था या मैं एक तितली हूँ, जो आदमी होने का स्वप्न देख रही हूँ ?''

लाओत्से का चिंतन चलता रहा, ''मेरी दोनों स्थितियों में कोई विशेष अंतर नहीं है। दोनों में मेरी अनुभूतियाँ समान रूप से सक्रिय रहीं। दोनों स्थितियों में मेरा एंद्रिक भोग समान था। दोनों में इतना ही अंतर है कि तितली बननेवाला स्वप्न छोटा था। इसका विस्तार घंटे-मिनट का ही रहा होगा और आदमी बननेवाला स्वप्न बड़ा है, उसका विस्तार कई वर्षों का है। किसी वस्तु की गुणवत्ता क्या छोटे-बड़े होने मात्र से बदल सकती है ?''

लाओत्से के दृष्टिपथ में अनेक उदाहरण आए—बिंदु और सिंधु का उदाहरण, शिलाखंड और पहाड़ का उदाहरण। बिंदु की यदि लघुता हटा दी जाए तो क्या उसमें वही गुण नहीं है जो सिंधु में है ? पहाड़ की यदि विशालता समाप्त

कर दी जाए तो क्या तात्त्विक दृष्टि से वह एक शिला से भिन्न है? नहीं...न।

हर सिंधु पानी के असंख्य बिंदुओं का जोड़ है और हर पहाड़ शिलाओं के घनत्व का विस्तार। मेरे अंदर 'राणा सांगा' से लेकर 'गांधारी' तक तभी विस्तार पा सके, जब मेरी जीवनसंगिनी ने उस विस्तार के लिए आधार तैयार किया। वह बूँद थी, तभी कृष्ण जैसा सागर मेरे अंदर प्रकट हुआ।

मेरी पत्नी कुंती ने 'महाभारत' की कुंती के समान महल से जंगल तक की यात्रा की, तब जाकर निर्माण हुआ। उस कुंती के कारण भारतवर्ष के निर्माण की परिस्थितियाँ बनी और मेरी कुंती के कारण मेरा, मेरे पात्रों का, मेरे बच्चों का और मेरे पूरे परिवार का पूर्ण निर्माण हो पाया। मैं लिखता रहा, वह परिस्थितियाँ अनुकूल बनाती गई। मैं सोता रहा, वह मेरे बच्चों की हर किलकारी पर जागती रही। मैं दरवाजे के बाहर खड़ा रहा, वह प्रसव के तुरंत बाद उसके नवजात पर पानी की कोई बूँद न टपक जाए इसकी चिंता और टपकते छप्पर के नीचे बरतन लगाती रही। वह दर्द सहती रही और मेरे अंदर कृष्ण जन्म लेते रहे...।

□

लाइब्रेरियन के रूप में नौकरी शुरू होने के दो साल बाद मेरी शादी 1950 में कुंती से हुई। मेरी शादी की कहानी भी बड़ी दिलचस्प है। मेरी ससुराल बनारस-इलाहाबाद की सीमा पर जंगीगंज में है। मेरे ससुर पंडित शिव अचल प्रसाद मिश्र बोर्ड ऑफ रेवेन्यू में नौकरी करते थे। वे बेहद साधु प्रकृति के इनसान थे। लंबी सफेद दाढ़ी, खुले बाल उनकी साधुता को और भी प्रकट करत थे। उन्हें पूरी गीता कंठस्थ थी। सुबह-सुबह साइकिल पर सवार होकर वह गीता पाठ करते हुए जब निकलते थे, तब उनकी आवाज से लोगों की नींद टूटती थी। पूरा मोहल्ला उनके गीता श्लोक से ही उठता था। साइकिल से वे रोज संगम जाते। पहले वहाँ स्नान करते और फिर अपने गुरुदेव शांतानंदजी के दर्शन करते हुए अपने कार्यालय जाते। 'शांतानंदजी बद्रिकाक्षम के शंकराचार्य थे। मेरे श्वसुर, महेश योगी और श्रीश्री रविशंकर उन दिनों शांतानंदजी महाराज के पट्टु शिष्य थे।

पंडित शिव अचल प्रसाद मिश्र की प्रतिदिन की यह दिनचर्या थी। एक दिन वे गीता श्लोक का पाठ करते हुए साइकिल निकाल ही रहे थे कि उनकी पत्नी आगबबूला होकर सामने आ खड़ी हुई। उन्होंने कहा, 'धर्म-करम करने के अलावा भी कोई काम है कि नहीं। बिटिया 14 साल की हो चुकी है, लेकिन तुम्हें तो उसकी शादी की कोई फिक्र ही नहीं है। खूब बाँचों अपनी गीता।'

उस दिन पंडितजी मुँह लटकाए संगम स्नान कर अपने गुरु महाराज के

पास पहुँचे। गुरु ने पूछा, 'आज क्या बात है? तुम्हारे चेहरे पर प्रसन्नता नहीं है।' पंडितजी ने कहा, 'आज सुबह-सुबह गृहलक्ष्मी ने खूब सुना दी है कि बिटिया बड़ी हो रही है और मुझे धूनि रमाने से ही फुरसत नहीं है।'

गुरु महाराज शांतानंदजी खूब हँसे और कहा, 'तुम्हें अपनी बिटिया के लिए होनहार लड़का मिलेगा और गृहलक्ष्मी भी शांत हो जाएगी। अब प्रसन्न रहो।'

उन्होंने कहा, 'तुम काशी जाओ, वहाँ ब्राह्मण बिरादरी में गौर वर्ण का खूब लंबा लड़का मिलेगा। उसके दाँत थोड़े बड़े व ऊँचे होंगे। ऐसे लड़के की खोज करो और उसी से अपनी बिटिया की शादी कर दो। बिटिया के भाग्य में सुख-ही-सुख है।'

पंडित शिव अचल प्रसाद मिश्रजी बनारस आए। यहाँ उनके एक रिश्तेदार गिरिजाशंकरजी रहते थे। पंडितजी ने लड़के का हुलिया बताकर गिरिजाशंकरजी को ही यह जिम्मेदारी सौंपी कि पंडित वर्ण में गौर वर्ण के लंबे और ऊँचे दाँतवाले लड़के की खोज की जाए। गिरिजाशंकरजी ने मेरे होनेवाले ससुर से कहा, ''मेरी नजर में ब्राह्मणों के जितने भी लड़के हैं, उनमें से अधिकांश लखेरे हैं। ऐसा एक भी दिखाई नहीं देता, जो बिटिया के लिए योग्य हो। हाँ एक लड़का तो है, लेकिन उसके घर की ऐसी दशा है कि वहाँ दो वक्त का भोजन भी बिटिया को नहीं मिलेगा। बेहद गरीब परिवार है। दरिद्रता उसके घर में वास करती है। अभी-अभी स्कूल की लाइब्रेरी में लगा है। मुश्किल से 40-50 रुपए प्रति महीना कमाता है।''

पंडितजी ने कहा, ''एक बार लड़का तो दिखा दो। शंकराचार्यजी ने कहा है, प्रयास तो करना ही होगा।'' पंडित शिव अचल प्रसाद मिश्र जब मध्यमेश्वर स्थित किराएवाले मेरे मकान में आए तो उस वक्त मैं वहीं था। मुझे देखते ही उन्होंने कहा, ''शंकराचार्य के बताए हुलिए पर यह लड़का एकदम फिट बैठता है। मुझे तो इसी लड़के से अपनी बेटी की शादी करनी है।''

घर की माली हालत ठीक नहीं थी, लेकिन पंडित शिव अचल प्रसाद मिश्र की जिद को देखते हुए माँ ने मेरी शादी के लिए हाँ कह दिया। गिरिजाशंकरजी ने पंडितजी को समझाने-बुझाने की बहुत कोशिश की, लेकिन पंडितजी पर उसका कोई असर नहीं हुआ। मेरी होनेवाली पत्नी का मायका मजबूत था। पिता रजिस्ट्रार कार्यालय में और भाई जेलर, दूसरी तरफ खाने के लाले।

पंडित शिव अचल प्रसाद मिश्र इलाहाबाद स्थित अपने घर पहुँचे और पत्नी को बताया कि लड़के की खोज पूरी हो चुकी है और तिलक की तारीख भी तय

करके आ रहा हूँ। सभी बहुत खुश हुए। तिलक के दिन मेरे होनेवाली ससुराल से सारे लोग मेरे घर आए थे। उस वक्त मुझे 1000 रुपए तिलक दिया गया था, कानाफूसी शुरू हो गई।

पता नहीं पंडितजी ने इस दरिद्र में ऐसा क्या देख लिया कि यहाँ रिश्ता करने चले आए? तिलक में आए लोगों ने भी मेरे होनेवाले ससुर को वहाँ समझाने की कोशिश की कि एक बार सोच लीजिए। मेरा होनेवाला साला मुझे देखते ही वहाँ से अपने घर भाग आया और घर पर जाकर बताया कि ऐसा लड़का पसंद किया है, जिसके घर न खाने को है न पहनने को। इतना ही नहीं, लड़का भी इतना कमजोर है कि ठीक से खड़ा नहीं हो पाता।

बात सच थी, मेरी लंबाई 6 फीट से अधिक है और शरीर पर माँस था नहीं तो मैं डगमगाता हुआ चलता था। घरवालों के विरोध को देखते हुए मेरे होनेवाले ससुर पंडित शिव अचल प्रसाद मिश्र फिर से अपने गुरु शांतानंदजी के यहाँ गए और सारी हकीकत बताई। पूछा, "आप कहेंगे तो मैं अभी भी यह रिश्ता नामंजूर कर दूँगा। केवल आपके बताए हुलिए के हिसाब से ही रिश्ता कर रहा हूँ, लेकिन घरवाले बिफरे पड़े हैं। इस रिश्ते के पक्ष में कोई भी नहीं है।"

शंकराचार्यजी ने कहा, "तुम निश्चिंत होकर यह रिश्ता करो। मैं तुम्हें आज कह रहा हूँ, जिस लड़के को लेकर आज तुम लोग सशंकित हो, मैं उसका भविष्य स्पष्ट रूप से यहीं बैठे-बैठे देख रहा हूँ। उस लड़के की प्रसिद्दी काशी में ही नहीं, एक दिन देश में होगी। तुम्हारा निर्णय हर हाल में सही है।"

गुरु महाराज ने कह दिया तो पंडित शिव अचल प्रसाद मिश्र ने हर किसी के विरोध को ठुकरा दिया और शादी की तैयारियाँ शुरू कर दीं।

मेरी बारात बनारस के जिला जेल में गई थी। मेरे साले साहब जेलर थे, इसलिए बारात वहीं गई। बाद में शिक्षक आंदोलन के चलते मैं उसी जेल में डेढ़ महीने तक बंद भी रहा था।

शादी की रात भी कमाल हुआ। हमारे यहाँ शादी पूरी रात चलती है। मैं इतना कमजोर था कि रातभर बैठा नहीं रह सकता था। मेरे आसपास चार मसनद लगाई गई, ताकि मैं टेक लेकर ठीक से बैठ सकूँ। शादी में सब खुसर-फुसर करते हुए मेरा उपहास ही उड़ा रहे थे कि पंडितजी पता नहीं क्या सोचकर अपनी बिटिया को इसके पल्ले बाँध रहे हैं?

आप सोचिए कि उस घर में मेरी दशा पर इतनी नाराजगी थी कि गुस्से

के मारे दहेज में मुझे सोने के लिए पलंग क्या, एक खटिया तक नहीं दी गई। मुझे दहेज में पलंग की जगह जमीन पर बिछानेवाली दरी दी। वह भी 'मेड इन जेल'। मेरे साले ने कैदियों द्वारा बुनी गई दरी पर अपनी बहन का नाम 'कुंती देवी' लिखवा दिया था। पत्नी इसी दहेज के साथ घर आई। मेरे ससुर सबको समझाते रहे कि गुरु महाराज ने जब लड़के का भविष्य देखा है तो आगे सब सही ही होगा।

□

भारत में कुछ नामों को लेकर विशेष मान्यता है। शायद ही कोई अपनी बेटी का नाम 'कुंती' रखता है। मान्यता है कि उसे ससुराल में जीवन भर कष्ट झेलना पड़ेगा। मेरे घर आई कुंती के पिता ने तो संकटों से घिरे युवक को ही अपनी बेटी के लिए चुना था। शादी के बाद जब मेरी पत्नी ने मध्यमेश्वर के खपरैलवाले घर में प्रवेश किया तो आश्चर्य से घर देखने लगी। कहाँ पक्के घर और ठाठ-बाठ में पली और कहाँ यहाँ जगह-जगह पानी टपकता, खपरैलवाला घर, जहाँ सोने के लिए एक कमरा भी ढंग का नहीं। मुझे और मेरी पत्नी को उस खपरैलवाले घर की रसोई की 'कोलिया' ही रहने और सोने के लिए मिली। उसमें मुश्किल से एक मंझोली पलंग आ पाई। हमारी शादी के बाद रसोई का सारा काम माँ ने दालान में स्थानांतरित कर दिया। दालान में परदा डालकर खाना बनाने का काम शुरू हुआ। पहले मेरी पत्नी को कुछ समझ में ही नहीं आया, लेकिन कुछ ही महीनों में वह पूरी तरह से हमारे परिवार की बन गई। मेरी माँ और उसमें खूब पटती थी।

कहते हैं, अपना भाग्य लोग ऊपर से लिखवाकर आते हैं। मेरी शादी होने के कुछ समय बाद ही मेरे दिन फिरने लगे। मैं स्नातक, परास्नातक सब करता चला गया। डी.ए.वी. स्कूल में अध्यापक हो गया। मुसीबत के दिन थोड़े कम हुए। मेरी पत्नी और मेरी माँ दोनों ही मेरे अध्यापक बनने से खूब प्रसन्न थीं।

मेरी माँ और मेरे पिताजी के मन में आया कि बहू इस घर में लक्ष्मी ही बनकर आई है। मेरी पत्नी का मान-आदर बढ़ने लगा। सभी उसकी इज्जत करते थे। हर बात में उसकी राय को प्राथमिकता दी जाती थी। वह जो कह देती थी, घर में वही होता था। मुझे याद नहीं आता कि उसने कभी किसी पर गुस्सा किया हो, जबकि उस वक्त तक मेरे सभी छोटे भाई-बहन साथ ही रहते थे। उसे गुस्सा आता भी तो वह केवल आँख कड़ी करती थी और सामनेवाला समझ जाता था कि कुंती देवी को यह बात पसंद नहीं आई है। मेरी माँ को यह जरा भी पसंद नहीं था कि

कोई उसकी बहू को कुछ कहे। वह उसकी लाड़ली थी। मेरा गृहस्थ जीवन सास-बहू में खट-पट और झंझटों से मुक्त था। मैं निश्चिंत भाव से रचना करता गया।

□

संगम में सन् 1954 में महाकुंभ लगा। मेरी माँ ने कुंभ-स्नान की मंशा जाहिर की। मेरी पत्नी का मायका इलाहाबाद में ही था। उसने कहा, ''अम्माजी आप कुंभ नहाने जरूर जाइए। एक पंथ दो काज हो जाएगा। एक तो कुंभ स्नान का लाभ मिलेगा और दूसरे मेरे मायकेवालों से आपकी भेंट हो जाएगी।''

मेरी पत्नी ने माँ को अपने मायके का पता-ठिकाना लिखकर दे दिया और अच्छी तरह से समझा दिया कि बस आपको सिविल लाइन उतारेगी। वहाँ मेरा भाई मायके से आकर आपको ले लेगा। इसके बावजूद उसने मुझ पर दबाव डाला कि मैं पोस्ट ऑफिस जाकर उसके ताऊजी के यहाँ टेलीफोन कर दूँ। उसके ताऊजी के पास टेलीफोन था। मुझे अपनी पत्नी की बात माननी ही थी और मैंने उसे माना।

उस वर्ष प्रयाग में संगम में बेतहाशा भीड़ हो गई थी, जिसमें भगदड़ मची और बड़ी संख्या में लोग दबकर मर गए। रेडियो पर इस समाचार के आते ही हम चिंतित हो गए। क्या करें, क्या न करें! पोस्ट ऑफिस पर इतनी लंबी-लंबी लाइन लगी थी कि टेलीफोन बुक ही नहीं हो पाता था।

बाद में माँ जब किसी तरह सही-सलामत घर लौटी तो उन्होंने बताया कि ''उत्तरप्रदेश के तत्कालीन राज्यपाल के.एम. मुंशी सपरिवार स्नान करने आए थे। पुलिस और स्वयंसेवक उन्हीं की आवभगत में लग गए। इस कारण संगम की ओर उतरनेवाली फिसलन भरी ढाल पर कोई फिसल गया और जब एक फिसला तो सब फिसलते चले गए। बाँध पर गिरनेवाला शायद ही कोई जीवित बचा था।''

''माँ कहती थी, सिर्फ एक राज्यपाल के नहाने में इतने सारे लोग मरे। साथ में राज्यपाल की पत्नी लीलावती मुंशी भी आई थीं, जिनकी सुरक्षा के लिए अलग से ताम-झाम था। कुंभ स्नान उन्हें करना ही था तो आम आदमी की तरह आते और नहा जाते। पूरे लाव-लश्कर के साथ आने की क्या जरूरत थी? इस समय तो पूरी जनता उनके खिलाफ है। हर आदमी गाली दे रहा है। लोग कह रहे हैं, 'चार गुंडा आगे चलै, चार गुंडा पीछे चलै। बिचवा में चलै ली उतान साँवर गोरिया।''

माँ को वह दिन भी याद आ गया, जब गुलाम भारत में भी वे कुंभ नहाने गई थी। वे बता रही थी, ''अंग्रेज के राज में फर्स्ट क्लास के डिब्बे में भारतीयों को प्रवेश नहीं मिलता था। अंग्रेज जिस डिब्बे में रहते, वहाँ भारतीयों को नहीं

बैठने देते थे। लेकिन उन्होंने जितने भी अत्याचार किए हों, पर ऐसी बदअमली उनके राज में नहीं थी।'' मुझे लगा कि आजादी मिले अभी एक दशक भी नहीं हुआ है, लेकिन लोगों का भरोसा अपनी ही सरकार से डगमगाने लगा है। अपनी ही सरकार अंग्रेजों के तामझाम को अपनाकर अपनी ही जनता से दूर कटने का सिलसिला शुरू कर चुकी थी, जो दिनों-दिन बढ़ती ही चली गई।

□

मुझे याद है। मेरी पत्नी जब पहली बार गर्भवती हुई तो मेरी माँ बहुत खुश हुई। उसे दादी बनने की खुशी थी। यह उम्मीद वह पाले बैठी थी कि पोते का मुँह उसे देखने को मिलेगा। यहाँ-वहाँ वह चहकती फिरती। पत्नी को किसी भी तरह का भारी काम करने की मनाही थी। घर में मेरे चारों भाई-बहन भी बहुत खुश थे कि घर में नन्हा मेहमान आएगा। मुझे बेटी हुई। मेरे दूसरे नंबर का भाई नन्हू (राम प्रसाद शर्मा) ने जब बेटी देखी तो एकाएक उसके मुँह से निकला, 'हाऊ'। अब बेटी का नाम ही 'हाऊ' पड़ गया। वह मेरे और पत्नी के लिए अनमोल थी। वह हमारी पहली संतान थी। छोटे-छोटे हाथ-पैर जब वह हिलाती, गोल-मटोल आँखें जब नचाती और ऊँ-आँ करती तो हम कितने खुश होते थे! वह हमेशा मुसकराती रहती थी। मुझे याद है, उसका कर्ण छेदन संस्कार धूम-धाम से मनाया गया था, परंतु वही उसके लिए 'काल' बन गया। कान छेदने की असावधानी में उसे टिटनेस हो गया और लाख कोशिश करने के बावजूद हाऊ को बचाया नहीं जा सका। उस दिन घर में सभी फूटफूटकर रोए थे।

इसके दो साल बाद सन् 1957 में मेरे बड़े बेटे शरद का जन्म हुआ। 'हाऊ' की यादें ताजा थीं, इसलिए हम इस बार किसी भी तरह की असावधानी से बचते रहे। शरद (मुन्ना) को मामूली सरदी भी होती तो डॉक्टर के पास हम दौड़े चले जाते। एक बार बचपन में मुन्ना के माथे पर कौए ने चोंच मारी थी, घर में हाय-तौबा मच गया था। तुरंत उसके ननिहाल संदेश भेजा गया कि मुन्ना नहीं रहा। संदेशवाहक को सावधान भी किया गया था कि बस इतना कहकर वह तुरंत चल देगा और थोड़ी देर बाद जाकर सही बात बता देगा। इस बीच वे मुन्ना के लिए आँसू बहा लेंगे और कौआ मारने का अशुभ छूट जाएगा। हम शरद की हिफाजत में शुभ-अशुभ जैसे अंधविश्वासों तक का पालन करने लगे थे।

शरद के बाद 1961 में हेमंत (छोटू) का जन्म हुआ। जिस वक्त हेमंत का जन्म हुआ, बरसात का महीना था। खपरैल टपक रही थी। जिस रात हेमंत का जन्म हुआ, उस रात खूब बारिश हुई थी। प्रसव से गुजरी माँ सारी रात टपकते हुए

पानी से अपने नवजात को बचाती रही। उसे इधर से उधर हटाती रही, ताकि वह भीग न जाए। कमरे में चूते पानी को रोकने के लिए कहीं वह बाल्टी रखती तो कहीं परात।

'हाऊ' की मौत ने मेरी पत्नी को हर बच्चे के प्रति बेहद सतर्क कर दिया था। उसे पता था कि भीगने से ही नवजात को निमोनिया हो जाएगा। ऐसे अभाव और तनाव के बाद भी अपने नाम के अनुरूप कुंती ने कभी हमसे कोई शिकायत नहीं की। मेरे तीनों बच्चों का जन्म दारानगर के मध्यमेश्वर स्थित इसी खपरैलवाले मकान में हुआ था। हेमंत के जन्म के सात महीने बाद ही हम कबीरचौरावाले अपने नए बने मकान में आ गए। हेमंत के बाद मुझे दो बेटियाँ हुईं—नित्या और दिव्या। इन दोनों का जन्म मेरे नए मकान में हुआ।

□

मेरा जो भी लेखन है, सब शादी के बाद है। इसी से आप समझ सकते हैं कि मेरी सारी रचना अकेले मेरे की नहीं है। इसमें मेरी पत्नी लगातार सहचरी रही है। मेरे पहले उपन्यास 'राणा सांगा' से लेकर 'कृष्ण की आत्मकथा' तक सारे लेखन में वह साथ-साथ चली है। मेरी समूची विचार-यात्रा की वह भागीदार रही है। उसने परिवार और बच्चों की जिम्मेदारियों से हमेशा मुझे मुक्त रखा। इसके कारण लिखने में कभी कोई रुकावट उत्पन्न नहीं हुई। मेरे बच्चे क्या पढ़ते हैं, कैसे पढ़ते हैं—कभी यह जानने की मैंने कोशिश नहीं की। बच्चों का सारा ध्यान पत्नी ही रखती थी। आखिर हिंदुस्तान में कितने ऐसे बच्चे हैं, जिनकी पढ़ाई पर ध्यान दिया जाता है! हाँ, जब बच्चे बड़े हुए तो मैंने हमेशा यह ध्यान रखा कि मेरे कॉलेज में वे प्रवेश न कर पाएँ। डी.ए.वी. कॉलेज में हिंदी का मैं प्रवक्ता था, इसलिए अपने दोनों बेटे शरद और हेमंत का प्रवेश मैंने हरिश्चंद्र कॉलेज में कराया, ताकि किसी तरह का बेजा लाभ उन्हें कभी न प्राप्त हो और न कभी कोई उनकी प्रतिभा पर उँगली उठाए।

यह मेरा सौभाग्य है कि कुंती मेरे जीवन में आईं। न केवल बच्चों की परवरिश, बल्कि घर में आनेवाले साहित्यिक मित्रों, मेहमानों के आवभगत की जिम्मेदारी भी उन्होंने ही उठाई। भले ही घर में आधा लीटर दूध आता हो, लेकिन मेरी अड़ी में आनेवाले 40 लोगों को उसी दूध से शानदार चाय बनाकर पिलाने की क्षमता केवल उन्हीं में थी। उनके मायके में कई-कई सब्जियाँ बनती थीं, लेकिन जब वे यहाँ आईं तो एक सब्जी में न केवल अपना पेट भरा, बल्कि पूरे परिवार और मेहमानों को भी बड़े संतोष से वे इसी भोजन में तृप्त कर देती थीं।

अपनी माँ की परवरिश के कारण ही मेरे सभी बच्चे उच्च शिक्षा प्राप्त हैं। आपको आश्चर्य होगा कि वे खुद भी बहुत पढ़ी-लिखी नहीं थीं। लेकिन अपने बच्चों को उच्च शिक्षा देने की उनमें ललक गजब की थी। शरद और हेमंत दोनों ने हिंदी साहित्य में एम.ए किया है। शरद बनारस में अच्छा व्यवसाय करते हैं वहीं हेमंत दिल्ली में बड़े पत्रकार हैं। दोनों बेटियों की शादी हो चुकी है और दोनों अपने-अपने परिवारों में सुखमय जीवन जी रही हैं।

मेरे सभी भाई भी अपनी-अपनी जिंदगी में आगे बढ़ते गए। झन्नू (देवी प्रसाद शर्मा) मुंबई चले गए थे और वहाँ फिल्म उद्योग में कैमरामैन के रूप में स्थापित हुई। संजय खान के धारावाहिक 'अकबर द ग्रेट' के मुख्य कैमरामैन वही थे। हिंदी सिनेमा की कई बड़ी व नामी कंपनियों में उन्होंने काम किया। उन्हें लकवा मार गया है। पिछले 10 साल से वे बिस्तर पर है। उनके दो बेटे हैं, अपने पिता की सेवा के लिए ही दोनों ने शादी नहीं की हैं। दोनों बेहद संस्कारवान हैं।

नन्हू (राम प्रसाद शर्मा) ने भेल कंपनी में आईटीआई से अपने कैरियर की शुरुआत की थी। वह भोपाल में जाकर बसे। चार भाइयों में वही इस दुनिया में नहीं है। सबसे छोटे टन्नू (अमरनाथ प्रसाद शर्मा) 'बेचलर ऑफ फाइन आर्ट' करने के बाद यू.पी कॉलेज से सेवानिवृत्त हुए। वे कई बड़ी हिंदी फिल्मों में छोटी-मोटी भूमिका आज भी निभाते हैं। उसे नाटक और सिनेमा का बड़ा शौक है। बहन इंदिरा की शादी मैंने कानपुर में की। यह मेरी पत्नी ही थी, जिसके कारण हमारा संयुक्त परिवार बना रहा। लोग अपनी जरूरतों के हिसाब से अलग-अलग रहने लगे, लेकिन सबकी जड़ें कबीरचौरा के मकान में उसने तुलसी के पौधे की तरह रोप रखी थीं।

□

जीवन में वह दौर भी शुरू हुआ, जब अपने सभी एक-एककर साथ छोड़ने लगे। कहते हैं, जिंदगी के साथ ही मौत की यात्रा शुरू हो जाती है। हमारी जिंदगी जब शुरू हुई तो मौत भी साथ-साथ सफर करती रही। सबसे पहले पिताजी ने विदा ली। उनकी तबीयत खराब हुई। बनारस की दुकान को बंद कर वे हमेशा के लिए अकबरपुर चले गए और वहीं सन् 1977 में उन्होंने अपने प्राण त्यागे।

फिर मेरी माँ मेरा साथ छोड़ गई। सन् 1991 में उन्होंने अपने संघर्षपूर्ण जीवन की यात्रा को विराम दे दिया। यह स्वाभाविक मौत थी। दुःख हुआ, लेकिन इसे स्वाभाविक मानकर जीवन का रास्ता तय करने की कोशिश जारी रही। लेकिन

1992 की फरवरी में अचानक मेरी जीवनसंगिनी ने भी साथ छोड़ दिया। वह एक ऐसा सदमा था, जिसके कारण कई वर्षों तक मैं बिखरा-बिखरा रहा।

☐

मुझे आज भी याद है। पत्नी के दिल का वॉल्व खराब हो गया था। वॉल्व खराब होने के कारण उसके दिल की धड़कन की रफ्तार धीमी होती जा रही थी। डॉक्टरों का कहना था कि यदि ऑपरेशन हो गया तो लंबे समय तक जीएँगी, लेकिन कुंती पूछतीं, "यदि ऑपरेशन न कराऊँ तो।" "तो आप ज्यादा-से-ज्यादा 5-7 साल ही जी पाएँगी"—डॉक्टर कहता।

वह बड़े इत्मीनान से कहतीं, 'अब बहुत जी लिया, इससे ज्यादा जीकर क्या करूँगी? ऑपरेशन की जरूरत नहीं है।' वह ऑपरेशन नहीं कराना चाहती थीं।

हम दिल्ली के अखिल भारतीय आयुर्विज्ञान संस्थान (एम्स) में उनके हृदय का वॉल्व बदलवाने ले गए। यह फरवरी 1992 की बात है। ऑपरेशन रूम में जाने से पहले उन्होंने अपने दोनों बेटों को बुलाया। दोनों पास ही थे, अपना कान थोड़ा और नजदीक ले गए। उन्होंने कहा, "मेरे ऊपर किसी का एक रुपया भी बकाया नहीं है और न किसी के पास मेरा एक भी रुपया है। सबकुछ समेटकर जा रही हूँ। यदि न लौटूँ तो दुःख मत करना। बहनों का खयाल रखना।"

फिर उन्होंने मुझे कहा, "बैठिए। आपसे जरूरी बात कहनी है। क्या पता न लौटूँ।" ऐसा लगता था कि शायद उन्हें भान हो गया था कि अब वे उस शरीर में नहीं लौटनेवाली हैं। उन्होंने मुझसे कहा था, "देखना मेरी बबली (नित्या) का खयाल रखना।" बबली मेरी सबसे छोटी बेटी है। उसका ममत्व तो देखिए, अपनी सबसे छोटी संतान बबली के सिवा और किसी व्यक्ति का खयाल रखने की बात उसके मन में आई ही नहीं। शायद इसलिए कि सबसे प्रति वह अपने कर्त्तव्यों को पूरा कर चुकी थीं। बबली की शादी बाकी थी, जिसकी उन्हें बेहद चिंता थी।

उनके गुजरने के 10 साल बाद जब बबली की शादी बड़ी धूम-धाम से हुई तो विदाई के समय मेरी आँखें बबली के साथ-साथ उसकी माँ के जाने के गम में भी बहती चली जा रही थीं। एम्स में उनका वॉल्व तो बदल गया, लेकिन हृदय में संक्रमण हो गया और कुंती सदा के लिए अपना जीवन हम सभी से समेटे इस दुनिया से चली गईं। 6 फ़रवरी, 1992 का दिन मेरी जिंदगी को अकेला कर गया।

मेरी पत्नी का जब निधन हुआ, तब लोगों ने मुझे खूब समझाया था। मेरे मन की रिक्तता किसी के समझाने से तो भर नहीं सकती थी। अर्द्धांगिनी चली गई थी मैं आधा रह गया था। बड़ा दुःख था। लोग यह कहकर सांत्वना देते थे, "आप

दु:खी क्यों होते हैं? आत्मा कहाँ मरती है। मरता तो शरीर है—'न हन्यते हन्यमाने शरीरे'। आत्मा न कहीं आती है और न कहीं जाती है। वह बस चोला बदलती है— 'वासांसि जीर्णानि यथाविहाय'। पति-पत्नी का साथ तो जन्म-जन्मांतर का होता है। वह पहले भी आपके साथ थी, आज भी है और भविष्य में भी रहेगी।''

यह सत्य हो सकता है, क्योंकि इसे असत्य सिद्ध करने का मुझमें सामर्थ्य नहीं है। इसके पीछे शास्त्रों का समर्थन है। पर उस समय मुझे समझानेवालों का यह बुद्धिजन्य तर्क था। मेरी पत्नी का शरीर जब निर्जीव हुआ था, तब हम लोगों ने अग्नि को समर्पित कर उसकी अंत्येष्टि की थी। 'अग्नि', 'अगिग', 'आग', 'आगे'—ये सब एक ही परिवार के शब्द हैं। सबमें अग्नि-तत्त्व की ही प्रधानता है। पृथ्वी का आदि अग्नि से सही है। एक महाग्नि (सूर्य) से अग्नि अलग हुई और धरती अस्तित्व में आई। अग्नि ही अग्रणी है। अग्रणी होने के कारण ही वह अग्नि है और अंत में भी वही रहेगी। मेरी पत्नी के शरीर को भी अग्नि ने आश्रय दिया और अंत में मेरे शरीर को भी वही आश्रय देगी।

पत्नी के श्राद्ध के दिन गो-ग्रास, श्वान-ग्रास देने के बाद जब मैं अपनी छत पर 'काग-ग्रास' देने गया तो एक भी कौआ दिखाई नहीं दिया। पितृपक्ष और कौआ नहीं! गुड़ पड़ा हो और चींटे नदारद! आश्चर्य की बात तो है ही। 'आव-आव' और 'काँव-काँव' की अनेक आवाजें भी लगाई थीं, पर सुने कौन? आकाश में खोती चली गईं आवाजें। दूर-दूर तक दृष्टि दौड़ाई, न कौआ और न कौए का पूत। अंत में लाचार होकर मुँडेर पर 'काग-ग्रास'—रखकर चला आया, क्योंकि प्रतीक्षा कर रहे ब्राह्मणों को भोजन कराना था।

कर्मकांडीय वर्जना यह थी कि जब तक ब्राह्मण भोजन न कर लें, तब तक स्वयं अन्न ग्रहण नहीं करना चाहिए और न जल। इसीलिए ब्राह्मणों को विदा करने के बाद एक बार फिर ऊपर देखने गया कि किसी कौए ने कृपा की या नहीं; पर निराशा ही हाथ लगी। अब भी मुँडेर पर 'काग-ग्रास' पड़ा हुआ था।

बात सन् 1992 पितृपक्ष की है। इसी वर्ष पत्नी का निधन हुआ था। ताजा-ताजा घटना थी। घाव हरा था। सोच में पड़ा कि यदि किसी कौए ने यह 'ग्रास' नहीं लिया तो पत्नी की आत्मा भूखी रह जाएगी। भूख-प्यास भूलकर मैं केवल आसमान देखता रहा। सूरज पश्चिम की ओर ढुलकने लगा था।

मन भरा-भरा था। याद आया, बचपन में जब दादी किसी पर नाराज होती थीं, उसे शाप देते हुए कहती थीं, ''जा, तोहारे छानी पर कौओ न बैठी।' आज

सचमुच वह दिन आ गया। यह किसी क्रुद्ध वृद्ध का शाप तो नहीं है, जो पितृपक्ष में कौआ मेरे लिए दुर्लभ हो गया!

चलते समय मैंने उस 'काग-ग्रास' की ओर देखा। अचानक जैसे मनु ने सावधान किया, 'वायसानां कृमीणां च शनकैर्निर्वप्रदेमुवि'। कौओं तथा कीड़े-मकोड़े के लिए सावधानीपूर्वक भूमि पर बलि रखनी चाहिए, जिससे मिट्टी आदि लगने से वह गंदी न हो जाए।

मैंने मुँडेर की वह जमीन फिर धोई, पोंछी और वह 'काग-अंश' रखकर, मन-ही-मन काग बंधुओं को समर्पित कर इस विश्वास के साथ नीचे चला कि कोई-न-कोई कौआ तो चला ही आएगा।

बहू ने पुकारा तो मैं नीचे चला गया, भोजन भी कर लिया, लेकिन मेरा दिमाग छत पर ही लगा रहा। पता नहीं! कोई कौआ आया या नहीं! यदि कौआ न आया होगा तो क्या होगा? अब तो मैंने भी भोजन कर लिया, क्या मेरी पत्नी की आत्मा अतृप्त ही रह जाएगी?

मैंने ऊपर जाकर देखा, सचमुच कौआ नहीं आया था। मन में इच्छा हुई, माता-पिता, दादा-दादी सभी तो पितृ कोटि में आ चुके हैं। कई श्राद्ध करने हैं। तो क्यों नहीं चिड़िया बाजार से एक कौआ खरीद लिया जाए और इस पक्ष भर के लिए पिंजरे में उसे पाल लिया जाए। और यदि आज ही यह कार्य कर लिया जाए तो पत्नी की आत्मा भी तृप्त हो जाएगी।

मैंने ज्यों ही अपनी इच्छा घरवालों के समक्ष व्यक्त की कि हर व्यक्ति मुझ पर बरस पड़ा। मामाजी तुरंत बोले, ''तुम्हारी बुद्धि तो नहीं भ्रष्ट हो गई है। भला कोई कौआ पालता है? अरे यह बड़ा अशुभ प्राणी है। सवेरे-सवेरे इसका मुँह देखना काल का साक्षात्कार माना जाता है।'' मुझे पहली बार अहसास हुआ, संस्कारों की दासता कितनी अंधी होती है। मुझ जैसे विधुर से काग नाराज था और आखिर तक नाराज ही रहा।

राजा वज्रदंत को किसी ने एक बड़ा सा अत्यंत सुंदर कमल भेंट किया। राजा कमल के सौंदर्य को निहारता रहा गया। वह उसकी पंखुड़ियों को खोलकर देखने लगा। पंखुड़ियों के भीतर उसे एक मरा हुआ भौंरा दिखाई दिया। वह बड़े आश्चर्य में पड़ा कि जो भौंरा काठ को भी छेद देता है, वह इन कोमल पंखुड़ियों को नहीं छेद पाया! इस कोमलता के आगे वह इतना अक्षम हो गया। उन्हीं पंखुड़ियों में बंदी होकर अपने प्राण दे दिए।

राजा वज्रदंत यह प्रश्न लिये एक संत के पास पहुँचते हैं। संत ने राजा को समझाया, ''यह सही है कि भौंरा काठ में छेद कर देता है। वह कमल की पंखुड़ियों में भी छेद कर सकता था, पर कमल के प्रति अपने रागात्मक संबंध के कारण वह अशक्य हो गया। वह अपनी रागात्मकता को कैसे तोड़ता।'' यही है जीव की सबसे बड़ी दुर्बलता। इसी रागात्मकता का दूसरा नाम माया है। माया के इसी बंधन में पड़कर जीव 'संसारी' होता है। इससे वह मुक्त नहीं हो पाता। गोस्वामीजी कहते हैं कि यह 'ग्रंथि छूट किमि परइ न देखी'। काया की ग्रंथि दिखाई नहीं पड़ती। माया की वास्तविकता का अनुभव भी संसारी जीव को नहीं होता।

मैं सोचता हूँ, मेरी पत्नी से मेरा भी घनिष्ठ रागात्मक संबंध था। उसका इसी से छूट जाना मेरे लिए दुस्सहाय है, कष्टकारी है।

□

अरसे से बिस्तर पर पड़ा हूँ। उच्च रक्तचाप और हृदय रोग से पीड़ित हूँ। मेरा दिल सामान्य आदमी के दिल से आधा धड़कता था। बेटे दिल्ली ले गए और वहाँ हृदय में पेसमेकर लगवा दिया। मेरी पत्नी के हृदय की धड़कन भी कुछ इसी तरह धीमी हो गई थी और जब उसे कृत्रिम रूप से तेज करने की कोशिश की गई तो वह हमेशा के लिए चली गई। मैं भी काशी नहीं छोड़ना चाहता था। भला इस उम्र में काशी छोड़ूँ, लेकिन बेटों की जिद के आगे किसकी चली है, जो मेरी चलती! मेरा छोटा बेटा हेमंत मुझे दिल्ली ले जाने के लिए बहुत मनुहार करता था और तरह-तरह के तर्क देता था। कहता था, 'मोक्ष भले बनारस में मिले, पर जीवन पर आए संकट से बचने के उपकरण दिल्ली में हैं।' मैं उसे बार-बार कहता, 'मैं इस उम्र में काशी नहीं छोड़ूँगा। माँ को भी तो दिल्ली ले गए थे, क्या हुआ! अब जो होगा, सो यहीं होगा।'

बच्चे अपराधभाव में आ जाते। उन्हें चिंतित देख, मैं गालिब का शेर सुनाता—'मौत का एक दिन मुअय्यन है; नींद क्यों रात भर नहीं आती'। पर बेटे कहाँ माननेवाले थे! बड़े चालाक हैं दोनों। हेमंत ने कहा, ''देखिए दिल्ली से एयर एंबुलेंस मँगवाई है। आज दोपहर तक आ जाएगी। अभी एक मित्र के कहने पर कोई पैसा नहीं लग रहा है। मगर कल कोई ऊँच-नीच हो गई तो आनन-फानन में यही एयर एंबुलेंस दोगुना पैसा देने पर लेकर आएगी।''

''अच्छा ठीक है। चलता हूँ। तुम मुझे दिल्ली ले जा रहे हो तो कुछ-न-कुछ गड़बड़ जरूर है।'' मैंने कहा और उनकी इच्छा के सामने अपने हथियार

डाल दिए। दिल्ली गया, पेसमेकर लगा, लौटकर बनारस आ गया। मुझे तो दिल्ली दरबार से बड़ा, विश्वनाथ दरबार लगता है।

बाद में सरकार ने पद्‌मश्री लेने के लिए फिर दिल्ली दरबार में बुलाया, बेटों की वही जिद। शेरवानी बनवाएँगे, सूट सिलवाएँगे। अरे छोड़ो इस सबको। इस उम्र में काशी नहीं छूटता और सच कहूँ मैं छोड़ना भी नहीं चाहता। दिल्ली कोई शहर है भला। लेकिन फिर हथियार डालने पड़े। बेटे के जिद के आगे तो राजा दशरथ को झुकना पड़ा, भले ही वह जिद उनकी जान ले गई। राम नहीं माने, वनवास चले गए और राम-राम करते हुए दशरथ का प्राण छूट गया। मेरे बेटे भी जिद्‌दी हैं, नहीं माने। दिल्ली दरबार में सूट-बूट पहनाकर खड़ा कर दिया। पद्‌मश्री ले लीजिए। अरे पाठकों ने पद्‌म पुष्प दे दिया है। उसके आगे सरकारी सम्मान का क्या मोल? उससे भी बड़ा सम्मान भगवान् कृष्ण ने जीवन को संपूर्णता में दे दिया, अब भला क्या चाहिए?

कबीरचौरा स्थित अपने घर के बिस्तर पर पड़ा हूँ। डॉक्टर ने पूर्ण विश्राम की सलाह दी है। जिसके जीवन में आराम, हराम हो, उसे आराम की शरण में जाना पड़े तो सोचिए, उसके मन की क्या दशा होगी? चारों ओर पुस्तकें हैं। उसी में मेरी राइटिंग टेबल है। एक ओर फाइलों की आलमारी और दूसरी ओर छोटी सी चौकी है। बिस्तर उस पर बिछा है। यही चौकी मेरी आरामगाह है। इसी पर पड़ा हूँ। डॉक्टर की सलाह पर पढ़ना-लिखना बंद है और जहाँ तक हो सके, सोचना भी बंद। किताबों के बीच हूँ, पर पढ़ नहीं सकता। चिंतन के भंडार में रहकर सोच नहीं सकता। समुद्र में रहकर भी प्यासा हूँ। 'जल बिच मीन पियासी'। समुद्र में रहकर तो प्यासा ही रहना पड़ेगा, क्योंकि मैं मनुष्य हूँ। मीन भले ही समुद्र का पानी पी ले, पर मनुष्य पी नहीं सकता। मेरे चारों ओर चिंतन के मीठे पानी का सागर लहरा रहा है, उसे मैं पी सकता हूँ; पीता रहा हूँ; पर इस समय उसे छूना मना है। मन-मधुप ज्ञान उपवन में है, पर किसी फूल का रस लेना तो दूर, स्पर्श भी नहीं कर सकता।

□

पढ़ने-लिखने की मनाही है। लेकिन मेरे आँखों में रोशनी अभी है। बिस्तर पर सोए-सोए टेलीविजन पर समाचार देख रहा था। उस दिन प्रधानमंत्री नरेंद्र मोदी बनारस आए थे। अस्सी घाट से उन्होंने 'गंगा सफाई अभियान' के लिए जिन नवरत्नों को चुना था, उसमें अपना नाम देखकर मैं चौंक गया। मेरी उम्र अब भागती जा रही है। 88 वर्ष की सीमा पारकर चुका हूँ। गंगा की सफाई में अब

मैं क्या करूँगा, हाँ, जागरूकता जरूर फैला सकता हूँ। अपनी लेखकीय कला से लगातार फैलाता ही आ रहा हूँ।

गंगा पर मैंने जितना लिखा है, सब गंगा किनारे ही बैठकर लिखा है। बनारस की सीढ़ियों पर चढ़ते-उतरते लिखा है। गंगा की पीड़ा 'घर्र-घर्र' करती कई बार मेरे कानों से टकराई है। गंगा का फेनिल रूप कई बार मुझे छूकर कह चुका है कि 'तुमने जब कृष्ण के साथ संवाद किया है तो काशी की जनता से भी कर सकते हो। क्या कोई अपनी माँ के साथ इतनी निष्ठुरता का व्यवहार करता है, जिस तरह का व्यवहार मेरे ये बच्चे आज कर रहे हैं ?'

मैंने गंगा से कहा, ''माता, आज के युग में कृष्ण से तो संवाद संभव है, लेकिन धरती पर रहनेवाले इन स्वघोषित 'महामानवों' से संवाद कठिन है। यह ईश्वर की कृति नहीं, ईश्वर को रचनेवाले 'महामानव' बन गए हैं। कृष्ण आज साक्षात भी उतर आएँ तो ये बहुरुपिया समझकर उन्हें दौड़ा लेंगे।''

सोचता हूँ, ''कितना अजीब है आदमी। अपने स्वार्थ के लिए खुद को बाँटता जाता है, काटता जाता है, छाँटता जाता है और छोटा होता जाता है। उसने खुद को बाँटा हिंदुओं में, मुसलमानों में, ईसाइयों में और जाने कितने संप्रदायों में। ईश्वर ने हमें धरती दी; हमने हिंदुस्तान, पाकिस्तान, ईरान, ईराक, सीरिया, यमन, इंगलिश्तान इत्यादि बना दिए। उसने हमें ऊष्मा दी, अग्नि दी, हमने उससे अपना ही काम नहीं लिया। अपना घर जलाया। दूसरों के घर भी जलाए। राष्ट्र के राष्ट्र भस्म कर दिए। उसने हमें लोहा दिया, हमने उससे तेग-तलवार, खंजर, बंदूक, तोपें इत्यादि अनेक हथियार बना डाले। हमने धरती ही नहीं, आकाश को बाँट लिया और गंगा और समुद्र को भी। बाँटने की हमारी हवस जब पूरी नहीं हुई, तब हमने ईश्वर को ही बाँट लिया। भगवान्, अल्लाह, गॉड इत्यादि नाम दे दिए। यह तो कहिए, कभी आदमी को ईश्वर मिला नहीं, नहीं तो उसके भी टुकड़े-टुकड़े कर बाँट देता।''

निश्चय ही ईश्वर अपनी सबसे बड़ी इस कृति 'मनुष्य' से बड़ा निराश हुआ होगा। गंगा ही हमारी संस्कृति की जीवन-रेखा है—आज से नहीं, भागीरथ के समय से ही। कहते हैं, राजा सागर के पुत्रों को तारने के लिए भागीरथ ने घोर तपस्या की थी, तब कहीं किसी तरह गंगा धरती पर आई थीं। आज का मनुष्य उस माँ रूपी गंगा को ही मिटाने पर तुला है।

भागीरथ का यह प्रयत्न निजी था, अपने परिवार को तारने के था। यह निजी

कार्य आज सामाजिक हो गया। तुलसी का 'स्वांतः सुखाय, परांतः सुखाय' बन गया। इसका मोक्षदायिनी प्रकृति के प्रति विश्वास बढ़ता गया। लेकिन वैज्ञानिक की नजर दूसरी है। उसका निष्कर्ष है कि गंगा आज काफी प्रदूषित हो चुकी है। उसका जल पीने के योग्य क्या, स्नान करने लायक भी नहीं रहा। क्या यह प्रदूषित गंगा मोक्षदायिनी हो सकती है? यदि मोक्षदायिनी होगी भी तो क्या उसका मोक्ष प्रदूषित नहीं होगा?

गंगा की महत्ता हमें निराकार और साकार से दूर हटाकर जल के रूप में ही ईश्वर का दर्शन कराती है। जल जीवन है और जीवन का अस्तित्व ही ईश्वर का साक्षात् दर्शन कराता है। शायद इसी कारण हमारे पुराण-पुरुषों ने गंगा में ऐहिक, दैविक और भौतिक शूलों से मुक्ति दिलाने की क्षमता देखी थी। गोस्वामीजी ने कहा था,

'गंग सकल मुद मंगल मूला । सब सुख करनि हरनि सब सूला॥?

इसी विश्वास ने 'पद्माकर' को पानी की विचित्र गति देखने को बाध्य किया था—

'गंगा जू तिहारे तीर आछी भांति पद्माकर,
देखी एक पातकी की अद्‌भुत गति है।
आइके गोविंद बांह धरिकै गरुड़ जो पै,
आपने ही लोक जाइबे की कीन्हीं मति है।
जो लौं चलिबे को भये गाफिल गोविंद तौ लौं,
चोरि चतुरानन चलाई हंस गति है।
जौ लौं चतुरानन चितैबे चारों ओर तौ लौं,
वृष पै चढ़ाई लै गयोई वृषपति है॥'

अर्थात् गंगा, तुम्हारे तीर पर आए पानी की एक विचित्र दशा हमने देखी। ज्योंही विष्णु उसकी बाँह पकड़कर अपने लोक ले जाने के लिए गरुड़ पर बिठाने की सोच रहे थे कि जरा सी गफलत में ब्रह्मा उसे उठाकर अपने हंस पर बैठाकर ले जाने लगे। जब तक ब्रह्मा उसे की व्यवस्था करें, तब तक शिव उसे अपने बैल पर बैठाकर शिवलोक को चल पड़े।

आपा-धापी का यह चित्र अद्‌भुत है। होड़ लगी है कि कौन इसे अपने लोक में ले जाए! देवताओं की यह हड़बड़ाहट एक पापी पर गंगा की हुई कृपा का विलक्षण प्रसाद है। पद्माकर की इस कल्पना के पीछे शताब्दियों से गंगा के संबंध

में बना हमारा संस्कार है।

इन संस्कारों की पकड़ इतनी मजबूत है कि आज गंगा हमारे लिए मात्र एक नदी नहीं है, वह हमारी राष्ट्रीय अस्मिता की पहचान बन गई है। गंगा के बिना भारत की कल्पना नहीं की जा सकती।

विसोमा इव शर्वर्यो विपुष्पास्तवे यथा।
तद्वद् देशा दिशश्चैव हीना गंगा जलैः शिवैः॥

अर्थात् जैसे बिना चाँदनी की रात और बिना फूलों के वृक्ष शोभा नहीं पाते, इसी प्रकार गंगा के कल्याणमय जल से वंचित देश और दिशाएँ भी शोभा एवं सौभाग्य से हीन हो जाती हैं।

महाभारतकार के उक्त कथन के अनुसार 'श्री' और 'सौभाग्य' संपन्न भारत की कल्पना गंगा के बिना हो ही नहीं सकती। गंगा हमारी भावात्मक एकता का प्रतीक है। हर भारतवासी गंगास्नान कर धन्य होता है। आश्चर्य तो यह है कि किसी नदी भी में भी डुबकी लगाते समय उसके मुख से 'जय माँ गंगे' ही निकलता है। किसी भी जल में पैर रखते ही गंगा की शुचिता उसके सिर पर सवार हो जाती है। हम चारों धामों—रामेश्वरम्, जगन्नाथपुरी, द्वारका और बद्रिकाश्रम में गंगा जल चढ़ाकर पुण्य के भागी बनते हैं। हजारों वृद्ध प्रतिवर्ष मंगलदायिनी मृत्यु की आकांक्षा से गंगा तट पर बसते हैं। गंगा की रोगमुक्ति क्षमता उन्हें जीवनदान देती है। कितनों के लिए जिंदगी ही बोझ होने लगती है।

कभी वैज्ञानिक कहते थे कि गंगा का पानी अमृत है। इसमें कीड़े नहीं पड़ते हैं। इसमें हैजे के कीटाणुओं को नष्ट करने की क्षमता है। पर आज स्थिति विपरीत है। निष्कर्ष एकदम उल्टा हो गया है। आज वैज्ञानिको की दृष्टि में गंगा का पानी रोगाणुओं से भरा है। अमरत्त्व प्रदान करनेवाली गंगा में स्नान आज जीवन के लिए खतरनाक है। पीने की तो बात ही जाने दीजिए। गंगा प्रदूषित है। हमारे औद्योगीकरण का राक्षस उसकी शुद्धता निगल गया है। किनारे बसनेवाले सैकड़ों नगरों के कचरे और गंदगियाँ बहानेवाली गंगा आज गंदे पानी की विशाल धारा रह गई है। जब माँ की हालत यह है, तब उसके बच्चों का क्या होगा?

सभ्यता और विकास से अधिक ज्ञान के साथ ही हमारा अज्ञान इसे दूषित कर रहा है। हम मल-मूत्र और जानवरों की लाशों के अतिरिक्त मनुष्यों के अधजले शव भी इसमें बहाते हैं। अपने गंदे कपड़े धोते हैं। अपने शरीर की, अपने घर की, अपने गाँव की और अपने शहर की सारी गंदगी के निकास का इसे जरिया मानते हैं। हमने गंगा को गंगा न समझकर महज नदी समझना आरंभ कर दिया है।

मानसिक रूप से तो गंगा उसी दिन प्रदूषित हो गई थी, जिस दिन हमने तेजाब की बूँदों को गंगाजल कहकर लोगों की आँखों में छोड़ा था और उनकी रोशनी की दुनिया में आग लगा दी थी। मन की गंगा को भी हमने तेजाब ही बनाया, अब धरती की गंगा को तेजाब बनाने की ओर अग्रसर हैं। भगवान् न करे कि कभी ऐसा हो, क्योंकि जिस दिन ऐसा होगा, उस दिन इस देश की रोशनी में आग लग जाएगी। देश को 'विश्वगुरु' बनाने का स्वप्न देखनेवाले हम अँधेरे में भटक जाएँगे। गंगा को तेजाब बनने से बचाइए! मेरे जीवन का आखिरी लक्ष्य मुझे मिल गया है, क्या आपको अभी तक मिला है ? यदि नहीं, तो आइए गंगा को बचाने को अपना सामूहिक लक्ष्य बनाएँ!

जीवन में ऐसा लगता है कि नियति ही प्रधान है। मैं तो सिर्फ कारक हूँ। जिस नियति ने मुझसे महाभारत के चरित्रों की आत्मकथाएँ लिखवाईं, आज उसी नियति ने मेरी कलम को मेरे ही जीवन की ओर मोड़ा है। मैंने अपना कर्म पूरा किया। बाकी योगक्षेमं वहाम्यहम्। जैसी प्रभु की मर्जी। योग क्षेम सब उनका। मैं गीता जैसा तो कुछ नहीं रच सकता। उसमें अक्षम हूँ। पर यह संतोष साथ जाएगा कि गीता के रचयिता के जीवन में प्रवेश कर उनका जिया-भोगा महसूस करने की कोशिश की। उसे शब्द दिए। प्रभु कृष्ण तो सनातन हैं। हर युग के हैं। हर पीढ़ी के हैं। आनेवाली पीढ़ियों के लिए उनकी यह आत्मकथा गिलहरी की उठाई रेत ही सही, मगर मानवता के पुल का अवलंबन जरूर बनेगी। यही विश्वास आज भी जिंदगी की खातिर ललक पैदा करता है। उसमें सार भरता है।

मेरा जीवन मेरी किताबें हैं। अपने जिए एक-एक पल का निचोड़ इसमें सँजो दिया है। उम्र मेरे हाथ में नहीं। वक्त हाथों से फिसलता जा रहा है। किसी ने ठीक ही कहा है, 'भौंचक्की है आत्मा, साँसें हैं हैरान। हुक्म दिया है जिस्म ने, खाली करो मकान।' जिंदगी के इस मोड़ पर भी कुछ नया रचने की चाह मन से जाती नहीं। सृजन का संसार मेरे भीतर हिलोरें मारता है। पर शरीर लाचार है। अपने पाठकों के आगे नतमस्तक भाव से अपनी यह आत्मकथा रखकर खुद को मुक्त हुआ अनुभव कर रहा हूँ। मेरी तमाम आत्मकथाओं में अंतिम कथा। एक स्नेह की डोर भर है, जो बाँधे हुए है।